KB059823

이토록 친밀한 배신자

이토록 친밀한 배신자

마사 스타우트 지음 · 이원천 옮김

사□계절

인격의 힘이 무엇인지 가장 잘 보여 준 나의 형세,
스티브 스타우트에게 바칩니다.

THE SOCIOPATH NEXT DOOR

Copyright © 2005 by Martha Stout
All rights reserved.

Korean translation copyright © 2020 by Sakyejul Publishing Ltd.
This translation published by arrangement with Harmony Books,
an imprint of Random House, a division of Penguin Random House LLC
through EYA(Eric Yang Agency)

이 책의 한국어판 저작권은 EYA(Eric Yang Agency)를 통해
Harmony Books와 독점 계약한 ㈜사계절출판사에 있습니다.
저작권법에 의하여 한국 내에서 보호를 받는 저작물이므로 무단 전재 및 복제를 금합니다.

민중의 양심은
그들이 가진 힘이다.

–

존 드라이든(John Dryden)

목차

악이나 도덕적 위험이 없다고 해서 그것을 선이라고 말할 수는 없다.
선은 고통이나 특유의 냄새처럼 선명하고 독립적인 그 무엇이다.

G. K. 체스터튼

양심은 영혼의 창문이요, 악은 그 창문을 덮는 커튼이다.

더그 호튼

항상 깨어 있는 자만이 자유를 얻을 수 있다.

토머스 제퍼슨

나는 트레이더 빅스에서 피냐 콜라다를 마시고 있는 늑대인간을 보았어.
그의 머리칼은 완벽했지.

워렌 제본

인간의 신념을 그 내면에서 흔들기는 쉬워도 너무 쉽다. 악마들은 바로
그 점을 이용해서 인간의 영혼을 망가뜨린다.

조지 버나드 쇼

사막에서 한 늙은 수도사가 여행자에게 조언했다. 신과 악마의 목소리는
거의 구별할 수 없다고.

로렌 아이슬리

사춘기 시절부터 나는 왜 그토록 많은 사람들이 다른 사람들에게
창피를 주면서 즐거워하는지 이해할 수 없었다. 다른 사람의 고통에
민감한 사람들이 있다는 사실은 파괴적 충동이 인간 본성의
보편적 속성이 아님을 분명하게 보여 준다.

앨리스 밀러

자신은 배불리 먹으면서 이웃은 굶주리도록 내버려 두는 사람은
진짜 무슬림이 아니다.

무하마드

–

온 세상을 얻고도 제 영혼을 잃는다면 무슨 소용이겠느냐?

예수

–

원자 쪼갤 줄은 알면서 마음속에 사랑이 없는 사람은 그저
괴물일 뿐이다.

크리슈나무르티

감사의 글

　　빠져들 듯 책 쓰기에 열중하다 보면 이건 단순히 글을 쓰는 행위가 아니라는 생각이 자주 듭니다. 많은 사람들이 저에게 알려 준 가르침과 영감이 내 손가락과 자판을 통해 전해짐을 느낍니다. 학생으로, 환자로, 동료로 저를 찾아왔던 오랜 친구들과 선생님들의 지혜를 말입니다. 다시 그들을 만났던 때로 돌아가 모두에게 고맙다는 말을 하고 싶습니다. 그리고『이토록 친밀한 배신자』를 쓰는 동안 저를 도와주고 응원해 준 분들에게도 깊이 감사드립니다.

　　해설에 도움을 준 캐럴 카우프만에게 감사드리고 싶습니다. 캐럴은 자신의 책인『전환점(Pivot Points)』을 집필하고 있던 때였음에도 불구하고, 한순간도 관심을 놓지 않고, 깜짝 놀랄 만큼 창의적으로 문제를 해결해 주었습니다.

　　이 모든 일을 가능하게 해 준 나의 대리인이자 소중한 친구인 수전 리 코헨에게도 감사의 마음을 전합니다. 책을 쓰는 내내 수전이 보여 준 깊은 호의와 이해심, 따뜻한 배려가 없었다면 저는 아무것도 할 수 없었을 것입니다.

　　아무리 떠올려 봐도 브로드웨이북스의 크리스틴 푸오폴로만큼 훌륭한 편집자는 없었습니다. 크리스틴은 총명하고 섬세했으며 자유롭게 글을 쓸 수 있도록 늘 지지해 주었습니다.

세심하게 챙겨 주고 정리를 맡아 준 다이안 웨미스에게도 감사를 전합니다. 다이안은 이 책에 소개한 사례들 가운데 하나를 제안해 주기도 했습니다. 멀리서도 저를 배려해 주고 책을 만드는 데 큰 도움을 준 엘리자베스 헤이메이커와 독자들에게 이 책을 널리 알려 준 브로드웨이북스의 홍보 담당자인 조안나 핀스커에게도 감사드립니다.

다시금 나에게 사랑을 믿게 해 준 스티브 스타우트와 달시 웨이크필드에게 감사드립니다. 달시의 멋진 책『내 생애 가장 아름다운 달리기(I Remember Running)』를 읽으면 여러분도 그 이유와 방법을 자세히 알 수 있을 겁니다.

고고한 양심을 지닌 두 사람이 세상에 얼마나 많은 사랑과 빛을 가져다줄 수 있는지를 보여 주신 나의 훌륭한 부모님, 에바 디턴 스타우트와 에이드리언 필립 스타우트에게 다시 한 번 감사를 드리며, 언제나 그런 마음이라는 걸 말씀드리고 싶습니다.

그리고 나에게 크나큰 사랑을 일깨워 준 내 첫 번째 독자이자 가장 통찰력 있는 독자인 딸 아만다에게 진심과 사랑을 담아 고마움을 전합니다. 아만다는 친절함과 진실함이 영혼의 산물임을 나에게 가르쳐 주었습니다.

이 책을 읽기 전에

『이토록 친밀한 배신자』에 나온 내용들은 실제 개인의 신상 정보와는 전혀 관계가 없다. 비밀 보장은 심리치료의 절대 원칙이며, 나는 상담을 받은 모든 사람들의 사생활을 보호할 수 있도록 항상 엄격하게 조치한다. 책에 나온 이름은 모두 가명이며, 누구인지 알아볼 수 있는 특징들은 전부 변경했다. 책에 소개되는 사람들은 자신이 익명으로 그려지는 데 기꺼이 동의해 주었다. 물론 그들의 신상에 대한 어떤 정보도 담겨 있지 않다.

11장 「마멋의 마술」에서 소개한 이야기는 허구다. 그 이외에 이 책에 등장하는 인물과 사건, 대화들은 모두 25년간 내가 해 왔던 심리치료의 경험에서 우러나온 것이다. 그러나 비밀 보장의 의무에 따라 책에 그려진 사람들과 상황은 사실과 창작이 섞여 있다. 각각의 사례에 등장하는 사람들은 실제 그 사람의 특징과 경험에서 일부 요소만을 선별한 후 그 특징을 세심하게 변경하고 조합해서 만들어 낸 가공의 인물이다. 만약 실제 누군가와 닮은 점이 있다면 전적으로 우연의 일치임을 밝혀 둔다.

사람의 얼굴은 각양각색이다.
하지만 마음은 훨씬 더하다.

-

볼테르(Voltaire)

들어가는 말

한번 상상해 보라. 만약 당신이 양심이라고는 전혀 없는 사람이라면 어떨까? 무슨 짓을 해도 죄책감이나 가책을 느끼지 않고 모르는 사람이든 친구든 심지어 가족이라도 관계없이 타인의 삶에는 일말의 관심조차 없는 그런 사람이라면 말이다. 아무리 이기적이고 게을러도, 또 남에게 해를 끼치는 부도덕한 짓을 저질러도 부끄러움을 느끼는 일은 평생 단 한순간도 없다고 상상해 보라. 심지어 책임감이란 남에게 잘 속는 바보들이나 의심 없이 받아들이는 짐덩어리일 뿐, 당신과는 관계없는 일이라고 무시해 버린다.

여기서 멈추지 말고 한 걸음 더 나가 보자. 만약 당신에게 이러한 당신의 심리상태를 감쪽같이 감출 수 있는 능력까지 있다면 어떨까? 사람들은, 인간이라면 누구나 양심을 가지고 있을 거라 믿기 때문에 당신에게 양심이 없다는 사실을 숨기는 건 식은 죽 먹기나 마찬가지다. 그러니 더욱 죄책감이나 부끄러움 때문에 당신의 욕망을 억제하는 일은 절대 없으며, 그 누구도 당신의 냉혹함에 토를 달지 않을 것이다. 당신의 혈관 속을 흐르는 차가운 피는 상상할 수 없을 만큼 기괴하기 때문에 사람들은 당신이 어떤 사람인지 짐작조차 하지 못한다.

당신은 마음에서 어떤 구속감도 느끼지 않으며, 양심의

　　　　　이토록 친밀한 배신자

가책 없이 무슨 짓이든 마음대로 할 수 있는 당신의 마음속 자유를 알아채는 사람도 없어서 얼마나 편한지 모른다. 당신은 무슨 일이든 할 수 있다! 양심을 지키는 대다수의 사람들을 상대로 당신이 취하는 이익은 절대 들키지 않을 테니 말이다.

만약 그런 사람으로 살 수 있다면 당신의 삶은 어떨까? 그 강력하고 비밀스런 무기와 다른 사람들의 약점(양심)으로 당신은 무슨 일을 할까? 아마 대답은 당신이 어떤 욕망을 가지고 있느냐에 따라 다를 것이다. 사람은 가지각색이니까. 우리 눈에는 그저 똑같이 부도덕한 사람들이라고 비춰질지 모르지만, 사실 그들도 저마다 다르다. 타성에 젖어 있는 사람이 있는가 하면, 꿈과 야망으로 가득한 사람도 있다. 똑똑하고 유능한 사람도 있고 멍청한 사람도 있다. 그들에게 양심이 있건 없건 간에 대개는 그 사이 어디쯤에 있을 것이다. 피에 굶주린 폭력적인 사람도 있고 전혀 그런 취향이 아닌 사람도 있다.

어쩌면 당신은 돈과 권력을 갈망하는 사람일 수도 있고, 양심은 눈곱만큼도 없는 주제에 IQ는 대단히 높은 사람일 수도 있다. 막대한 부와 영향력을 얻기 위한 추진력과 지적 능력을 가진 사람일 수도 있고, 성가신 양심의 목소리에는 전혀 귀 기울이지 않고 성공만을 향해 달려 나가는 사람일 수도 있다. 당신은 사업이나 정치, 법률, 금융, 국제 개발처럼 큰 영향력을 행사할 수 있는 직업을 선택하고, 보편적인 도덕이나 법적인 부담은 전혀 신경 쓰지 않는 냉혹함으로 경력을 쌓아 나간다. 필요하다면 회계를 조작

들어가는 말

하고 그 증거를 인멸하며, 직원과 고객(또는 선거구민)을 배신할 뿐 아니라, 돈만 보고 결혼하거나 당신을 믿는 사람들에게 치명적인 거짓말을 하는 일까지도 서슴지 않는다. 또한 힘 있고 뛰어난 동료들을 파멸시키려 들고, 의존적이거나 목소리를 잘 내지 못하는 집단을 아무렇지도 않게 짓밟아 버린다. 일말의 양심도 없는 탓에 당신은 이 모든 일을 할 수 있는 멋진 자유를 만끽한다.

틀림없이 당신은 상상도 못할 만큼의 성공, 어쩌면 전 세계적인 성공을 거둘 것이다. 왜 아니겠는가? 뛰어난 머리에, 비도덕적인 행동을 제어할 양심조차 없는 *당신이 하지 못할 일은 아무것도 없다.*

물론 상상 속 당신은 그 정도까지는 아닐 수도 있다. 양심적인 사람들이 절대 생각하지 않을 온갖 일조차도 성공을 위해서라면 기꺼이 할 준비가 되어 있겠지만, 만약 당신이 그렇게 큰 성공을 거둘 만큼 좋은 머리를 타고나지는 못했다고 해 보자. 그래도 어느 정도 나쁘지 않은 지능이라 사람들은 당신을 똑똑하다고, 아니 어쩌면 굉장히 똑똑하다고 생각할 것이다. 하지만 당신은 분명히 알고 있다. 남모르게 꿈꾸고 있는 권력의 정점에 도달할 수 있는 지적 능력이나 창의력이 당신에게는 없다는 사실을 말이다. 결국 당신은 세상에 대한 분노를 품고, 주변 사람들을 시기하게 될 것이다.

그러면 당신은 몇몇 사람들을 어느 정도 통제할 수 있고, 남의 눈에는 잘 띄지 않는 위치(들)에 자리를 잡으려 들 것이다. 그

이토록 친밀한 배신자

렇게 차지한 지위가 힘을 원하는 당신의 욕망을 약간은 채워 주겠지만, 더 가질 수 없다는 사실에 늘 화가 난다. 마음속에서는 남들이 나보다 큰 힘을 얻게 하면 안 된다는 터무니없는 목소리가 슬금슬금 기어 나온다. 정작 자신은 성공의 정점에 설 만한 재능을 가지지 못했으면서도 말이다. 이따금 남들이 이해하지 못할 좌절감에 사로잡혀 화나고 분한 마음이 들기도 할 것이다.

하지만 당신은 별 간섭 없이 몇몇 사람들이나 집단, 특히 힘없고 상처받기 쉬운 사람들을 통제하는, 그런 일에서 큰 즐거움을 느낀다. 당신은 선생님이나 심리치료사, 이혼 전문 변호사, 고등학교 코치가 된다. 어쩌면 컨설턴트나 중개인, 화랑의 주인, 복지사업 관리자가 될 수도 있다. 아니면 급여는 없지만, 아파트 입주민 대표나 병원의 자원봉사자, 부모가 되기도 한다. 직업이야 뭐가 됐건 당신은 자신의 손아귀에 있는 사람들을 최대한 자주, 그리고 난폭하게 조종하고 괴롭힌다. 물론 해고당하거나 책임지는 일은 없다. 심지어 그저 짜릿한 기분을 느끼려고 그런 짓을 저지르기도 한다. 사람들을 괴롭히고 벌벌 떨게 만들면서 자신에게는 그럴 만한 힘이 있다는 사실을 다시 확인하고 싶은 것이다. 그럴 때 몸에서는 아드레날린이 솟구치고 쾌감에 몸서리친다.

다국적기업의 대표(CEO)가 될 수는 없을지 몰라도, 당신은 사람들에게 겁을 주거나 당황하게 하거나 무언가를 빼앗을 수는 있다. 심지어 사람들이 스스로를 비난하는 상황까지 만들 수도 있을 것이다. 당신보다 뛰어난 면이 있는 사람을 조종할 때면 자신의 힘이 더욱 강력하다고 느낀다. 무엇보다 가장 신나는 건 당신보다 더 똑똑하고 유능한 사람들, 혹은 더 매력적이고 인기가 있거나 도덕적으로 존경할 만한 사람들을 거꾸러뜨릴 수 있다는 사실이다. 결국 단순히 재미나 보는 정도로 그치는 것이 아니라 실제로 그들에게 앙갚음을 한다. 양심만 없다면 이런 일을 하는 건 식은 죽 먹기에 불과하다. 남몰래 상사나 그 상사의 상사에게 거짓말을 하고 거짓된 눈물을 흘리며 어린이나 병약한 사람의 판단력을 흩트리고 조종하거나 동료의 프로젝트를 방해한다. 지키지 않을 약속으로 사람들을 현혹하며 결코 역추적 당하지 않을 가짜 정보를 흘리기만 하면 된다.

만약 당신에게 폭력 성향이 있거나 그런 상황을 지켜보는 것을 즐기는 성향이 있다면 어떨까? 그러면 동료나 상사, 이혼한 배우자, 부유한 애인의 배우자를 죽이거나 누군가에게 죽이도록 하는 일을 아주 쉽게 저지를 수 있다. 그 누구든 당신을 성가시게 하는 사람이면 전부 다 말이다. 물론 까딱 잘못하면 잡혀서 처벌을 받을 수도 있으니 조심해야 할 것이다. 하지만 양심이 없는 당신에게 양심의 가책으로 괴로워할 일 따위는 없다. 누군가를 죽이겠다고 결심하기만 하면 유일한 난관은 외부적인 상황뿐이다. 마음속에서는 어떤 저항도 일어나지 않는다.

누군가 강제로 저지하지 않는다면, 당신은 무슨 짓이라도 저지를 수 있다. 만약 당신이 적절한 시기에 부잣집에서 태어났으며 다른 사람의 증오와 박탈감을 자극하는 특별한 재능을 지니고

이토록 친밀한 배신자

있다면, 당신은 아무런 대비가 없는 수많은 사람들을 죽일 계획도 세울 수 있다. 돈만 충분하다면 멀리 떨어진 곳에서 이런 일을 실행에 옮길 수도 있으며, 안전한 곳에서 편안하게 앉아 그 상황을 만족스럽게 지켜볼 수도 있다. 사실 먼발치에서 테러 상황을 지켜보는 일은 피에 굶주린 양심 없는 사람에게 너무나 이상적인 일이다. 제대로 해낸다면 온 나라를 발칵 뒤집을 수 있을 테니까. 그것이야말로 힘이 아니고 무엇이겠는가?

아니면 정반대로, 당신이 힘을 추구할 생각이 전혀 없다고 해 보자. 그러니까 정말 그다지 바라는 게 없는 사람이라고. 유일한 바람이라면 다른 사람들처럼 힘들게 일하지 않고도 그럭저럭 살아가는 것 정도밖에 없다. 당신에게 양심이 없다면 하루 종일 잠을 자거나 취미생활을 즐기거나 텔레비전을 보면서 그저 빈둥대며 시간을 보낼 수도 있다. 사회생활은 별로 하지 않고 친척과 친구들에게 돈을 얻어 가며 그런 삶을 무한정 계속해 나갈 수도 있다. 사람들은 당신보고 낙오자라느니 우울증에 걸린 불쌍한 사람이라느니 하며 수군거리거나 아니면 반대로 당신의 게으름을 탓하며 화를 낼지도 모른다. 그러다가 당신에 대해 더 잘 알게 되면 사람들은 정말 화가 나서 당신에게 인생의 패배자, 부랑자라고 소리지르며 욕을 해댈 것이다. 그러나 사람들은 당신이 정말 자신들과는 근본적으로 다른, 말 그대로 양심이 없는 사람이라고는 꿈에도 생각하지 못한다.

당신이 양심의 가책 때문에 두려워하는 감정을 느끼거나

한밤중에 잠에서 깨는 일은 절대 없다. 그렇게 엉망으로 살아가면서도 스스로 무책임하다거나 태만하다고 생각하지 않으며 심지어 창피한 줄도 모른다. 남들의 시선 때문에 가끔은 그런 척할 수도 있겠지만 말이다. 대개 당신은 이런 식일 것이다. 먼저 상대방이 어떤 사람인지, 어떻게 반응하는지를 관찰한다. 그러고는 생기 없는 표정으로 자신이 얼마나 부끄러운 삶을 살고 있는지, 스스로를 얼마나 형편없다고 생각하는지에 대해 말할 것이다. 그렇게 하는 이유는 더 편해지고 싶다는 생각, 그 하나 때문이다. 그래야 사람들은 당신이 우울하고 위축되어 있다고 여겨서 당신을 볼 때마다 화내고 나무라거나 일을 하라고 잔소리를 늘어놓지 않을 것이기 때문이다.

양심 있는 사람들은 '우울한' 사람이나 '곤경에 빠진' 사람에게 이런저런 소리를 해 댈 때 죄책감을 느낀다는 사실을 당신은 잘 알고 있다. 게다가 양심 있는 사람들은 심지어 그런 사람들을 잘 돌봐 줘야 한다는 책임감까지 느낀다. 정말 거저먹기 아닌가? 만약 당신이 당신보다 형편이 더 좋은 사람과 연인관계가 된다면 그 사람은 특히나 더 당신에게 책임감을 느낄 것이다. 당신이 정말 어떤 인간인지는 의심조차 하지 않은 채 말이다. 당신이 큰 욕심이 있는 건 아니기 때문에 돈을 대 주는 사람이 꼭 부자일 필요는 없다. 그저 확실히 양심에 얽매이는 사람이면 된다.

여러분 자신이 이런 사람이라고 상상한다면 어떤 기분이 드는가? 틀림없이 말도 안 되는 소리라고 생각할 것이다. 제정신

이토록 친밀한 배신자

이 아닐 뿐더러 위험하기까지 한 사람이지 않은가. 그러나 미치광이 같은 그들이 분명히 세상에 존재한다. 심지어 그런 사람을 부르는 이름도 있다.

많은 정신건강 전문가들은 양심이 거의 또는 전혀 없는 상태를 '반사회적 인격장애'라 부르는데, 교정이 불가능한 이런 성격 결함은 현재 전체 인구 수의 대략 4%[1] 즉, 25명당 1명에 이르는 것으로 보인다. 이런 양심이 없는 상태[2]는 일반적으로 '소시오패시(sociopathy)'라고 불리며, 우리에게는 *사이코패시(psychopathy)*라는 이름으로 더 잘 알려져 있다. 정신의학에서 처음 파악한 인격장애는 사실 죄의식이 상실된 사고방식이었으며, 지난 세기 동안 당시의 상황에 따라 *망상이 없는 조증(manie sans délire)*, *정신병질적 열성(psychopathic inferiority)*, *도덕 불감증(moral insanity)*, *도덕적 백치(moral imbecility)* 등의 이름으로 불렸다.

정신질환명의 최신 바이블[3]인 미국정신의학협회(American Psychiatric Association, APA)의 『정신질환의 진단 및 통계 편람 IV(Diagnostic and Statistical Manual of Mental Disorders IV)』에 따르면, '반사회적 인격장애'의 임상적 진단은 다음의 7가지 특징 중에서 적어도 3가지 이상을 가졌을 때 고려 대상이 된다. 그 7가지 특징은 다음과 같다. ① 사회적 규범에 순응하지 못한다. ② 기만적이고 영악하다. ③ 충동적이고 미리 계획하지 못한다. ④ 화를 잘 내고 공격적인 성향을 보인다. ⑤ 무모할 정도로 자신 및 타인의 안전을 무시한다. ⑥ 지속적으로 무책임한 성향을 보인다. ⑦ 다른 사람을 해하거나 학대하거나 무언가를 훔치는 행위에 대해 양심의 가책을 느끼지 않는다. 이 7가지 '증상들' 중 3가지 이상을 보인다면, 많은 정신의학자들은 주저 없이 그 사람을 '반사회적 인격장애'로 의심한다.

어떤 연구자들과 임상의학자들[4]은 미국정신의학협회의 정의가 진정한 '사이코패시' 또는 '소시오패시'(『정신질환 진단 및 통계 편람 제5판(DSM-5)』에서는 소시오패스와 사이코패스, 소시오패시와 사이코패시를 구분해서 기술하고 있지만 임상적으로 나타나는 증상에서 별로 차이가 없기 때문에 서로 통용해서 쓰는 것이 일반적이고, 이 책의 저자 역시 그렇게 사용하고 있음)라기보다는 그저 '범죄성(criminality)'을 묘사했을 뿐이라고 여긴다. 이에 그들은 추가적인 자료를 통해 소시오패스('소시오패시'는 반사회적 인격장애를, '소시오패스'는 소시오패시 증상을 가지고 있는 사람을 의미)라고 하는 집단의 특징을 재정립했다. 그중에서 가장 두드러지는 특징은 사람들을 유혹할 만큼 뛰어난 말솜씨와 번지르르한 매력이다. 그 덕분에 사람들은 소시오패스에게서 광채가 난다거나 카리스마가 있다고 느끼고, 매력적인 그들의 유혹에 넘어가고 만다. 소시오패스는 다른 누구보다도 더 충동적이고 열정적일 뿐만 아니라 왠지 더 '다양한 면모'를 지닌 듯 보이며, 더 섹시하고 재미있다. 때로는 '소시오패스의 카리스마'가 과도한 자부심으로 드러나기도 한다. "내가 얼마나 특별한 사람인지 언젠가는 온 세상이 알게 될 거야."라든가 "너도 잘 알겠지만 나만한 애인이 또 있겠어?"라는 식으로 말이다. 언뜻 보면 이런 언행을 하는 그들이 굉장히 매력적으로 보일 수도 있겠지만 자세히 들여다보면 이상하거나 어처구니없을 것이다.

게다가 소시오패스는 비정상적일 정도로 자극을 갈구하기 때문에 사회적, 신체적, 경제적, 법적 위험을 무릅쓰는 일이 많다. 특히 그들은 다른 사람을 유혹해서 자신이 계획한 위험한 모험에 빠져들도록 하거나 병적일 만큼 거짓말과 사기를 많이 치며 '친구들'에게 기생하는 관계의 모임을 만든다. 성인이 되었을 때의 교육 수준이나 사회적인 지위에 관계없이, 소시오패스는 어렸을 때 행동장애가 있었을 가능성이 있으며, 청소년 비행이나 때로는 약물 사용 처벌을 받은 전력이 있는 경우도 있다. 하지만 자신이 저지른 어떤 사건에 대해서도 그들은 언제나 책임을 인정하지 않는다.

또 소시오패스는 감정의 얕은 깊이[5]로 특히나 더 유명하다. 스스로는 따뜻한 애정을 가지고 있다고 주장할지 몰라도 본질적으로 그들의 감정은 공허하다. 누군가와 공감하는 일은 절대 없으며, 배우자와의 감정적인 유대관계에도 아무런 관심이 없다. 일단 표면적인 매력이 한 꺼풀 벗겨지고 나면 그들의 결혼은 사랑이 없는 일방적인 관계로 변하며 대개는 오래 지속되지 않는다. 소시오패스에게 배우자는 자신에게 쓸모 있는 소유물일 뿐이다. 그래서 배우자를 잃었을 때 *분노할지*는 몰라도 슬퍼하거나 책임을 느끼는 일은 없다.

이상의 모든 특징과 미국정신의학협회에서 열거한 '증

상'은 양심이 결핍된 소시오패스의 심리상태를 나타내는 행동 징후이다. 우리는 누구나 양심 즉, 제7감을 가지고 있기에 그들의 이런 심리상태를 이해하는 건 우리에겐 불가능한 일이다.

이 무시무시하고 말도 안 되는 사람들이 현실에서는 전체 인구의 약 4%를 차지한다. 겨우 4%라면 우리 사회에는 별 영향이 없지 않을까 하고 생각할지도 모르겠다. 그렇다면 그게 어느 정도인지 우리가 자주 접하는 문제들을 참고로 살펴보자. 사람들은 거식증을 매우 흔하다고 여기지만 사실 거식증의 유병률은 약 3.43%로 반사회적 인격장애보다 낮은 비율로 발생한다. 많은 사람들이 관심 있어 하는 정신장애인 정신분열증이 발생하는 비율도 약 1%로, 반사회적 인격장애가 발생하는 비율의 겨우 4분의 1에 불과하다. 또 질병통제예방센터(Centers for Disease Control and Prevention)의 자료에 따르면, '놀랄 만큼 높다'고 하는 미국의 결장암 발병률도 대략 10만 명당 40명꼴로, 반사회적 인격장애의 발생 비율에 비하면 100분의 1밖에 되지 않는다. 간단하게 말해서 널리 알려져 있는 거식증으로 고생하는 사람보다 더 많은 수의 소시오패스가 우리 곁에 실제로 존재하며, 정신분열증 환자의 4배, 결장암 환자의 100배나 되는 소시오패스들이 세상을 활보하고 있다.

나는 정신적 트라우마 생존자들을 전문적으로 진료한다. 지난 25년간 나는 어린 시절의 학대를 비롯한 여러 끔찍한 과거의 경험 때문에 매일 심리적인 고통을 겪고 있는 성인 환자 수백 명을 진료했다. 내 이전 책인 『정상이라는 미신(The Myth of Sanity)』

에서 사례 연구를 통해 자세히 설명한 것처럼,[6] 내가 진료한 트라우마 환자들은 만성불안, 무기력한 우울증, 해리(解離)적 정신상태 등으로 심각한 고통을 겪고 있었으며, 너무 견디기 힘들어서 자살을 시도했던 사람들도 많았다. 그 사람들 중 일부는 지진이나 전쟁처럼 자연재해 또는 인위적인 재앙 때문에 생긴 트라우마를 겪고 있었지만, 대부분은 누군가로부터 조종당하면서 심리적으로 붕괴된 사람들이다. 많은 경우 가해자는 소시오패스였는데, 낯선 사람일 때도 가끔 있었지만 대부분은 부모, 친척, 형제자매들이었다. 환자와 그 가족들이 삶의 고통을 극복하도록 돕고 그들의 병력(病歷)을 연구하면서, 소시오패스들이 저지른 해악이 너무나 뿌리 깊고 지속적이며 때로는 매우 치명적일 뿐 아니라 놀라울 정도로 흔하다는 사실을 알게 되었다. 그렇게 수백 명의 트라우마 생존자들을 치료한 뒤 나는 소시오패시(sociopathy)에 관한 사실을 널리 알리고 이를 직접 마주하는 게 우리 모두를 위해 시급하다는 사실을 확실하게 깨달았다.

　　25명 중에서 1명은 본질적으로 양심이 없는 소시오패스다. 그들은 선과 악의 차이를 구별할 줄 안다. 그러면서도 자신의 행동을 멈추지 않고 보통 사람들처럼 감정적인 경각심이나 원초적인 두려움을 느끼지도 않는다. *25명 중에서 1명은 일말의 죄의식이나 양심의 가책 없이 무슨 짓이든 저지를 수 있는 사람이다.*

　　이렇게 많은 소시오패시가 우리 사회에 나타난다는 사실은 이 지구상에서 그들과 함께 살아가야만 하는 나머지 사람들에

들어가는 말

게도 심각한 영향을 미친다. 사회의 4%밖에 되지 않는 소시오패스는 우리 인간관계와 은행계좌, 성과와 자부심, 심지어 평온함까지도 고갈시킨다. 그런데도 사람들이 이 인격장애에 대해 전혀 알지 못하거나, 혹 안다고 하더라도 살인마나 연쇄살인범, 학살자처럼 단순히 폭력적인 사이코패시쯤으로 여기는 현실은 더욱 경악스럽다. 그들을 그저 반복해서 법을 위반하고 나중에 잡혀서 수감되거나 혹은 사형에 처해지는, 그런 범죄자라고 생각하는 것이다. 실제 우리와 함께 살아가는 수많은 소시오패스들은 비폭력적이며 노골적인 범법 행위를 저지르지도 않기 때문에 법률과 사법제도로는 그들이 저지르는 짓을 막을 방법이 없다. 대부분의 사람들은 그들에 대해 알지 못하며, 당연히 구별해 내지도 못한다.

　　어떤 사람도 민족 학살 계획과 상사에게 늘어놓는 동료에 관한 거짓말 사이에 어떤 연관성이 있으리라고 생각하지는 못한다. 하지만 심리적인 관점에서 보자면 소름끼치게도 그 두 가지 사이에는 명백하고도 깊은 연관성이 존재한다. 그 연관성은 비도덕적 혹은 비윤리적이거나, 태만하거나 이기적인 행동을 하지 않게 해 주는 내부적인 조절 기능이 전혀 없다는 데서 발생한다. 우리는 남아 있는 마지막 케이크 한 조각을 먹으려 할 때도 약간의 미안함을 느끼며 주저한다. 의도하거나 계획적으로 다른 사람에게 피해를 주는 일이라면 더욱 그럴 것이다. 하지만 양심이 없는 그들은 전혀 다르다. 그들은 자신의 욕심을 채우는 일에만 집중한다. 그저 인정 없는 폭로자가 되느냐, 아니면 학살을 일삼는 폭군

　　　　　　　　이토록 친밀한 배신자

이 되느냐는 별로 신경 쓰지 않는다.

양심의 존재 유무는 인간을 분류하는 근본적인 기준 중 하나이다. 우리는 흔히 사회적 지위와 열정, 지능, 욕망, 기회 등을 기준으로 사람을 구별하지만, 나는 지능이나 인종, 심지어 성별보다 더 중요한 기준이 양심의 존재 유무라고 생각한다. 남에게 빌붙어 사는 소시오패스와 이따금씩 편의점이나 털면서 사는 소시오패스, 아니면 악덕 자본가로 살아가는 소시오패스가 정말 서로 다를까? 아니다. 근본적으로 그들은 모두 똑같은 소시오패스일 뿐이다. 상식적인 기준으로는 단순한 악당과 소시오패스 살인마를 구별할 수도 없다. 보통 사람들과 소시오패스를 구별할 수 있는 분명한 기준은 인간을 인간답게 만드는 모든 기능 중에서 가장 성숙된 기능인 '정신'에 텅 빈 구멍이 있다는 점이다.

96%의 사람들에게 양심은 따로 생각할 필요조차 없는 굉장히 기본적인 덕목이다. 대부분의 경우 그들은 반사적으로 양심에 따른 행동을 한다. 그래서 일상에서 마주치는 도덕적인 문제에 별 고민 없이 행동하기 마련이다. 정말 엄청난 유혹이라면 어떨지 모르지만, 감사하게도 실제 그런 상황은 잘 일어나지 않는다. 한번 생각해 보라. '오늘 아이에게 점심값을 줄까 말까?', '오늘 저 친구의 가방을 슬쩍할까?', '오늘 아내를 떠나 버릴까?' 같은 문제를 심각하게 고민하는 사람이 과연 있을까? 이때마다 양심은 조용히 결론을 내려 주고 우리는 그걸 따르기만 하면 된다. 이런 일이 저절로 계속되고 있기 때문에 우리는 양심이 없는 상황을 상상

들어가는 말

할 수 없다. 그래서 누군가 정말 비양심적인 선택을 했다면 우리가 할 수 있는 일이란 겨우 거짓 핑계로 스스로를 납득시키는 것밖에 없다. 이렇게 말이다. '점심값 주는 걸 깜빡했을 거야.', '가방을 어디 놔두고 왔겠지.', '그 여자는 같이 살 수 없을 정도로 형편없어.' 아니면 대충 궁금증을 얼버무릴 목적으로 그 반사회적인 행동을 설명할 핑곗거리를 만들어 준다. 원래 '별난 사람'이라서, '예술적'이라서, '승부욕이 강해서' 그렇다거나 '게을러서', '멍청해서', '불한당'이라서 그렇다는 식이다.

양심 없는 사람들은 거의 드러나지 않는다. 이해할 수 없을 정도로 끔찍한 일을 저지른 미치광이 사이코패스 정도 돼야 어쩌다 텔레비전에 나올 뿐이다. 사람들은 평소에 자기 자신이 얼마나 똑똑한지, 그리고 다른 사람들은 얼마나 똑똑한지에 대해 지대한 관심이 있다. 아주 어린 아이들도 소년과 소녀를 구별할 수 있다. 우리는 인종 문제로 전쟁을 벌이기도 한다. 그런데도 인간의 종을 구분하는 가장 의미 있는 기준인 '양심의 유무'에 대해서는 여전히 감조차 잡지 못하고 있는 처지다.

교육을 얼마나 받았든, 어떤 식으로 받았든 간에 우리 중에 소시오패시라는 말의 의미를 정확히 아는 사람은 의외로 많지 않다. 자기 주변의 몇몇 사람이 실제로 그에 해당된다는 사실을 아는 사람은 더더욱 적다. 심지어 소시오패시에 대해 듣고 아는 사람마저도 양심이 없다는 것이 정말 어떤 의미인지 제대로 이해하지 못한다.

어둠 속에서 길을 잃거나 얼마간 우울함에 빠졌던 경험은 누구에게나 있다. 한두 번쯤은 스스로 멍청하다고 느끼기도 하고, 횡재를 한다면 꼭 하고 싶은 일을 미리 떠올려 보기도 한다. 이런 우리의 생각과 상상은 꿈속에서 마구 뒤섞인다. 이런 식으로 우리 는 완전 실명, 임상적 우울, 심각한 인지장애, 복권 당첨을 비롯해 인간의 수많은 극적인 경험들, 심지어 정신병이라도 어떠할지 상상은 할 수 있다. 하지만 전혀 공감할 수 없는 일을 상상하는 건 불가능하다. '양심이 아예 존재하지 않는 사람'을 누가 떠올릴 수 있겠는가.

우리가 하는 행동이 사회에, 친구에게, 가족에게, 우리 *아이*들에게 어떤 영향을 줄지 *전혀* 신경 쓰지 않는다는 건 도대체 어떤 느낌일까? 깨어 있든 잠들어 있든 우리에게 영향을 주는 것이 아무것도 없다면 우리는 무얼 할 수 있을까? 상상해 본다면 아마도 너무나 큰 신체적인 고통으로 잠시 동안 몸은 물론 이성까지도 마비된 상태가 가장 비슷하지 않을까 싶다. 하지만 그런 고통을 겪고 있는 동안에도 죄의식까지 사라지지는 않는다. 죄의식이 완전히 없는 상태를 상상하기는 불가능하다.

양심은 우리 자신의 전지적인 관리자이다. 우리의 행동 규칙을 결정하고, 우리 자신이 그 규칙을 어기면 감정적인 처벌을 내린다. 우리가 따로 불러내지 않더라도 양심은 언제나 우리와 함께 존재한다. 마치 피부나 폐, 심장처럼 말이다. 당연히 양심이 있다는 이유로 우리가 딱히 칭찬받을 일은 없다. 이렇게 당연하고

들어가는 말

자연스러운 것인데 양심이 없는 상태를 어떻게 상상할 수 있단 말인가.

죄의식이 없다는 건 의학적으로도 유난히 혼란스러운 개념이다. 소시오패시에는 도덕적으로 문제가 있다는 점에서 암, 거식증, 정신분열증, 우울증, 심지어 나르시시즘 등의 여타 '인격장애'와는 완전히 구별된다. 정신건강 전문가들조차도 소시오패스는 대부분 나쁘거나 사악하다고 여긴다. 아니 어쩌면 전문가들이기에 특히나 더 그렇게 생각하는지도 모르겠다. 관련 연구 자료에서도 소시오패스가 도덕적으로 공격적인 성향을 가지고 있고 공포스럽다는 사실이 여실히 드러난다.

브리티시컬럼비아대학교의 심리학 교수인 로버트 헤어(Robert Hare)[7]가 '사이코패시 점검표'라는 리스트를 만들었다. 현재는 전 세계의 연구자와 임상의학자가 이 점검표를 표준 진단 도구로 사용하고 있다. 냉철한 과학자인 헤어 교수는 자신의 검사대상자에 대해 "모든 사람들이 그들에게 속고 조종당하고 당황하게 된다. 전문가들도 이를 피해 가지 못한다. 뛰어난 사이코패스는 그 사람이 누구든지 간에 그의 심금을 울릴 수 있다. …… 최선의 방어책은 이 인간 포식자들의 본성을 이해하는 것이다."라고 기술했다.[8] 그리고 1941년에 출간된 고전인 『정상의 가면(The Mask of Sanity)』을 쓴 허비 클렉클리(Hervey Cleckley)는 사이코패스에 대해 "본질적인 의미의 아름다움과 추함, 선과 악, 사랑, 공포, 유머는 그들에게 무의미하며, 그들의 마음을 티끌만큼도 움직일 수 없

이토록 친밀한 배신자

다."고 평했다.[9]

　　'소시오패시', '반사회적 인격장애', '사이코패시'는 여러 개념이 뒤섞여 있는 부적절한 용어라는 점에서 논쟁의 소지가 많다. 또한 정신의학 영역에서는 애초에 양심이 없는 상태를 도저히 이해할 수 없다는 사실 역시 논란거리다. 이와 관련하여 한 가지 중요한 사실을 짚어 본다면 나르시시즘을 포함한 다른 정신의학적 진단의 경우 그 질환을 가진 당사자가 어느 정도는 고뇌와 고통을 경험한다는 점이다. 어떤 '질환(disease)'을 앓고 있는데도 전혀 불편(dis-ease)하지 않고 주관적인 불쾌감도 없는 경우는 소시오패시밖에 없다. 소시오패스는 자신의 삶에 아주 만족하는 사람이 많으며, 이 때문에 효과적인 '치료법'도 없는 듯하다. 법원에 회부되어 재판에 유리한 점이 있는 경우나 환자가 되어 부차적인 이익을 얻을 수 있는 경우가 아니라면 소시오패스들은 치료를 받지 않는다. 좋아지기 위해 스스로 치료를 받는 일도 거의 없다. 이런 면 때문에 양심이 없는 상태가 정신질환이나 법적 명칭, 아니면 그 둘을 합친 무언가가 될 수 있을지도 의문이다.

　　노련한 전문가들조차도 소시오패시에 대해서 뭐라고 분명하게 말하지 못하기 때문에 소시오패시의 개념은 영혼이나 선악 대립처럼 모호한 관념이 되어 버리고 결국 명확하게 이해할 수 없게 된다. 그리고 그들과 우리의 대립이라는 피할 수 없는 본질적인 문제는 상상을 초월하는 과학적, 도덕적, 정치적인 쟁점을 불러일으킨다. 일정 부분 도덕적인 문제라고 생각되는 현상을 어

떻게 과학적으로 연구할 수 있을까? 전문가들의 도움과 지원이
필요한 사람은 그 '환자들(소시오패스들)'일까 아니면 그들을 '감당
해야 하는 사람들'일까? 심리학 연구를 통해 소시오패시를 검사
하는 '진단법'이 만들어진다면 우리는 과연 누구를 검사해야 할
까? 자유 사회에서 그런 문제로 누구든 의무적으로 검사를 받도
록 해야 할까? 만약 누군가가 분명하게 소시오패스로 확인되었다
면 우리 사회가 어떤 조치를 취할 수 있을까? 소시오패시 이외의
어떤 질환도 이런 정치적 또는 전문적으로 잘못된 문제들을 야기
하지 않는다. 게다가 소시오패시와 관련되는 행위가 배우자 구타
및 강간에서 연쇄살인, 전쟁 도발에까지 이른다는 점에서[10] 심리학
적으로 소시오패시보다 더 무시무시한 문제는 없다고 해도 과언
이 아니다.

　　가장 난감한 문제는 따로 있다. 사실 이 문제는 언급되는
일조차 별로 없다. 소시오패시는 그 성향을 가진 사람들에게 정
말 도움이 되지 않는다고 확실하게 말할 수 있을까? 소시오패시
는 과연 장애일까, 아니면 단지 기능적인 문제일까? 그 반대 측면
의 불확실함 역시 불편하기는 마찬가지다. 과연 *양심*은 양심을 가
진 개인이나 집단에게 도움이 되는 걸까? 아니면 사이코패스들의
말처럼 양심이란 그저 대중을 가두는 심리적 울타리에 불과한 걸
까? 드러내 놓고 말하던 하지 않던 간에, 수천 년간, 그리고 바로
지금까지도 전혀 도덕적이지 않은 사람들이 세계적인 명성을 얻
고 있는 이 세상에서 이런 의문은 굉장히 중요하다. 이미 오늘날

　　　　　　　　　　　이토록 친밀한 배신자

의 세태에서는 남을 이용하는 행위가 만연해 있으며 비양심적인 사업 관행이 무한한 부를 낳는 듯하다. 개인 차원에서 보더라도 누구나 살아가면서 부도덕한 사람들이 성공하는 사례를 경험하였고, 정직하게 사는 건 멍청한 짓이라는 생각을 종종 하게 된다.

남을 속이는 사기꾼과 착하기만 한 사람 중, 결국 성공하는 건 어느 쪽일까? 정말 파렴치한 소수가 세상을 주무르게 될까?

바로 이 질문이 이 책의 핵심 주제이며, 2001년 9월 11일의 대재앙(9·11 사태), 양심이 있는 많은 사람들을 고통과 좌절에 빠트린 그 사건을 지켜보면서 나에게 떠오른 의문이기도 하다. 그 당시 인간의 본성을 탐구하는 많은 심리학자와 학생들은 미국을 비롯한 많은 나라들이 증오로 가득한 분쟁과 복수전에 몇 년 동안 빠져들지 않을까 하는 공포를 느꼈다. 늘 낙천적인 나 역시 마찬가지로 두려움을 느꼈다. 쉬거나 자려고 할 때면 어김없이 30년 전에 나온 한 종말론적인 노래[1]의 한 소절이 머리에 떠올랐다. "악마가 웃으며 날개를 활짝 펴네." 내 마음속에서 악마가 냉소적인 웃음을 띤 채 으르렁대며 잿더미에서 올라왔다. 하지만 내게 모습을 드러낸 그 악마는 테러리스트가 아니었다. 그들의 정체는 테러리스트의 행동을 이용해 전 세계에 증오의 불씨를 뿌리고 다니는 악마 같은 조종자들이었다.

나는 한 동료와 전화 통화를 하다가 '소시오패시와 양심의 대립'이라는 특별한 주제에 흥미를 느끼게 되었다. 그 동료는 늘 긍정적이고 자신감 넘치는 착한 사람이었지만, 그때는 다른 사람들처럼 충격에 빠져 의기소침한 상태였다. 우리는 한 환자에 대해 이야기를 나누었는데, 그 환자는 확실히 미국의 재앙 때문에 자살 징후가 심각하게 악화되고 말았다. 다행히 나중에는 아주 많이 좋아졌지만 말이다. 내 동료는 9·11 사태로 자신도 너무 가슴이 미어져서, 그 환자에게 그 전처럼 감정적인 에너지를 쏟지 못할 것 같아 죄책감을 느낀다고 말했다. 그는 평소 남다른 배려와 책임감이 넘치는 치료사였음에도, 당시에는 다른 사람들처럼 그 사건에 짓눌리면서 스스로 맡은 일에 소홀해지고 있다고 생각했다. 한참 자신을 비난하다가 말을 멈춘 그는 한숨을 내쉬며 전혀 그답지 않은 맥 빠진 목소리로 말했다. "가끔 나는 궁금해져. 우린 왜 양심을 *가지고* 있는 걸까? 양심 때문에 질 게 뻔한데⋯⋯."

나는 그의 질문에 아주 많이 놀랐다. 늘 밝고 따뜻했던 그의 마음과 냉소주의는 너무나 어울리지 않았기 때문이다. 잠시 후, 나는 다른 질문으로 답을 했다. "그럼 말해 봐, 버니(Bernie). 만약 당신이 선택할 수 있다면, 그러니까 말 그대로 그럴 수 있다고 가정한다면, 지금처럼 양심을 지키며 살 거야, 아니면 무슨 짓이라도 할 수 있는 소시오패스가 될 거야?"

그는 곰곰이 생각한 후에 "당신이 맞아. 나는 양심을 지키고 싶어."라고 대답했다.

"왜 그렇게 생각해?" 나는 다시 다그쳐 물었다.

잠시 정적이 흘렀다. "음⋯⋯." 대답이 쉽지 않은 듯 미적거리던 그는 마침내 입을 열었다. "마사, 솔직히 이유는 없어. 나는

이토록 친밀한 배신자

다만 내가 양심을 택할 거라 생각해."

어쩌면 나의 바람이었을 수도 있지만, 그렇게 말하고 난 후 버니의 목소리에서는 그 전만큼의 좌절감이 묻어 있지 않았다. 그 이후에 우리는 한 전문 기구가 뉴욕과 워싱턴 시민들을 위해 계획한 내용에 대해 얘기를 나눴다.

버니와의 대화를 마친 후에도, 나는 오랫동안 "우린 왜 양심을 가지고 있지?"라는 그의 질문과 결국 양심에 얽매이는 쪽을 선택하는 그의 마음, 그러면서도 자신이 왜 그런 선택을 하는지 이유를 모른다는 사실에 대한 호기심을 떨칠 수 없었다. 윤리학자나 신학자라면 틀림없이 "그게 옳으니까 그렇지."라든가 "나는 선한 사람이 되고 싶으니까."라고 대답했을 것이다. 하지만 심리학자인 내 친구의 대답은 전혀 *심리학적*이지 않았다.

나는 그렇게 대답하는 심리적인 이유를 우리가 반드시 알아야 한다고 생각한다. 특히 온 세상에 만연한 신용 사기와 테러리즘, 증오가 가득한 전쟁, 이런 것들이 판을 치는 오늘날에도 사람들은 어째서 죄책감과 가책을 느끼지 못하는 사람이 되기보다 양심 있는 사람이 되려 하는지, 그 *심리학적인 의미*를 이해할 필요가 있다. 이 책은 "우린 왜 양심을 가지고 있지?"라는 질문에 대해 내가 심리학자로서 내놓은 대답을 담고 있다. 그 대답을 찾아 가는 과정으로 나는 먼저 양심이 없는 사람들 즉, 소시오패스들이 어떻게 행동하고 느끼는지부터 살펴볼 것이다. 그렇게 하면 소시오패스가 아닌 96%의 사람이 가지고 있는 양심, 그들을 분노하게 만들고 고통을 주며 행동을 제약하기까지 하는 그 양심의 가치가 더욱 뚜렷해진다. 이어서 나는 내면의 고요하고 작은 목소리인 양심과 그 빛나는 양심을 가진 대다수 사람들에게 찬사를 보낼 것이다. 나는 양심 없는 삶은 상상조차 하지 못하는 그 사람들을 위해 이 책을 썼다.

또 이 책은 선한 사람들이 '당신 옆의 소시오패스(영문판의 제목이기도 함)'를 알아채고 잘 대처할 수 있도록 돕고자 하는 시도이기도 하다. 심리학자인 동시에 한 사람으로서, 나는 양심 없는 소수의 선택과 행동 때문에 인생이 망가진 사람들을 너무나도 많이 보았다. 소시오패스들은 해로운 데다 너무나 은밀해서 알아보기도 어렵다. 그들이 우리 주변에 있고 친숙하다면, 물리적인 폭력을 행사하지 않더라도 충분히 사람들의 삶을 망가뜨릴 수 있으며 또한 사회 전체를 안전하지 못한 곳으로 만들 수도 있다. 나는 그들이 우리에게 행사하는 이런 식의 지배력이 소설가 프랜시스 스콧 피츠제럴드(F. Scott Fitzgerald)가 말했던[12] '약자의 횡포(the tyranny of the weak)'가 널리 퍼진 끔찍한 본보기라고 생각한다. 나는 이 비도덕적이며 무자비한 사람들을 알아보고 효과적으로 대처하기 위해 모든 양심적인 사람들이 그들의 일상적인 행동이 어떠한지 알아야 한다고 믿는다.

양심에 있어서 인간은 서로 상충되는 면모를 가진 종(種)인 듯하다. 하수구에 빠진 강아지를 어렵게 구해 내는 사람이 있는가 하면, 여자와 아이들을 학살하는 살인자도 있다. 텔레비전

이토록 친밀한 배신자

속 장면은 언제나 이런 당황스러운 양극단의 모습으로 가득하다. 텔레비전 속 장면만큼 극적이지는 않겠지만, 우리 일상생활에서도 이런 대조적인 상황을 마주하는 일이 자주 생긴다. 아침에는 흘린 돈을 찾아 주는 친절한 사람을 만났다가 오후에는 야비하게 웃으며 끼어드는 운전자를 만나기도 한다.

　　우리의 현실이 이렇게 완전히 모순된 행동을 매일 지켜봐야 하는 상황이기 때문에 우리에게는 인간의 성격과 행동에서 나타나는 양극단에 대한 공개적인 대화가 꼭 필요하다. 더 나은 세상을 만들고 싶다면 악한 행동을 일상적으로 저지르는 사람은 물론 그런 행동을 하고서도 전혀 죄책감이 없는 사람에 대해 더 잘 알아야 할 필요가 있다. 어둠을 알아야 빛에 대해 진짜 확실하게 알 수 있는 것처럼 무자비함의 본질을 밝혀내야만 우리가 그 무자비함을 이겨 낼 방법을 찾을 수 있다.

　　나는 이 책이 우리의 삶에 미치는 소시오패스의 파괴적인 영향력을 막아 내는 데 도움이 되기를 바란다. 양심 있는 사람들은 이 책을 통해 '당신 옆의 소시오패스'를 알아보는 방법을 배울 수 있고 그 지식을 활용해 철저하게 이기적인 목적을 가진 그들을 물리칠 수 있다. 최소한 자신과 사랑하는 사람들이 소시오패스들의 염치없는 계략에 당하지 않도록 보호해 줄 수 있을 것이다.

1장

제7감

악이나 도덕적 위험이 없다고 해서
그것을 선이라고 말할 수는 없다.
선은 고통이나 특유의 냄새처럼
선명하고 독립적인 그 무엇이다.

-

G. K. 체스터튼(G. K. Chesterton)

오늘 아침, 서른 살의 변호사인 조(Joe)는 회의에 참석하기 위해 달려가고 있다. 그 회의는 굉장히 중요해서 조가 참석하지 않더라도 8시에 시작될 예정이다. 회의에는 회사의 상급자들이 함께 참여하는데 조는 지금까지 그랬던 것처럼 그들에게 좋은 인상을 주고 싶다. 부유한 고객들에게 처음으로 자신의 토지 계획을 새롭게 선보이고 얘기를 나눌 계획도 가지고 있다. 야심차게 승부수를 던질 기회이다 보니 조는 며칠 동안이나 그 안건을 준비했다. 그래서 더더욱 회의에 늦고 싶지 않다. 회의가 시작할 때부터 회의실에 앉아 있기를 간절히 바라고 있다. 그런데 지금 조는 이미 5분이나 늦은 상태다!

이상하게도 상황이 꼬이고 말았다. 지난밤에 보일러가 갑자기 고장 난 것이다. 추위도 추위지만, 혹시나 수도관이 얼어서 터질까 봐 더 걱정이었다. 곧바로 가스 회사에 수리를 요청하고 초조하게 기다렸지만 수리공은 아침이 되어서야 나타났다. 수리공이 나타나자마자 문을 열어 준 조는 그에게 보일러 수리를 맡겨 둔 채 서둘러 집을 나설 수밖에 없었다. 회의에 늦지 않게 참석해야 하기 때문이다. 그만큼 조는 다급했다. 수리공이 정직한 사람이기를 바랄 뿐이었다. 조는 자신의 아우디자동차에 올라타 서둘러 사무실로 출발한다. 하지만 지금 출발해도 5분은 지각할 게 분명하다. 그래도 신호를 어겨서라도 회의에 지각하지 않으리라 작정한다.

조는 익숙한 출근길을 이를 악물고 과속으로 달린다. 느리게 운전하는 방해꾼들, 아니 그 길을 함께 달리는 모든 사람들에게 나지막이 욕을 해 대면서 말이다. 조는 속도를 더욱 높인다. 중간에 적신호를 몇 번 만나지만 그래도 개의치 않는다. 지금 조에게 저 신호는 그저 갓길을 이용해 늘어선 차량 행렬을 추월하라는 의미일 뿐이다. 그는 어떻게든 8시까지 사무실에 도착할 수 있다는 희망을 절대 포기하지 않는다. 청신호가 연달아 세 번 이어지자, 간신히 성공할 수도 있겠다고 생각한다. 그리고 조수석으로 손을 뻗어 여행용 가방을 잘 챙겨 왔는지 확인한다. 오늘 회의를 마치는 대로 아침 10시 15분 비행기를 타고 뉴욕으로 업무상 출장을 갈 예정이다. 회의를 마치고 다시 집에 가서 짐을 챙길 여유는 없기 때문에 미리 챙겨 둔 것이다. 가방은 조수석에 얌전하게 놓여 있다. 조는 푹신한 가죽 가방의 촉감을 느끼며 안도한다.

바로 그 순간, 불현듯 조의 머리에 리복(Reebok)에게 밥 주는 걸 깜빡했다는 생각이 떠오른다. 리복은 조가 기르는 세 살짜리 래브라도 리트리버다. 지금처럼 회사 일로 바쁘기 전에는 매일 아침 혈기왕성한 그 녀석과 함께 달리기를 하곤 했다. 그래서 이름도 리복으로 지었다. 그 후에 일이 많아지면서 그럴 수 없게 되자 조는 집 뒤에 있는 작은 마당에 울타리를 치고 리복이 혼자 드나들 수 있도록 지하실에 문을 만들어 주었다. 그리고 주말에만 리복과 함께 공원을 달리곤 했다. 활동량이 줄었어도 리복의 엄청난 식욕은 줄어들 줄 몰랐다. 리복은 매주 몇 파운드나 되는 사료는 물론이고, 온갖 남은 음식과 특대 뼈다귀 간식을 한 상자 가득

먹어 치웠다. 행복한 리복의 삶에 필요한 것은 조와 함께 노는 시간과 음식밖에 없다.

조가 어렸을 때, 아버지는 반려동물 기르는 걸 허락하지 않았다. 그래서 조는 나중에 커서 성공하면 반드시 개를, 그것도 큰 개를 한 마리 기르겠다고 다짐했다. 처음에는 리복 역시 아우디자동차나 다른 소유물처럼 자신의 경제적 독립과 물질적 풍요를 보여 주는 상징일 뿐이었다. 하지만 기른 지 얼마 지나지 않아 조는 리복에게 푹 빠졌다. 조가 리복을 기르기 시작했을 때 리복은 조그만 강아지였다. 리복은 무조건적으로 조를 좋아했고, 마치 조가 세상의 중심인 양 뒤를 졸졸 따라다녔다. 조는 리복을 사랑하지 않을 수 없었다. 리복이 점점 자라면서 조는 새로운 사실을 깨달았다. 리복도 사람처럼 독특하고 개성 있는 성격을 가지고 있으며, 그 맑은 갈색 눈에는 영혼이 가득 담겨 있었다. 조가 리복의 눈을 들여다볼 때면 리복도 함께 눈을 맞추며 조를 바라본다. 연한 베이지색 이마에 여러 겹의 굵은 주름을 지은 채 조와 눈을 맞추는 리복에게는 이해하기 어려울 정도의 사려 깊음마저 느껴진다. 애교 많고, 별 볼 일 없는 이 개가 마치 자신의 마음을 이해하고 걱정해 주는 것 같은 기분에 조는 리복을 더욱 사랑하지 않을 수 없었다.

오늘처럼 출장 때문에 하루 반 혹은 그 이상 집을 비우는 날도 가끔 있었다. 조가 출장에서 돌아오면 리복은 서운함을 보이기는커녕 언제나 기뻐서 펄쩍펄쩍 뛰어오르며 조를 맞이했다. 출장이 잡히면 조는 자신이 없는 동안 리복이 평소처럼 먹을 수 있도록 음식과 물을 준비해 두는 일을 잊지 않았다. 그런데 이번에는 보일러 고장과 8시 회의 때문에 경황이 없어서 그만 그 일을 잊고 만 것이다. 내일 저녁 조가 돌아올 때까지 리복에게는 음식은 물론이고 물조차 없으며, 당연히 스스로 구할 방법도 없다.

조는 누구에게 도움을 청할 수 있을지 필사적으로 생각한다. 하지만 아무도 떠오르지 않는다. 여자 친구도 없기 때문에 집 열쇠를 가지고 있는 사람은 아무도 없었다.

가능한 방법이 전혀 없다는 사실을 깨닫자 조는 운전대를 힘껏 움켜잡는다. 무슨 일이 있어도 이 회의에는 참석해야 한다. 그리고 이대로 계속 가기만 하면 틀림없이 제시간에 도착할 수 있다. 하지만 그렇게 되면 리복은? '하루 반 동안 먹이를 먹지 않는다고 해서 굶어 죽지는 않겠지? 하지만 그동안 리복은 아주 괴로울 거야. 그런데 물은…….' 동물이 탈수증세로 죽는 데 얼마나 걸리는지 모른다는 사실에 조는 더욱 불안함을 느낀다. 가능한 한 빠르게 운전하면서 머리를 쥐어짜낸다. 하지만 뾰족한 수가 떠오르지 않는다. 8시 회의에 참석한 후에 집에 가서 먹이를 주게 되면 10시 15분 비행기를 놓칠 게 뻔하다. 그러면 8시 회의보다 더 중요한 출장을 날리고 만다. 회의에 참석했다가 중간에 나올까도 했지만, 어쩌면 그게 더 무례해 보일 수도 있다. 다음 비행기를 타는 건 어떨까? 그렇게 되면 뉴욕에서 만나기로 한 약속에 아주 늦거나 아예 못 나갈 가능성도 있다. 그랬다가는 일자리를 잃을지도 모른다. 조

이토록 친밀한 배신자

는 어떻게 해야 할지 몰라 마음만 다급해진다. 내일까지 리복 생각
은 잊어버릴까 아니면 지금 차를 돌려 회의에 빠지고, 대신 리복의
먹이를 챙겨 준 후에 10시 15분 비행기를 탈까?

어디가 아픈 사람처럼 조는 크게 신음하며 시트에 몸을
기댄다. 결국 회사를 겨우 몇 블록 앞두고 갓길에 차를 멈추고 만
다. 그리고 사무실에 전화를 걸어 비서에게 자신이 회의에 참석하
지 못한다는 사실을 다른 참석자들에게 전해 달라고 하고서는 차
를 돌려 리복의 먹이를 챙겨 주기 위해 집으로 향한다.

양심이란 무엇인가?

놀랍게도 조는 회의에 불참하기로 결정했다. 돈 많은 고
객들과 만날 수 있는 아주 중요한 회의였고 자신에게 이익이 될 게
틀림없었는데도 말이다. 그래서 며칠 동안이나 준비를 하지 않았
던가. 물론 처음에는 조 역시 회의 시간에 늦지 않기 위해 최선을
다했다. 그날 처음 만난 수리공에게 집 안의 모든 물건을 맡겨 둔
채 사고의 위험을 무릅쓰고 급하게 회사로 향했다. 하지만 마지막
순간 조는 리복에게 먹이를 주기 위해 집으로 차를 돌렸다. 먹이를
챙겨 주지 않았다고 해도 순박한 리복은 당연히 조에게 불평 한마
디 하지 않을 것이다. 그런데도 조는 큰 몫을 챙기고 싶은 마음을
접어 두고 아무런 보상도 없고 알아주는 사람조차 없는 행동을 선

45

택했다. 야심찬 젊은 변호사가 도대체 어떻게 이럴 수 있을까?

조가 리복의 먹이를 챙겨 주기 위해 차를 돌리는 장면에서 독자들 대부분은 기쁨을 느끼며 미소를 지었을 것이다. 그런데 그 장면에서 우리가 기쁨을 느끼는 이유는 무엇일까? 조는 *양심*에 따라 그렇게 행동한 걸까? 우리는 조의 행동이 마음에 들었기 때문에 "조의 *양심*이 조를 멈추게 한 거야."라고 말하는 걸까?

볼 수도 없고 벗어날 수도 없으며 어떤 경우에도 타락하지 않는 우리 내부의 '양심', 과연 그 양심의 정체는 무엇이란 말인가?

조와 리복의 이야기에서 볼 수 있듯이, 이 질문은 굉장히 답하기 어려운 문제다. 우리가 스스로를 희생하는 선택을 하도록 이끄는 동기가 양심뿐만은 아니기 때문이다. 이런 동기는 굉장히 많으며, 어떤 경우에는 몇 가지 동기가 함께 영향을 주기도 한다. 예를 들면, 조는 뉴욕 출장에서 돌아왔을 때 주방에서 탈수로 죽어 있는 리복을 보게 될지도 모른다는 단순한 생각에 그런 선택을 했을 수도 있다. 조는 개가 물을 마시지 않고 얼마나 버틸 수 있는지 정확하게 알지 못해서 불안한 마음에 집으로 차를 돌린 것이다. 그렇다면 리복이 죽을지도 모른다는 끔찍한 생각에 대한 거부감을 양심이라고 할 수 있을까? 그렇게 말하기는 어렵다. 그것은 차라리 두려움이나 공포에 가까운 감정일 것이다.

어쩌면 조는 이웃의 시선을 더 의식했는지도 모른다. 이웃들이 리복이 배고픔에 울부짖는 소리를 듣거나 조가 출장을 간 탓에 홀로 갇혀 있던 개가 죽었다는 걸 알게 되면 자신을 어떻게

이토록 친밀한 배신자

생각할지 걱정했을 수도 있다. 또 친구들과 지인들이 그 사실을 알고 조에게 물어본다면 어떻게 해명할 수 있을까? 이런 걱정 역시 조의 양심이라기보다는 심한 당혹감과 사회적 거부감이라고 보아야 할 것이다. 누구도 이런 일을 아무도 모르고 지나갈 거라 확신하지 못한다. 아마도 조 역시 그랬을 것이다. 그렇다면 조는 사람들의 시선이 두려워 집으로 돌아오기로 결정한 셈이 된다. 이처럼 자신에 대한 다른 사람들의 평판은 우리가 탈선하지 않도록 하는 데 굉장히 효과적인 역할을 한다.

아니면 이는 조가 스스로를 바라보는 방식의 문제일 수도 있다. 조는 동물을 학대하는 비열한 인간이 되고 싶지 않고 품위 있는 사람으로 남고 싶었을 수 있다. 그래서 오늘 아침처럼 별다른 대안이 없을 때 자신이 소중하다고 여기는 이미지를 지키기 위해 중요한 회의를 포기한 것일 수도 있다. 이 관점으로 보면 조의 행동을 아주 잘 이해할 수 있다. 때로는 자신의 이미지를 지키고자 하는 이러한 노력 때문에 악명을 자초하기도 한다. 인간의 행동에 대한 문학이나 역사의 기록에는 스스로 옳다고 여기는 일을 위해 자신을 희생하는 행위를 '명예'로 서술한 곳이 많다. 고대에는 목숨을 버리면서 '명예'를 걸고 싸우는 전쟁이 많은 사람들의 관심사였다. 현대 심리학에서는 자기 자신을 바라보는 방식을 자존감(self-esteem)이라는 새로운 개념으로 해석한다. 심리학책에서 다루고 있는 여러 주제 가운데 가장 많이 언급되는 주제가 바로 이 자존감이다.

조는 내일 거울에 비친 자신을 바라볼 때 만족감을 느끼고 스스로 보기에 '명예로운' 사람이고 싶다는 바람 때문에 오늘처럼 경력에 약간 흠집이 나는 일을 기꺼이 감수할 것이다. 이런 행동은 칭찬받을 만하며 아주 인간적이다. 하지만 그렇다고 해서 이런 행동을 '양심'이라고 할 수는 없다.

이처럼 우리가 흔히 양심에 따른 행동이라고 믿는 많은 행동이 실제로는 두려움, 사회적 압력, 자부심(pride), 심지어 단순한 습관 등 다양한 동기에 따른 행동이라는 것은 굉장히 흥미로운 사실이다. 조의 경우도 마찬가지다. 앞에서 이미 그의 행동에 몇 가지 의문스러운 점이 있음을 파악한 독자라면 조가 양심이 아닌 다른 이유로 그렇게 행동했다는 설명이 더 타당하다고 생각할 것이다. 조는 직장에 있는 동안 리복을 혼자 내버려 두었다. 다시 말하면 일상적으로 리복을 몇 시간씩 혼자 내버려 두었다는 말이다. 어떤 때는 거의 이틀이나 리복 혼자 지내야 할 때도 있었다. 결과적으로 회의에 참석하지 않고 먹이를 주러 돌아가긴 했지만, 바로 오늘 아침에도 조는 10시 15분 비행기를 타고 출장을 가서 다음 날 저녁이 되어서야 돌아올 예정이었다. 조가 그대로 출장을 갔더라면 리복은 혼자 있는 건 물론이고 뒷마당의 울타리 밖으로 나갈 수조차 없었다. 개를 이렇게 내버려 두는 방식은 그다지 친절하지 않으며, 이는 조가 개의 필요를 충분히 공감하지 못한다는 사실을 보여 준다.

그렇지만 솔직히 친절하다고 해서 반드시 양심적이라고

이토록 친밀한 배신자

말하기는 어렵다. 상당히 영리한 소시오패스라면 자신의 기만적인 목적을 위해 잠시 동안 성자 못지않은 친절한 행동을 할 수 있을 뿐더러 양심적인 사람이라도 가끔은 불친절한 행동을 할 때가 있다. 무심결에 그럴 수도 있고 조의 경우처럼 공감이 충분하지 못할 때도 있으며 어떤 경우에는 그저 단순한 심리적 거부감 때문에 그렇게 행동하기도 한다.

　　친절한 행동, 사려 깊은 처사, 다른 사람들의 반응에 대한 고려, 스스로 옳다고 여기는 일을 위한 명예로운 행위, 이 모두는 대체로 세상에 긍정적인 영향을 미치며, 그 가운데 일부 혹은 전체가 때로는 개에게 먹이를 챙겨 주는 동기가 되기도 한다. 하지만 그 어느 것도 개인의 양심이라고 정의할 수는 없다. 왜냐하면 양심은 결코 단순한 행동이나 생각이 아니기 때문이다. 양심은 행동이나 인지에 관계되는 개념이 아니라 우리가 느끼는 무언가다. 양심이 존재하는 영역은 주로 '정서'이며 우리는 이를 흔히 *감정*이라 부른다.

　　이를 보다 더 확실하게 구별하기 위해 다시 한 번 조의 이야기로 돌아가 보자. 조는 개를 잘 보살피지 못할 때도 종종 있었다. 그렇다면 조에게는 양심이 있을까? 조가 회의를 포기하고 리복을 구하러 집으로 향한 행동에는 다른 사람들의 시선이나 자신의 이미지를 지키려는 생각, 3년 전 고관절 이형성증과 심장병이 없다는 보증서를 가진 순종 래브라도 강아지를 1200달러에 구입했다는 금전적인 고려 사항 등이 동기가 될 수 있다. 이때 심리학자의 입장에서 조의 행동이 양심에서 우러나온 행동이라고 판단하려면 어떤 증거가 필요할까?

심리학자인 나는 조의 이야기 중에서 지금까지 우리가 별로 신경 쓰지 않았던 부분 즉, 조가 리복을 사랑했다는 사실에서 조에 대한 믿음을 가지게 된다. 조는 리복에게 *감정적인 애착*을 가지고 있다. 리복은 집에서 조를 졸졸 따라다니고 조 역시 리복을 좋아한다. 조는 리복과 눈을 맞추기도 한다. 리복으로 인해 조는 과시적인 소유자에서 진정 반려동물을 사랑하는 사람으로 변했다. 이런 친밀함을 바탕으로 생각해 본다면, 회의 대신 리복을 선택한 조의 행동이 양심에서 비롯된 것일 수 있다는 믿음이 생긴다. 만약 조에게 진실의 묘약을 먹이고 차를 돌린 그 순간 무슨 생각을 했는지 묻는다면, 아마도 조는 "저는 리복이 울타리 안에서 내내 굶주림과 갈증에 시달릴 거란 생각에 참을 수 없었어요."라고 말할 것이다. 그리고 그 말을 들은 나는 조가 양심 때문에 그렇게 행동했다는 사실을 합당하게 확신할 것이다.

나는 심리학적인 양심 그 자체에 기초해서 조를 평가하고자 한다. 심리학적으로 말한다면, 양심은 본질적으로 인간을 비롯한 다른 생명체 또는 사람들의 모임, 심지어는 인류 전체에 대한 감정적인 애착을 바탕으로 하는 의무감을 말한다. 사람 또는 생명체에 대한 감정적인 유대감이 없는 양심이란 존재할 수 없다. 그렇기 때문에 양심은 우리가 '사랑'이라고 부르는 감정의 영역과 굉장히 유사하다. 이 유사점 덕분에 진정한 양심은 꺾이지 않으며

이토록 친밀한 배신자

양심적인 사람들에게 놀라운 권위를 행사한다. 어쩌면 양심의 헷갈리고 실망스러운 속성 역시 여기에서 생기는지도 모르겠다.

언뜻 보면 양심은 비합리적거나 심지어 자기파괴적인 결정을 내리도록 할 수도 있다. 8시 회의에 불참하는 사소한 결정은 물론이고, 고문을 당해도 애국심에 입을 열지 않는 영웅적인 결정을 하는 경우도 있다. 이런 일이 가능한 이유는 아주 깊은 애정이 그 바탕에 존재하기 때문이다. 그래서 양심에 따른 선택을 하면 우리는 행복감을 느낀다. 뿐만 아니라 그런 행동을 보거나 듣는 것만으로도 우리는 행복해진다. 비록 그 행동이 개의 먹이를 챙겨 주는 사소한 것이더라도 말이다. 양심과 관련된 일화는 생명의 유대감을 보여 주는 이야기로, 그 본질을 마주하면 우리는 무의식적으로 웃게 된다. 우리는 양심 때문에 고민하던 조의 괴로운 마음을 이해할 수 있으며, 사랑하는 이들을 바라볼 때 늘 그러하듯이 조와 리복을 볼 때도 웃음을 짓게 된다.

양심의 역사

양심은 타인에 대한 감정적인 애착에 바탕을 둔 의무감이다. 하지만 사람이라고 해서 누구나 양심을 지니고 있는 것은 아니다. 다른 사람들의 기대를 저버리고 상처를 주며 물건을 강탈하고 심지어 목숨을 빼앗기까지 하면서도 불안이나 공포를 전혀 느끼지 않는 사람도 있다. 오감(시각, 청각, 촉각, 후각, 미각)이 신체적인 감각이고 '제6감'이 직관에 관련된 감각이라면 양심은 기껏해야 7번째의 감각 즉, '제7감'에 불과하다. 인류의 진화 과정에서 뒤늦게 발달하기 시작한 양심은 아직 누구나 가지고 있는 보편적인 감각이 되지는 못했다.

우리가 더욱 혼란스러운 이유는 일상생활에서 양심이 있는 사람과 없는 사람을 구별하기 힘들다는 점이다. 야심만만한 젊은 변호사에게는 제7감이 있을까? 물론 그럴 수 있다. 어린 자녀를 여럿 둔 어머니는 어떨까? 당연히 그럴 것이다. 공동체 전체의 영적인 평안을 책임지는 성직자는 양심적일까? 그랬으면 좋겠다. 전 국민을 이끌고 있는 강력한 정치 지도자는 양심을 가지고 있을까? 분명히 그럴 것이다.

하지만 그 반대의 섬뜩한 상상도 가능하지 않을까? 이들 중 누군가 전혀 양심이 없는 상황 말이다. 당연하게도 이 역시 그럴 수 있다.

'악'은 특정한 사회적 지위와 인종, 신체적 특징에 관계없이 은밀하게 퍼져 나가기 때문에 신학자들은 늘 고심에 빠질 수밖에 없었으며, 최근에는 과학자들 역시 그런 상황에 처해 있다. 역사적으로 인류는 '선'과 '악'을 정확히 규명하고 악에 물든 사람을 구별할 수 있는 방법을 찾기 위해 엄청난 노력을 해 왔다. 4세기의 성서학자인 성 예로니모(St. Jerome)는 선과 악을 구별하는 천부적인 능력을 *신데레시스(synderesis)*라고 불렀다.[13] 그가 번역한

이토록 친밀한 배신자

「에스겔 환상」에는 '불꽃이 번쩍번쩍하며 광채로 둘러싸인' 구름 속에서 네 가지 생물이 등장하는 장면이 나온다. 그 생물들은 사람의 몸통에 각각 다른 얼굴을 하고 있는데, 앞쪽에 있는 얼굴은 인간의 얼굴이고 오른쪽은 사자, 왼쪽은 황소, 뒤쪽은 독수리의 얼굴이었다. 성 예로니모의 번역에 따르면 인간은 합리를, 사자는 감정을, 황소는 욕구를, 독수리는 양심을 상징한다. 특히 독수리가 상징하는 양심에 대해 그는 "카인의 심장에서도 꺼지지 않는 양심의 불꽃으로…… 우리가 사악한 욕망이나 고삐 풀린 영혼에 사로잡혔을 때 죄의식을 느끼도록 만들며…… 그러나 이 양심을 내던져 버린 이들은 자신의 죄에 대한 수치심이나 죄책감을 전혀 느끼지 못한다."고 적었다.

성 예로니모와 동시대를 살았던 뛰어난 신학자 아우구스티누스 역시 양심의 본질에 대한 성 예로니모의 생각에 동의했다.[14] 아우구스티누스는 그의 추종자들에게 "사람들은 빛의 책에 적힌 도덕률을 볼지니 모든 법이 그곳에서 나왔으며 진리라 불리느니라."라고 분명하게 말했다.

그러나 이들의 주장에도 불구하고 한 가지 문제는 여전히 남아 있다. 하느님이 모든 인간에게 선악에 관한 절대 지식인 진리를 주었는데도 왜 모든 인간이 선하지는 않은가? '양심을 내던져 버린' 사람들을 보게 되는 이유는 무엇일까? 수 세기에 걸쳐 진행된 양심에 대한 신학적인 토론의 중심에 이 질문이 있었다. 계속되는 논란에도 불구하고 누구도 일부의 인간에게 양심이 없다는 의견을 내놓을 수는 없었다. 그렇게 하면 하느님이 자신의 종복들 중 일부에게는 진리를 부여하지 않았다는 의미가 되고, 결국 악을 창조하고 세상에 퍼트린 주체 역시 하느님이 되기 때문이었다.

양심을 둘러싼 신학적 딜레마는 13세기에 이르러 토마스 아퀴나스의 주장이 나오면서 마침내 해결되는 듯 보였다.[15] 아퀴나스는 성 예로니모가 하느님이 부여한 선과 악에 대한 완전무결한 지식이라고 주장했던 *신데레시스*와 구별해서, 인간의 이성에서 나오는 *콘시엔티아*(conscientia)라는 개념을 에둘러 말했다. '이성 그 자체는 상당히 나약하다. 그래서 하느님으로부터 완벽한 정보를 공급받았다 하더라도 나약한 이성에 따라 행동을 결정하는 인간은 곧잘 실수를 저지른다.'는 말이다. 이 체계에서 인간이 잘못된 결정과 행동을 하는 이유는 인간에게 양심이 없기 때문이 아니라 의사결정에서 오류를 저지르기 때문이다. 다시 말하면 잘못은 단순히 오류일 뿐이다. 그러나 신데레시스는 이와 다르다. 아퀴나스는 "신데레시스에는 오류가 없다. 우주를 지배하는 물리법칙이 변하지 않는 것처럼 신데레시스는 절대 불변의 원칙을 제공한다."고 주장했다.

이 관점을 조의 사례에 한번 적용해 보자. 조가 리복에게 음식과 물이 없다는 사실을 떠올린 순간, 조의 내부에 있는 *신데레시스*, 즉 양심은 집으로 돌아가 리복을 돌보는 행동이 절대적으로 옳은 행동이라는 사실을 조에게 즉시 알려 준다. 그러면 어떻게

이토록 친밀한 배신자

행동할지를 결정하는 정신적인 논의 과정인 *콘시엔티아*는 이 진리에 대해 검토하기 시작한다. 조가 즉시 차를 돌리는 대신 몇 분 동안 생각을 했다는 건 인간의 이성이 본질적으로 나약하기 때문이다. 그러나 조는 결국 올바른 판단을 내린다. 아퀴나스의 체계에서 보자면 이런 조의 판단은 조의 도덕적 선이 이성을 점점 강화하면서 올바른 방향으로 발전함을 의미한다. 만약 조가 리복의 굶주림과 갈증을 내버려 두기로 결정한다면, 신학적으로는 조의 나약한 이성이 그의 도덕적 선을 지옥으로 내몰았다고 말할 수 있다.

초기 교부(敎父, 고위 성직자)들에 따르면, 신학의 요점은 다음과 같다. ① 도덕성의 법칙은 절대적이다. ② 모든 사람은 태어날 때부터 그 절대 진리를 알고 있다. ③ 나쁜 행동은 *신데레시스*나 양심이 없기 때문이 아니라 생각의 오류 때문에 나타난 결과이며, 인간의 *이성*이 완벽하기만 하다면 우리 모두에게 있는 양심 덕분에 인간은 잘못된 행동을 저지르지 않는다.

이 원칙들은 거의 현대사 전반을 통해 세상 곳곳에서 양심에 관한 믿음으로 지켜졌으며, 오늘날까지도 우리가 자신과 타인에 대해 생각하는 방식에 지대한 영향을 끼치고 있다. 그중에서도 특히 포기하기 어려운 것이 세 번째 믿음이다. 아퀴나스가 *신데레시스*를 언급한 지 벌써 천 년 가까이 지났는데도 누군가의 행동 방식이 비양심적이라고 느낄 때면 우리는 현대판 '나약한 이성' 패러다임에서 답을 찾는다. 우리는 그가 빈곤에 시달려 왔거나 정신적으로 문제가 있거나 어렸을 때의 환경 때문에 그렇게 되었다고 생각한다. 그 사람에게 양심이 없다는 보다 솔직한 설명을 여전히 껄끄럽게 여긴다.

수백 년 동안 양심에 관한 논쟁은 인간의 이성과 하느님이 주신 도덕적 지식 사이의 관계를 중심으로 이어져 왔으며, 근래에는 *비례주의*(proportionalism)를 비롯한 몇 가지의 논쟁이 더해졌다. 비례주의에서는 '정당한 전쟁'을 예로 들면서 이성은 우리가 결과적으로 '좋은' 일을 하기 위한 과정에서 '나쁜' 일을 하도록 만든다는, 신학적인 핑곗거리를 말한다.

그러나 20세기 초, 의사이자 과학자인 동시에 무신론자였던 지그문트 프로이드(Sigmund Freud)의 이론이 유럽과 미국에서 점차 받아들여지면서 양심은 근본적인 변화를 겪게 된다. 프로이드는 인간의 정상적인 성장 과정에서 어린이의 정신에는 내면화된 권위자인 *초자아*(superego)가 형성되고, 적당한 때가 되면 이 초자아는 현실의 외부적 권위를 대체한다는 가설을 내놓았다.[16] 이때 현실의 외부적 권위는 하느님이 아니라 그 아이의 부모를 말한다. 초자아의 '발견'을 통해 프로이드는 사실상 하느님의 손에 있던 양심을 빼앗아서 너무나도 인간적인 가족의 불안한 손아귀에 쥐어 주었으며, 그 결과 수 세기 동안 유지되어 왔던 우리의 세계관에 엄청난 변화를 불러일으켰다. 우리의 도덕적 기준은 근본부터 흔들리게 되었고 절대적인 진리는 문화적 상대주의의 불확실성에 굴복하기 시작했다.

정신에 관한 프로이드의 새로운 구조적 모델은 성 예로니모가 묘사했던 인간, 사자, 황소, 독수리와는 전혀 달랐다. 프로이드에 따르면 인간의 정신은 초자아와 자아, 이드라고 하는 세 부분으로 구성되어 있다. 이드는 타고난 모든 성적 본능과 무의식적인 공격 본능, 생물학적 욕구의 집합체이기 때문에 문명화된 사회의 요구와 자주 충돌한다. 이와 달리 자아는 인간의 합리적이고 의식적인 부분으로, 논리적으로 생각하고 계획을 세우고 기억하는 능력을 가지고 있다. 그래서 사회와 직접적인 상호작용을 통해 상대적으로 원시적인 이드가 적절하게 충족될 수 있도록 조절하는 역할을 한다. 초자아는 아이가 자신의 외부인 부모와 사회의 규칙들을 내부적으로 통합하는 과정에서 자아로부터 형성되는데, 정신이 발달하면서 마침내 자주적인 힘이 되어 일방적으로 아이의 행동과 생각을 판단하고 지도하는 역할을 하게 된다. 심지어 아무도 없는 상황에서도 초자아는 잘못된 일을 거부하는 당당하고 선함을 잃지 않는 내부의 목소리로 존재한다.

초자아의 기본 개념은 어렵지 않게 이해할 수 있다. 아이들은 보통 부모가 알려 준 규칙을 내면화하며 심지어 더욱 강화하기까지 한다. 엄마가 눈살을 찌푸리며 네 살배기 딸에게 "차에서 떠들면 안 돼."라고 말했다면 몇 분 뒤에 그 네 살배기가 시끄럽게 구는 두 살배기 동생에게 거만하게 손가락질을 하며 "차에서 시끄럽게 떠들지 마!"라고 하는 것처럼 말이다. 이미 성인이 되었지만 우리 역시 이런 내 안에서 울리는 초자아의 목소리를 여전히 듣고 있다.

사실 일부 사람들은 그 목소리에 너무 자주 귀를 기울인다. 머릿속에서 들려오는 목소리는 우리에게 '바보 같으니라고! 도대체 왜 그렇게 한 거야?', '오늘 밤까지 보고서를 완성하지 않으면 안 돼.', '그걸 왜 먹는 거야! 콜레스테롤 수치 걱정은 안 해?'라고 소리친다. 그리고 조와 리복의 이야기에서도 조는 초자아의 목소리에 따라 회의에 참석하지 않겠다는 결정을 쉽게 내릴 수 있었다. 이해를 돕기 위해 조가 네 살이었을 때의 상황을 한번 상상해 보자. 반려동물을 허락하지 않았던 조의 아버지는 네 살의 어린 조에게 이렇게 말한다. "안 된단다, 조이. 우리는 개를 기를 수 없어. 개를 기르려면 엄청난 책임을 져야 하거든. 네가 개를 기른다고 생각해 봐. 그러면 뭘 하다가도 수시로 개를 돌보러 가야 할 거야." 그렇다면 어른이 된 조의 초자아는 아버지에게 들었던 규칙을 어기지 않도록 조가 차를 돌리게 만들었을 것이다.

　　한 걸음 더 나아가서, 아마 프로이드는 조의 초자아가 아버지의 규칙을 '증명하고' 반려동물을 기른 조를 '벌주기' 위해 무의식적으로 그날 아침의 상황을 만든 건 아닐까 하고 생각했을 수도 있다. 프로이드의 이론에서 초자아는 단순한 목소리가 아니라 실행을 통제하고 미묘하면서도 복잡한 처리를 하며 정당성을 입증하는 역할을 담당한다. 초자아는 소송을 제기하고 판결을 해서 형벌을 집행하는데 이 모든 활동을 우리가 의식하지 못하는 중에 처리한다. 가장 긍정적인 상황을 상상하자면 초자아는 개개인이 사회에 잘 어울려 살아갈 수 있도록 도와줄 수 있을 것이다. 하

　　　　　　　　　　　　　　　　　이토록 친밀한 배신자

지만 때로는 초자아가 그 사람의 성격에서 가장 고압적이고 때로는 가장 파괴적인 부분이 될 가능성도 있다. 정신분석학자들에 따르면, 유난히 가혹한 초자아는 머릿속에서 자신을 쉴 새 없이 괴롭혀 대기 때문에 그 사람을 평생 우울증에 시달리게 하거나 심지어 자살하도록 몰아가기까지 한다.

그래서 프로이드는 양심을 치료해야 하는 사람들이 있으며, 정신분석을 통해 실제로 치료할 수 있다고 하는, 명확하게 비종교적인 견해를 발표했다.

게다가 더욱 놀라운 일은 프로이드와 그의 추종자들이 초자아가 최종적으로 확립된다면 어린이의 오이디푸스 콤플렉스(여자아이의 경우 엘렉트라 콤플렉스)가 해결된다고 주장했다는 사실이다. 오이디푸스 콤플렉스는 세 살에서 다섯 살 사이의 어린아이가 자신은 결코 이성(異性)의 부모를 완전히 소유하지 못한다는 사실을 깨달으면서 형성된다. 즉, 남자아이들은 자신이 어머니와 결혼하지 못한다는 사실을, 여자아이들은 아버지와 결혼하지 못한다는 사실을 받아들여야 한다는 말이다. 프로이드는 오이디푸스 콤플렉스로 인한 괴로움, 경쟁 끝에 남는 감정, 공포감, 동성(同性) 부모에 대한 적개심 등은 어린이의 가족관계에 너무나 강력하고 위험하기 때문에 철저하게 '억제'되거나 의식에서 격리되어야 한다고 주장했다. 이를 '억제'할 수 있는 방법은 성장하지 않은 초자아를 극단적으로 강화하는 데 있다. 강화된 초자아는 무시무시하고 가차 없는 무기를 갖는데 그것은 바로 즉각적이고 견딜 수 없는 죄의식이다. 이 죄의식으로 어떠한 이성 부모에 대한 성적(性的) 호감과 동성 부모에 대한 경쟁심이라도 말끔히 물리칠 것이라고도 말했다. 이런 식으로 초자아는 어린이의 정신에서 최고의 자리와 권력을 차지하여 사회의 일부로 잘 적응할 수 있도록 도와주는 엄격한 감독관 역할을 하게 된다.

프로이드의 이런 설명에 대해 당신이 어떻게 생각하든 간에 우리는 프로이드를 인정해야 한다. 프로이드 덕분에 우리의 도덕의식이 어디에나 적용되는 종교적 법칙이 아니라 계속 변화하면서 가족과 사회적인 유대에 복잡하게 연결되어 있다는 것을 이해하게 됐기 때문이다. 초자아에 관한 그의 저술은 당시 태동하고 있던 학계에 의미 있는 사실을 보여 주었다. 우리가 일상적으로 법과 질서를 존중하는 태도를 가지는 이유가 외부에서 우리에게 의무를 부여했기 때문만은 아니라는 사실 말이다. 우리는 우리 내부의 요구, 다시 말하면 지금 살아가고 있는 사회와 가족들이 지켜 왔으며 우리 자신이 어렸을 때부터 길러 왔던 그 내부적 요구에 따라 규칙을 따르고 도덕을 존중한다.

양심 VS 초자아

어쩌면 당신은 초자아가 정신 내부의 설계자라거나, 혹은 프로이드의 말처럼 '오이디푸스 콤플렉스의 후계자'라는 것을 믿

이토록 친밀한 배신자

기는 어렵다고 생각할지도 모르겠다. 하지만 그렇다 해도 초자아 그 자체가 풍부하고 유용한 개념이라는 사실만은 인정해야 한다. 초자아는 소년기의 의미 있는 관계를 통해 형성된 후, 우리의 결점을 지적하고 잘못에 분노하는 내부의 목소리로 자신의 역할을 수행한다. 이런 초자아의 모습은 개인적인 경험의 단면에서 잘 드러나기 때문에 대부분의 사람들이 쉽게 알 수 있다. '그러지 마.', '그렇게 생각하면 안 돼.', '조심해, 다칠지도 몰라.', '여동생에게 잘해 줘.', '어질러 놓은 것 깨끗이 치워.', '음, 별로 좋은 선택이 아닌 것 같은데, 안 그래?', '그걸 살 여유는 없어.', '그것부터 얼른 해.', '시간 낭비 좀 하지 마.' 등 초자아는 매일같이 우리 정신의 내부에서 우리를 향해 투덜댄다. 그리고 어떤 사람의 초자아는 다른 사람의 초자아보다 훨씬 더 강하게 작용한다. 모욕적이고 무례할 만큼 말이다.

　　당연히 초자아와 양심은 서로 다르다. 초자아가 양심과 비슷하다거나 양심의 일부라고 느낄 수도 있겠지만 초자아 그 자체는 양심이 아니다. 왜냐하면 초자아라는 개념을 정립하는 과정에서 프로이드가 심리학적 사고에서 도덕적 절대주의를 배제하기 위해 다른 중요한 것들도 함께 제외시켰기 때문이다. 더 간단하게 말하면 프로이드는 사랑을 비롯해 그와 관련된 모든 감정을 제외시켰다. 비록 프로이드가 아이들은 부모를 두려워하면서도 동시에 사랑한다고 말하기는 했지만, 그가 서술한 초자아는 전적으로 두려움에 기초하고 있다. 프로이드의 관점에서는, 우리가 어렸을 때 부모의 엄격한 비판을 두려워했듯이 자라서는 초자아의 비판적인 목소리를 두려워하게 된다. 결국 두려움이 전부인 것이다. 프로이드의 초자아에는 양심의 바탕이 되는 사랑, 동정, 다정함 또는 그 밖의 긍정적인 감정이 들어설 자리가 전혀 없다.

조와 리복의 이야기에서 이미 살펴보았듯이, 양심은 타인에 대한 우리의 감정적인 애착에서 오는 의무감이다. 그래서 양심에는 사랑, 동정, 다정함으로 대표되는 모든 측면의 감정적인 애착이 관계된다. 사실 제7감은 기본적으로 사랑과 동정심에 바탕을 두고 있다. 수 세기 동안 우리는 하느님이 부여한 *신데레시스*라는 신앙에서 시작하여 벌을 주는 부모와 같은 초자아에 대한 믿음을 거쳐 서로를 보살펴 주려고 하는 인간의 소양이 양심의 확고한 기반이라는 이해로 진보해 왔다. 두 번째 진보 즉, 머릿속의 심판(초자아)에서 마음의 명령(양심)으로의 진보는 인간의 본성에 대한 냉소주의보다는 우리 집단에 대한 희망, 개인적인 책임, 때로는 개인적인 고통과 더욱 관계가 깊다.

예를 들어 믿기 어려운 황당한 상황 때문에 어느 날 밤 당신이 잠깐 정신 나간 짓을 저질렀다고 상상해 보자. 당신은 각별하게 지내던 이웃집으로 몰래 숨어 들어가 별 이유 없이 그녀의 고양이를 죽였다. 그리고 해 뜨기 직전이 되어서야 제정신을 차리고 나서 자신이 무슨 짓을 저질렀는지 깨닫는다. 그렇다면 이때 당신은 어떤 마음이 들까? 당신이 느끼는 죄의식의 정확한 본질은 무엇일까? 거실 커튼 뒤에 숨은 채, 당신은 그 이웃이 현관에 있는

이토록 친밀한 배신자

죽은 고양이를 발견하는 모습을 지켜본다. 이웃집 여자는 털썩 주저앉으며 죽은 고양이를 품에 안고는 아주 오랫동안 흐느낀다.

　　이 상황에서 당신에게 가장 먼저 일어나는 일은 무엇인가? '죽이면 어떡해! 교도소에 가고 말 거야!'라며 소리치는 머릿속의 목소리가 당신에게 앞으로 다가올 결과를 떠올리게 만드는가? 아니면 당신이 고양이를 죽이고 이웃을 슬픔에 빠트렸다는 사실에 구역질이 나는가? 상심한 이웃을 처음 본 순간, 당신은 어느 쪽으로 반응할 것 같은가? 이 질문은 굉장히 중요하다. 대답을 어떻게 하느냐에 따라 당신이 앞으로 하게 될 행동이 결정되며, 당신이 초자아의 불편한 목소리와 참된 양심 중 어디에 영향을 받는 사람인지도 알 수 있다.

　　조에게도 똑같은 질문이 적용된다. 조가 회의를 포기하기로 결정한 이유는 무엇일까? 어린 시절 개에 대해 아버지가 했던 말이 만들어 낸 무의식적인 두려움 때문일까 아니면 곤경에 처한 리복을 생각할 때 떠오르는 끔찍한 마음 때문일까? 순수한 초자아 아니면 완성된 양심, 무엇이 조가 그렇게 결정하도록 이끌었을까? 만약 양심 때문이었다면 업무 회의에 불참하기로 한 조의 결정은 아이러니하게도 양심이 늘 규칙을 따르지는 않는다는 사실을 단편적으로 보여 준다. 양심은 행동 규칙과 조직의 기대보다 사람 또는 동물을 더 우위에 둔다. 강력한 감정에 힘을 얻은 양심은 우리를 단단히 결합하는 접착제처럼, 정의롭기보다는 끈끈하다. 양심은 법보다는 휴머니즘적인 이상을 더욱 소중히 여기고,

상황에 따라서는 교도소에 가는 위험조차도 받아들인다. 초자아라면 절대 있을 수 없는 일이다.

엄격한 초자아는 '너는 버릇없어.', '너는 무능해.'라며 우리를 꾸짖는다. 강한 양심은 '아무튼 너는 그(또는 그것)를 보살피지 않으면 안 돼.'라며 우리에게 강요한다.

두려움에 바탕을 둔 초자아는 어두운 커튼 뒤에 숨어서 우리를 나무라고 초조하게 만든다. 양심은 자신이 아닌 타인을 살펴보도록 하고 그 행동이 사소하든 대단하든 스스로 의식하며 행동하도록 만든다. 애착에 바탕을 둔 양심은 엄마가 10대 딸에게 좋아하는 매니큐어 대신 영양 가득한 음식을 사 주도록 이끈다. 양심은 친밀한 사이의 비밀을 보호하고 친구들이 약속을 지키게 하며 화가 난 배우자와 똑같이 받아치지 않도록 해 준다. 또한 기진맥진한 의사가 새벽 3시에 걸려 온 겁먹은 환자의 전화를 외면하지 않도록 하고, 사람들을 위태롭게 만드는 사회제도를 고발하게 하며 거리로 나가 전쟁을 반대하는 운동을 하도록 만든다. 양심은 인권운동가들이 목숨을 바쳐 그 일을 해 나가도록 이끌기도 한다. 양심과 함께 뛰어난 도덕적 용기를 갖춘다면 그들은 곧 마더 테레사, 마하트마 간디, 넬슨 만델라이다.

진정한 양심은 세상에 크고 작은 변화를 가져온다. 양심은 감정적인 유대를 바탕으로 평화를 가르치고 증오에 반대하며 아이들을 구한다. 또한 이혼을 막고 강물을 깨끗하게 바꾸며 개에게 먹이를 주고 친절하게 응답하도록 한다. 그리고 개인의 삶을

이토록 친밀한 배신자

향상시키고 인간의 존엄을 전반적으로 증진시킨다. 양심은 진실하고 매력적이며 우리가 이웃을 상심시켰을 때 우리를 불안하고 초조하게 만든다.

앞으로 살펴보겠지만, 문제는 양심이 없는 사람들도 있다는 사실이다. 실제로 전체 인구의 4%에 해당하는 사람들은 양심이 없다. 이제 논의의 주제를 그렇게 양심이 없는 사람들로 돌리고 그들이 우리에게 어떤 모습으로 나타나는지 살펴보자.

얼음 종족 소시오패스

양심은 영혼의 창문이요,
악은 그 창문을 덮는 커튼이다.

-

더그 호튼(Doug Horton)

스킵(Skip)의 가족은 여름이 되면 버지니아의 별장으로 휴가를 가곤 했다. 그 별장 옆에는 언덕과 작은 호수가 있었다. 가족들은 스킵이 여덟 살 때부터 휴가철이 되면 그곳을 찾았고 별장에서의 휴가는 스킵이 매사추세츠에 있는 고등학교에 진학할 때까지 계속되었다. 여름이 되면 스킵은 버지니아로 갈 기대에 부풀곤 했다. 사실 그곳에서 할 일은 별로 없었지만, 스킵이 생각해 낸 한 가지 놀이가 그 심심함을 채울 만큼 재미있었다. 겨울에 학교에서 재미없는 선생님의 수업이 계속될 때면 스킵은 따뜻한 버지니아 호숫가에서 그 놀이를 했던 기억을 떠올리며 혼자 킬킬대곤 했다.

스킵은 어릴 때부터 똑똑하고 잘생긴 아이였다. 심지어 부모와 그 친구들, 선생님들까지도 "스킵은 똑똑하고 잘생겼어." 라는 말을 여러 번 되풀이할 정도였다. 그러나 스킵의 성적은 중간 정도에 불과했고 한창 데이트를 할 나이에도 데이트에 관심조차 없어 보였다. 당연히 사람들은 그런 스킵을 이해하지 못했다.

그들은 몰랐지만, 사실 스킵은 열한 살 때부터 많은 여자아이들과 어울렸다. 물론 부모나 선생님들이 상상하는 방식은 아니었다. 스킵의 달콤한 말솜씨와 매력적인 미소에 넘어가는 여자아이가 늘 있었는데 대부분은 스킵보다 연상이었다. 여자아이들이 스킵을 자기 방으로 몰래 끌어들이는 일이 많았지만, 때로는 놀이터의 외딴 곳이나 소프트볼 경기장의 관람석 아래 후미진 곳을 찾기도 했다. 공부도 마찬가지였다. 사실 스킵은 정말 똑똑해

2장_얼음 종족 소시오패스

서 전 과목에서 A플러스를 받을 수도 있을 정도였지만 공부에 전혀 신경을 쓰지 않아서 C를 받는 데 그쳤다. 그러다가 가끔 B를 받으면 스킵은 굉장히 즐거워했다. 선생님들도 스킵을 좋아했다. 여자아이들을 무릎 꿇렸던 스킵의 미소와 아부에 선생님들도 넘어갔기 때문이다. 그래서 성적이 그 모양인데도 사람들은 스킵이 명문 고등학교를 거쳐 번듯한 대학에 입학할 거라 여겼다.

스킵의 부모는 '갑부'라고 불릴 정도로 돈이 많았다. 열두 살 무렵, 스킵은 부모가 사 준 고풍스런 접이식 책상에 앉아 자신이 받게 될 유산이 얼마인지 계산해 본 적이 몇 번 있었다. 아버지의 서재에서 훔친 재정 기록을 바탕으로 계산을 했다. 기록은 복잡하고 불완전해서 스킵이 분명하게 이해할 수는 없었지만 언젠가 자신이 꽤 부유해질 거란 사실은 분명히 알 수 있었다.

그럼에도 언제나 따분함을 느낀다는 것이 스킵에게는 문제였다. 어떤 재미있는 놀이라도 30분 정도 지나면 금세 시들해졌다. 심지어 여자아이들을 만나는 일이나 선생님을 속이는 일, 물려받게 될 돈에 대한 생각마저도 마찬가지였다. 부모의 재산이 미래에도 큰 즐거움을 보장해 줄 테지만 아직 어린아이에 불과한 스킵에게 그 재산은 그림의 떡일 뿐이었다. 버지니아에서 했던 놀이는 스킵에게 이런 따분함을 덜어 줄 유일한 위안이었다. 휴가는 아주 즐거웠다. 처음 버지니아로 여름휴가를 갔던 여덟 살 때, 스킵은 그냥 가위로 황소개구리를 찔러 죽였다. 가위를 사용한 이유는 그때 마땅한 다른 도구가 없었기 때문이다. 스킵은 낚시 도구

이토록 친밀한 배신자

를 보관하는 오두막에서 그물을 찾아냈고, 그 그물을 이용해 호수의 진흙 속에 있던 황소개구리를 쉽게 잡을 수 있었다. 스킵은 개구리를 뒤집어 놓고 불룩한 배를 찌른 다음, 다시 뒤집어서 피를 흘리며 죽어 가는 개구리의 멍청하고 겁에 질린 눈동자를 지켜보았다. 그러고는 죽은 개구리를 호수로 멀리 집어던지며 소리쳤다. "참 안됐구나, 이 멍청한 개구리야!"

그 호수에는 개구리가 아주 많았다. 스킵은 그렇게 몇 시간이나 개구리들을 죽였는데도, 개구리는 여전히 몇 백 마리가 남아 있는 듯했다. 그러나 첫 여름휴가가 끝날 때쯤, 찔러 죽이는 데 싫증을 느낀 스킵은 뭔가 더 좋은 수를 찾아야겠다고 생각했다. '뭐가 좋을까? 아, 개구리를 터트리면 어떨까? 그 작고 뚱뚱한 몸뚱이를 폭파할 뭔가가 있으면 정말 멋지겠는걸!' 마침내 스킵은 한 가지 좋은 계획을 생각해 냈다. 언젠가 사우스캐롤라이나에서는 폭죽 판매와 구입이 쉽다는 얘기를 들었던 기억이 떠올랐고, 마침 매년 4월 봄방학이 되면 사우스캐롤라이나로 가족여행을 가는 아이를 알고 있었다. 스킵은 친구 팀(Tim)에게 폭죽을 사오도록 부탁할 생각이었다. 처음에는 겁을 낼 수도 있겠지만 옆에서 부추기고 돈을 좀 넉넉히 쥐어 주면 팀은 기꺼이 폭죽을 사서 여행 가방에 숨겨 가져올 터였다. 그리고 이듬해 여름이면 스킵은 가위가 아니라 폭죽을 가지게 될 것이다!

스킵은 어렵지 않게 집 안에서 현금을 찾았고 계획은 착착 진행되었다. 4월이 되자 팀에게 100달러를 주고 어느 총기 관런 잡지에서 보았던 '성조기'라는 이름의 200달러짜리 다양한 폭죽 모음 상품을 사다 달라고 부탁했다. 그렇게 손에 넣은 폭죽은 정말 멋진 물건이었다. 스킵이 '성조기'를 선택한 이유는 황소개구리의 입에 들어가기 꼭 맞는 작은 폭죽이 가장 많이 들어 있었기 때문이다. 상자 속에는 작은 막대기 모양의 불꽃놀이 폭죽과 '여인의 손가락'이란 이름의 가늘고 작은 붉은색 폭죽, '마법사'라는 이름의 1인치 크기의 포탄 모양 폭죽들이 꽤 많이 들어 있었다. 스킵이 가장 마음에 들었던 물건은 해적 깃발 그림이 그려진 상자 안에 담겨 있는 2인치 크기의 포탄 모양 폭죽이었는데, 그 폭죽의 이름은 '궁극의 멸망'이었다.

그해 여름, 스킵은 사로잡은 개구리의 입 속에 폭죽을 하나씩 밀어 넣고 불을 붙인 다음 호수 위쪽의 허공을 향해 개구리를 높이 던졌다. 때로는 불을 붙인 개구리를 내려 두고 멀리 떨어진 곳으로 달려가 개구리가 폭발하는 모습을 지켜보기도 했다. 폭발 장면은 어마어마했다. 피와 찐득한 덩어리들, 섬광은 물론 가끔씩 굉음과 다양한 빛깔의 불꽃들이 난무했다. 너무나 멋진 결과에 스킵은 곧 자신의 천재성을 누군가에게 보여 주고 싶어 견딜 수가 없었다. 어느 날 오후, 스킵은 여섯 살배기 여동생 클레어(Claire)를 호숫가로 데려가 개구리 잡는 일을 거들도록 한 다음 동생이 보는 앞에서 개구리를 공중 폭파시켰다. 클레어는 미친 듯이 비명을 질러 댔고, 걸음아 나 살려라 하며 집으로 달려갔다.

가족 별장은 호수에서 800m 정도 떨어져 있었고, 그 사이에는 30m나 되는 솔송나무들이 있는 평화로운 숲이 있었다. 별장에서 호수까지는 그렇게 멀지 않았기 때문에 별장에 있던 스킵의 부모도 그 소리를 들었지만 처음에는 단순히 폭죽놀이 정도로 생각했다. 그러나 그들은 스킵이 좀처럼 통제할 수 없는 아이이며, 스킵을 혼내 주려면 아주 신중해야 한다는 사실을 오래전부터 알고 있었다. 그래서 폭죽놀이를 가지고 스킵을 나무랄 생각은 없었다. 클레어가 달려와서 스킵이 개구리를 폭파시켰다고 말해 줬지만 그 생각은 바뀌지 않았다. 스킵의 어머니는 서재의 전축을 최대한 크게 틀었고, 클레어는 자신의 고양이 에밀리를 숨기기 바빴다.

위대한 스킵

스킵은 소시오패스다. 스킵에게는 양심이 없으며 조금 있다 살펴볼 스킵의 이후 삶은 똑똑하면서 양심이 없는 성인이 어떤 모습인지를 잘 보여 주는 유익한 본보기다.

양심이 없는 기분이 어떨지 상상하기 어려운 것처럼 한 사람의 정확한 모습을 그려 내기도 굉장히 힘든 일이다. 부도덕하고 동정심도 없는 스킵은 결국 사회의 변두리에서 고립되고 말았을까? 근본적으로 인간성이 좋지 않아 언제나 누군가를 위협하고 으르렁거리며 실없는 소리나 해 댔을까? 스킵이 커서 살인자가 되었을 거란 상상은 쉽게 떠올릴 수 있다. 아마도 그는 결국 돈 때문에 부모를 살해했을지도 모른다. 그래서 스스로를 파멸시키거나 가장 경비가 삼엄한 감옥에 갇혔을지도 모른다. 이런 상상이 그럴 법해 보이지만 실제는 전혀 달랐다. 스킵은 아직 살아 있고 적어도 직접 살인을 하지는 않았으며 아직까지 감옥에 간 적도 없다. 정반대로 스킵은 크게 성공해서 왕처럼 부유해졌다. 부모의 돈을 상속받지도 않았는데 말이다. 그래서 만약 당신이 거리나 음식점에서 스킵을 마주친다면 비싼 양복을 입은 단정한 중년 남성의 모습을 보게 될 것이다.

도대체 어떻게 이럴 수 있을까? 혹시 치료를 받고 좋아진 걸까? 아니다. 사실 그는 더 나빠져서 결국에는 '위대한' 스킵이라 불릴 정도의 인간이 되고 말았다.

우수하지는 않았지만 합격을 할 만한 정도의 성적과 타고난 매력, 집안의 영향력 덕분에 스킵은 정말로 매사추세츠의 명문 기숙 학교에 들어갔다. 가족들은 스킵이 학교에 입학했고 자신들의 삶에서 상대적으로 멀어졌다는 사실에 안도의 한숨을 쉬었다. 선생님들은 여전히 스킵이 매력적이라고 생각했지만, 어머니와 여동생은 스킵이 교묘하고 무서운 아이라는 걸 잘 알고 있었다. 클레어가 가끔 '스킵의 섬뜩한 눈빛'에 대해 이야기하면 어머니는 질린 표정을 하며 그런 이야기는 하고 싶지 않다고 했다. 하지만 대부분의 사람들은 스킵의 잘생기고 젊은 얼굴밖에 보지 않았다.

대학에 들어갈 때가 되자 스킵은 할아버지와 아버지의 모교로 진학했고, 그곳에서 전설적인 파티보이이자 바람둥이로 이

이토록 친밀한 배신자

름을 날렸다. 항상 그랬듯이 C학점으로 졸업했고 그 뒤에는 별로 유명하지 않은 어느 학교의 MBA 과정에 들어갔다. 자신이 쉽게 게임을 지배할 수 있으면서 타고난 재능을 마음껏 펼칠 만한 곳이 비즈니스 세계임을 잘 알고 있었기 때문이다. 그곳에서도 성적은 별로 나아지지 않았지만, 스킵이 평생 써먹은, 사람들을 휘어잡아 자신이 원하는 대로 하도록 만드는 능력은 더욱 정교해졌다.

스물여섯 살이 되자 스킵은 철광석 광산에서 사용되는 폭파, 굴착, 적재 장비 제조업체인 아리카 코퍼레이션(Arika Corporation)에 입사했다. 강렬한 푸른 눈빛과 매력적인 미소를 적절하게 활용한 스킵은 영업사원들에게 동기를 부여하고 계약에 영향력을 발휘하는 마술 같은 재능을 가진 사람으로 사장에게 인정받았다. 스킵의 입장에서는 교양 있는 어른들을 조종하는 일 역시 팀을 꼬드겨 폭죽을 사 오게 만드는 것과 별로 다르지 않다는 사실을 알게 되었고, 거짓말은 더욱 능수능란해져서 숨쉬기만큼 쉬워졌다. 게다가 언제나 따분함을 느꼈던 스킵에게 위험한 일은 오히려 즐거움으로 느껴져 다른 사람은 좀처럼 시도하지 않을 큼직한 건수에 도전하기를 즐겼다. 입사 3년차가 되기 전에 스킵은 칠레의 구리 광산과 남아프리카의 금광을 공략했고 마침내 아리카를 세계 3위의 수직갱과 노천광산 채굴용 장비 공급업체로 만들었다. 내심 스킵을 바보 취급했던 아리카 창업주는 스킵에게 푹 빠졌고 '성과급' 명목으로 신형 페라리 GTB를 선물했다.

서른 살이 되자 스킵은 사랑스럽고 말씨가 고운 스물세 살

2장_얼음 종족 소시오패스

의 줄리엣과 결혼했다. 줄리엣은 유전 탐사로 돈을 번 유명한 억만장자의 딸이었다. 스킵은 줄리엣의 아버지가 자신을 누구보다도 명석하고 야심 찬 사위로 여기도록 만들었다. 스킵에게 억만장자 장인은 거의 모든 걸 이루게 해 줄 보증수표였다. 스킵은 줄리엣이 아내이자 사교적인 조정자의 역할을 충실히 받아들일 상냥하고 절제력 있는 숙녀이며, 스킵이 지금까지처럼 책임감 없고 문란한 성관계로 가득한 삶을 계속 살더라도 모른 체할 사람이란 사실을 아주 정확하게 파악했다. 줄리엣은 스킵 옆에서 멋지고 고상한 모습을 보이면서 입은 굳게 다물 것이다.

결혼식 일주일 전, 이미 스킵보다 줄리엣과 더 친해진 스킵의 어머니는 지친 듯한 목소리로 스킵에게 물었다. "이 결혼······ 꼭 줄리엣의 삶에 이런 짓을 해야겠니?" 언제나 그랬듯 스킵은 어머니를 무시했다. 그러나 이내 뭔가 재미있다고 느꼈는지 입이 귀에 걸릴 정도로 활짝 웃으며 대꾸했다. "뭐가 문제인지 줄리엣이 절대 모를 거란 건 어머니도 잘 아시잖아요?" 스킵의 어머니는 잠시 어리둥절해 있다가 곧 부들부들 떨고 말았다.

결혼을 하고 사회적으로 자리도 잡은 스킵은 매년 거의 8000만 달러를 아리카에 벌어 주면서 서른여섯 번째 생일도 되기 전에 아리카의 국제지사 사장이자 이사회의 일원이 되었다. 그리고 이 무렵 스킵과 줄리엣에게는 어린 딸이 두 명 있었다. 이로써 스킵은 마침내 가정적인 남자라는 자신의 대외적인 가면을 완성하게 되었다. 스킵이 사업에서 이룩한 공헌에는 대가가 뒤따랐

이토록 친밀한 배신자

지만 그렇다고 처리 비용 면에서 봤을 때 비효율적인 경우는 없었다. 직원들은 이따금 스킵이 '모욕적'이라거나 '악질'이라며 불만을 터트렸고, 한 비서는 스킵이 자신을 억지로 무릎에 앉히려다가 팔을 부러뜨렸다고 주장하면서 소송을 걸었다. 이 사건은 재판까지 가지 않고 입을 다무는 조건으로 5000달러를 주고 해결되었다. 회사 입장에서 그깟 5000달러는 아무것도 아니었다. 그는 '위대한 스킵'이었고 사장은 스킵을 위해 그 정도의 유지비를 쓰는 건 당연하다고 생각했다.

나중에 스킵은 그 사건에 대해 사적인 자리에서 이렇게 말했다. "그 여자는 제정신이 아니야. 자기 팔을 직접 부러뜨렸다니까. 나를 상대로 싸우다니, 멍청한 계집. 대체 무엇 때문에 그따위 승산 없는 싸움을 걸었는지 모르겠어."

그 비서 이후로도 여러 차례 성희롱에 관한 고소가 있었지만 스킵은 회사에서 너무나 소중한 존재였기 때문에 문제가 생길 때마다 아리카는 돈을 써서 사건을 무마시킬 뿐이었다. 다른 이사회 임원들은 스킵을 '회사의 프리마돈나(prima donna)'라고 부르기 시작했다. 스킵은 수년에 걸쳐 100만 주가 넘는 주식을 상여금으로 받았고, 결국 아리카 창업주 다음가는 최대 개인주주가 되었다. 그리고 2001년, 쉰다섯 살의 스킵은 최고경영자 자리를 물려받았다.

스킵이 일으킨 몇몇 문제들은 처리하는 데 애를 좀 먹을 사안이지만, 스킵은 평소처럼 거만한 태도로 별 탈 없이 잘 해결

2장_얼음 종족 소시오패스

될 거라며 지나치리 만큼 자신 있게 말했다. 2003년에는 증권거래위원회로부터 사기 혐의로 고소를 당하기도 했다. 당연히 스킵은 혐의를 부인했고, 그 건은 당시 증권거래위원회에서 결정이 계류 중이었다.

인생이란 이름의 게임

그렇다. 스킵은 사회의 변두리에서 고립되지도 않았고 실없는 소리나 하면서 지내지도 않았으며 아직은 감옥에 가지도 않았다. 현실의 스킵은 부유하고 많은 사람들이 그를 존경하거나 적어도 두려워서 존경하는 척한다. 그렇다면 여기에서 뭐가 문제인가? 아니 질문을 좀 더 정확하게 해 보자. 여기에서 최악인 부분, 그러니까 그렇게 성공했어도 자신은 물론 수많은 다른 사람들까지 비극으로 몰아넣는 스킵의 가장 심각한 결점은 무엇인가? 그것은 바로 스킵에게 다른 사람에 대한 감정적인 애착이 단 한 줌도 없다는 거다. 스킵은 얼음처럼 차갑다.

스킵에게 어머니는 무시하고 놀려 먹기 위한 존재이며, 여동생은 괴롭힘의 대상일 뿐이다. 다른 여자들은 성욕의 대상일 뿐 그 이상도 이하도 아니다. 어렸을 때부터 줄곧 아버지에게 바란 건 얼른 죽어서 자신에게 유산을 넘겨주는 것밖에 없었다. 직원들은 조종당하고 이용당하는 사람들이며 부인과 아이들조차 세상의 이목을 위해 필요한 존재들이다. 스킵에게는 가족조차도 단지 위장 수단에 불과하다. 스킵은 똑똑한 머리와 뛰어난 사업 수완을 타고났다. 하지만 스킵의 가장 강력한 재능은 감정이라곤 털끝만큼도 없는 차가운 심장을 누구도 알아채지 못하도록 감추고 그 사실을 아는 사람은 입을 다물도록 만드는 능력이다.

불합리하게도 우리 대부분은 외모에 영향을 많이 받는다. 그리고 스킵은 매력적이며, 언제나 멋진 모습을 하고 있다. 스킵은 어떻게 웃어야 하는지를 정확하게 알고 있다. 자신에게 페라리를 선물한 사장에게 스킵이 얼마나 아양을 떨었을지는 어렵지 않게 상상할 수 있다. 물론 뒤로는 사장을 멍청이라고 생각하고 누구에게도 감사하지 않았을 테지만 말이다. 스킵은 늘 거짓말을 하면서도 죄의식이라고는 눈곱만큼도 없다. 스킵의 거짓말은 너무나 교묘하며, 몸짓이나 얼굴 표정에 전혀 본심을 드러내지 않는다. 스킵은 성(sexuality)을 조종 수단으로 이용하고, 자신의 무감정을 회사의 중요 인물, 사위, 남편, 아버지와 같은 다양한 역할로 감추고 있기 때문에 다른 사람이 스킵의 진면목을 알아채기는 거의 불가능하다.

그리고 만약 매력과 성, 역할 연기가 실패하는 상황이 된다면 스킵은 공포라고 하는 필승의 무기를 사용한다. 그의 냉정함은 본질적으로 공포스럽다. 로버트 헤어는 "대부분의 사람들은 사이코패스의 강렬하고 비정하며 '잡아먹을 듯한' 시선을 견디기 어려워한다."고 적었는데,[17] 스킵을 마주했던 사람들도 아마 비슷한 느낌이었을 것이다. 스킵의 여동생이 '섬뜩하다'고 느꼈던 스킵의 그 강렬한 푸른 눈은 마치 먹잇감을 노려보는 냉정한 사냥꾼의 눈빛 같았을 것이다. 그 눈빛을 마주한 사람에게 남은 일이라곤 침묵밖에 없다.

당신이 스킵의 실체가 어떤지 안다고 치자. 과연 당신이 그 수법을 이겨 내고 그에 대해서 무슨 말을 할 수 있을 것 같은가? 다른 누구에게 그 얘기를 할 수 있을까? 그때 뭐라고 하겠는가? "그는 거짓말쟁이야.", "그는 미치광이야."라고 할 텐가? 아니면 "그가 사무실에서 나를 강간했어요.", "그의 눈은 섬뜩해요.", "그는 예전에 개구리들을 죽였어요."라고 할 텐가?

지금, 스킵은 아르마니 양복을 입은 지역사회의 저명인사다. 줄리엣의 사랑스런 남편이며, 두 아이의 아버지이기도 하다. 게다가 아리카 코퍼레이션의 CEO이기도 하다! 이런 그를 당신이 정확히 무슨 혐의로 고발할 것이며, 그 말을 증명할 증거는 가지고 있는가? 사람들은 최고경영자인 스킵과 그를 고발한 당신 중 누구의 말이 더 이상하다고 생각할까? 게다가 부유하고 힘 있는 사람들을 비롯해 이런저런 이유로 스킵이 필요한 사람들은 나서서 스킵을 비호하려 들 게 틀림없다. 당신은 그렇게 강력해진 스킵을 절대 이길 수 없다. 사람들이 당신이 하는 말에 신경이나 쓸 것 같은가?

이런 강력함을 비롯한 여러 가지 면에서 스킵은 전형적인 소시오패스다. 미국정신의학협회의 표현을 빌리자면, 그는 '정상

이토록 친밀한 배신자

의 범주를 크게 넘어서는 자극 욕구'를 가지고 있으며 그렇기 때문에 큰 위험을 무릅쓰길 즐길 뿐만 아니라 아무런 죄책감 없이 다른 사람에게 똑같이 하도록 꼬드기기까지 한다. 스킵이 어린 시절에 보였던 '문제 행동'은 부모가 가진 사회적 특권 때문에 기록으로 남지 않았다. 스킵은 기만적이며 다른 사람들을 조종하려 든다. 팔을 부러뜨린 비서나 침묵하고 있는 다른 여자들에게 그랬던 것처럼 스킵은 '다른 사람의 안전을 완전히 무시'하는, 굉장히 공격적인 행동을 할 수 있다. 스킵에게 나타나지 않은 전형적인 '증상'은 오직 약물남용밖에 없다. 그나마 가장 비슷한 걸 꼽으라면 저녁 식사 후에 위스키를 많이 마시는 정도다. 이런 점만 빼면 스킵이 만들어 낸 현실은 완벽하다. 스킵은 누군가와 진심 어린 관계를 맺는 일에는 아무런 관심이 없으며 늘 무책임하고 자신의 행동에 대해 자책하는 일도 없다.

　　그렇다면 스킵의 마음속에서는 이런 일들이 어떻게 이루어지고 있을까? 무엇이 스킵을 그렇게 행동하도록 만드는 걸까? 스킵이 진정 *원하*는 건 무엇일까?

　　대부분의 사람에게는 동기를 부여하고 의욕을 타오르게 만드는 누군가가 있다. 그들은 우리가 꿈과 희망을 향해 달려가도록 해 준다. 우리와 함께 사는 사람들, 멀리 떨어져 있는 사람들, 이제는 고인이 되었지만 사랑하는 사람들, 별로 보고 싶지 않은 사람들, 추억이 깃든 장소들, 심지어 반려동물이 우리의 마음과 생각 속에 가득하다. 아무리 내성적인 사람이라도 남들과 관계를 맺고 살아가며, 그들과의 교류와 교감, 반감과 애정에 골몰한다. 문학과 노래의 대부분은 설레는 감정, 낭만적인 사랑, 애틋함, 이별, 재회가 주제이다. 우리는 전적으로 관계의 동물이며, 이는 우리 옛 조상까지 거슬러 올라가도 마찬가지다. 제인 구달(Jane Goodall)은 곰베(Gombe)국립공원에서 관찰한 침팬지에 대해 이렇게 말한다. "사회적인 조화를 유지하거나 회복하기 위한 다양한 행동을 보인다. …… 떨어졌다가 다시 만났을 때는 포옹, 키스, 토닥거리기, 손 잡기 등의 행동으로 인사를 하고…… 함께 모여 앉아 오랜 시간 동안 평화롭고 느긋하게 털 고르기를 한다. 음식을 나눠 먹고 아프거나 다친 침팬지를 돌본다."[18] 다른 사람들에 대한 이런 원초적인 애착이 없는 사람은 과연 어떤 존재일까?

틀림없이 거대한 체스판 위에서 주변 사람들을 룩(rook), 나이트(knight), 폰(pawn) 같은 말로 삼아 게임을 하고 있는 사람일 것이다. 그게 바로 소시오패스의 행동과 욕망의 본질이기 때문이다. 스킵이 진정 원하는 것은 오직 승리뿐이다.

스킵은 사랑하는 사람을 찾는 데 시간을 쓰지 않는다. 스킵은 사랑을 할 수 없다. 친구와 가족이 아프거나 곤란해질까 걱정하지도 않는다. 그는 다른 사람을 걱정하지 못하기 때문이다. 스킵은 남에 대해서는 전혀 신경을 쓰지 않으며, 비즈니스 세계에서 자신이 거둔 많은 성공을 부모나 아내에게 들려주며 즐거워하지도 못한다. 스킵과 저녁 식사를 하며 상대방은 즐거워할 수 있겠지만, 정작 스킵 자신은 어떤 사람과도 그 순간을 공유하지 못

이토록 친밀한 배신자

한다. 그리고 아이들이 태어났을 때도 스킵은 겁을 먹거나 흥분하지 않았다. 뿐만 아니라 아이들과 함께하거나 아이들이 자라는 모습을 보면서 어떤 즐거움도 느낄 수 없다.

그러나 단 한 가지, 스킵이 할 수 있는 것이 있다. 심지어 이 한 가지는 다른 누구보다도 잘한다. 스킵은 이기는 데는 천재적이며 독보적이다. 다른 사람을 마음대로 휘두를 수도 있다. 어렸을 때 개구리는 그가 마땅히 그래야 한다고 결정했을 때 죽었고, 여동생은 그가 원한 대로 비명을 질렀다. 그리고 이제 스킵은 더 큰 판에서 게임을 벌이고 있으며, 더 잘 해내고 있다. 사람들이 먹고살기 위해 아등바등하고 있는 세상에서 스킵은 서른 살도 되기 전에 부자가 되었다. 교양 있는 고용주들은 물론 억만장자 장인마저 바보로 만들었고, 그들을 깜짝 놀라게 한 다음 등 뒤에서 비웃기도 한다. 스킵은 국제적인 비즈니스 세계에서 재무에 관한 주요한 결정에 영향력을 행사하면서 그 일을 자신의 이익에 맞게 이용할 수 있으며, 누구도 스킵의 그런 행동에 이의를 제기하지 않는다. 만약 누군가 불만을 말한다면, 스킵은 적절한 몇 마디로 그 사람을 무너뜨려 버릴 수 있다. 스킵은 사람들을 겁주고 협박하며 팔을 부러뜨리고 경력을 망칠 수도 있다. 그리고 보통 사람이라면 그런 행동에 따른 죗값을 치르겠지만 스킵의 부유한 친구들은 무슨 수를 써서라도 스킵에게 그런 일이 생기지 않도록 해준다. 스킵은 자신이 원하는 여자라면 누구든지 가질 수 있고 어떤 사람이라도 조종할 수 있다고 믿는다. 증권거래위원회에서 만

2장_얼음 종족 소시오패스

난 사람들 역시 예외는 아니다.

　　그는 '위대한' 스킵이다. 오직 전략과 승리에서만 전율을 느끼며 게임을 더 잘하는 데 평생을 바쳐 왔다. 스킵에게는 게임이 가장 중요하며, 약삭빨라 입 밖으로 내뱉지는 않지만 자신의 방식에 따르지 않는 사람들을 보면 모자라고 어리석다고 생각한다. 이런 상황이 바로 감정적인 애착과 양심이 실종된 인간의 마음에서 일어나는 일이다. 삶은 오로지 경쟁이며 다른 사람들은 이리저리 움직이고 방패막이로 쓰고 버려지는 체스 말에 불과하다.

　　물론 스킵의 지능이나 외모를 따라갈 만한 사람은 많지 않다. 분명히 소시오패스를 비롯한 대부분의 사람들은 지능이나 외모가 평범하며, 보통의 소시오패스가 해 나가는 게임 역시 '위대한' 스킵이 활약하고 있는 국제적인 규모의 엘리트 리그는 아니다. 나를 포함하여 오늘날 많은 심리학자들이 기억하는 사이코패시에 대한 첫 수업은 대학생 시절이던 1970년대에 보았던 사이코패시에 대한 교육 영화 한 편이 고작이다. 그 변변찮은 영화 속 사례 연구는 '스탬프 맨(Stamp Man)'이었는데, 그렇게 불린 이유는 어이없게도 우체국에서 우표를 훔치는 일에 평생을 바친 사람이기 때문이다. 그는 우표를 갖는다거나 팔아서 돈을 버는 데는 관심이 없었다. 유일한 기쁨은 밤중에 우체국을 턴 다음 우체국 근처에 자리 잡고 앉아 아침에 출근한 직원들이 야단법석 떠는 모습과 경찰의 긴급출동을 지켜보는 것이었다. 영화 속 인터뷰에 등장하는 그 남자는 마르고 창백하며 쥐처럼 생겼지만 전혀 무서워 보이지 않았다. 잘해야 보통 수준의 지능을 가진 그 사람이 최고의 전략과 억만장자 적수들이 난무하는 스킵의 원대한 국제적 게임을 해낼 가능성은 전혀 없다. 하지만 그는 자신만의 게임을 할 수 있으며 심리학의 관점에서는 그 단순한 우표 도둑 게임과 스킵의 기업 게임이 놀라울 정도로 비슷하다.

스킵과 달리 스탬프 맨의 계획은 세련되지 못하고 빤히 들여다보였기 때문에 언제나 들켜서 체포되었다. 그래서 그는 수없이 재판을 받고 감옥을 드나들 수밖에 없었다. 그의 삶은 훔치고 지켜보고, 감옥에 가고 출소하고, 다시 훔치는 일의 연속이었다. 하지만 그는 별로 신경 쓰지 않았다. 애초에 자신의 계획이 초래할 결과는 그에게 중요하지 않았기 때문이다. 그에게 중요한 건 게임을 하고 자신이 *사람들을 깜짝 놀라게 만들 수 있다*는 확실한 증거를 지켜보는 일이었다. 그래 봤자 지켜볼 수 있는 시간은 매번 한두 시간밖에 되지 않았지만 말이다. 스탬프 맨은 자신이 벌인 일로 사람들이 놀랐다면 게임에서 이긴 사람은 자신이라고 여겼으며, 갑부인 스킵이 그랬던 것처럼 그 역시 소시오패스가 뭘 원하는지를 보여 주었다. 그들에게는 남을 이기고 지배하는 것이야말로 가장 매력적인 일이다.

다른 사람을 지배하는 가장 최후의 경지는 목숨을 빼앗는 일일 것이다. 그리고 우리가 소시오패스의 일탈 행위를 생각할 때 가장 먼저 떠올리는 사람 역시 사이코패스적인 살인자나 냉혈의 연쇄살인범이다. 나라 전체를 집단학살이나 불필요한 전쟁으

2장_얼음 종족 소시오패스

로 이끄는 소시오패스 지도자가 많지는 않다. 사이코패스적인 살인자가 양심 없는 영혼의 가장 끔찍한 본보기인 것은 분명하지만, 흔한 본보기는 아니다. 살인을 저지른 소시오패스들은 그 악행으로 이미 유명하다. 우리는 신문이나 텔레비전, 영화를 통해 그들에 대해 알게 되며 아무런 감정이나 자책 없이 사람을 죽이는 소시오패스 살인마가 우리 사이에 버젓이 존재한다는 사실에 충격을 받는다. 하지만 일반적인 믿음과 달리 대부분의 소시오패스는 살인을 하지 않으며, 만약 살인을 저지르더라도 최소한 자신이 직접 죽이지는 않는다. 이는 통계를 통해서도 알 수 있다. 약 25명 가운데 1명이 소시오패스지만 죄수나 범죄 집단, 가난과 전쟁으로 피폐해진 집단을 제외하면 살인자의 비율은 감사하게도 소시오패스보다 훨씬 적다.

만약 어떤 사람이 소시오패시와 피에 대한 갈망을 모두 가지고 있다면 결과는 드라마나 영화에나 나올 법한 끔찍한 악몽이며 거대한 공포일 것이다. 그러나 대부분의 소시오패스는 폴 포트(Pol Pot)나 테드 번디(Ted Bundy) 같은 대량학살자나 연쇄살인마가 아니다. 대신 그들은 우리와 비슷한 모습을 하고 있으며, 오랜 기간 동안 자신의 정체를 숨길 수 있다. 양심 없는 그들은 스킵이나 스탬프 맨, 아이들을 도구로 이용하는 어머니, 심약한 환자들을 더욱 취약하게 만드는 심리치료사, 유혹해서 조종하는 연인, 은행계좌에 있는 돈을 모두 가지고 사라지는 동업자, 사람들을 이용하고는 그런 적 없다고 우기는 매력적인 '친구'의 모습을 하고

이토록 친밀한 배신자

있다. 소시오패스들이 다른 사람들을 조종하고 제어하는 방법과 확실한 '승리'를 얻기 위한 계략은 굉장히 다양하다. 하지만 그중에서 물리적인 폭력을 행사하는 경우는 드물다. 폭력의 대상이 어린이나 동물처럼 완전히 무력한 존재가 아닌 한, 폭력을 행사했다가는 눈에 쉽게 띄어 결국 붙잡힐 가능성이 크기 때문이다.

어쨌든, 잔인한 살인범들이 가장 무섭기는 하지만 양심 없는 사람들에게는 그다지 자주 나타나는 유형이 아니다. 소시오패스들은 *게임*을 훨씬 더 선호한다. 승리의 대가는 공짜 점심부터 세계 지배에 이르기까지 굉장히 다양하다. 그러나 사람들을 조종하고 깜짝 놀라게 만들어야 '승리'한다는 점에서는 늘 똑같은 유형의 게임이다. 애착과 양심이 존재하지 않는다면 인간관계에서 유일하게 의미 있는 일이라고는 분명 이런 식의 승리밖에 없다. 가끔은 인간관계를 무가치하게 여길 지경에 이르게 되면서, 살인으로 자신의 지배력을 증명하려는 경우도 생긴다. 그러나 보통은 개구리를 죽이고 침대로 끌어들이는 이성의 숫자를 늘리며 친구들을 꼬드겨 이용해 먹고 사람들이 허둥지둥하는 꼴이나 보려고 우표를 훔치는 등의 행동을 통해 승리를 쟁취한다.

소시오패스는 자신이 소시오패스인 줄 알까?

소시오패스는 자신이 어떤 사람인지 알고 있을까? 그들은 스스로 자신의 본질을 바라볼 수 있는 통찰력을 가지고 있을까 아니면 이 책을 처음부터 끝까지 읽고도 자신의 이야기임을 깨닫지 못할까? 환자들을 진료하면서 나는 이런 질문을 자주 받는다. 특히 소시오패스를 너무 늦게 알아본 탓에 삶이 어그러진 사람들이 이렇게 묻는 경우가 많다. 사람들이 통찰력을 왜 그렇게 중요하게 여기는지는 잘 모르겠지만, 아마도 누군가 평생 양심 없이 살아간다면 당연히 자신이 그렇다는 사실 정도는 알아야 한다고 느끼기 때문인 듯싶다. 사람들은 만약 누군가가 나쁜 사람이라면 그 사람은 마땅히 자신이 그렇다는 사실을 알아야 한다고 생각한다. 보기에 틀림없이 사악한 인간인데도 정작 자신은 스스로를 괜찮은 사람이라고 생각한다면 그것이야말로 가장 부당하다고 여긴다.

하지만 우리의 현실에서는 그 부당한 일이 그대로 일어난다. 대부분의 경우, 우리가 사악하다고 생각하는 사람들은 자신이 살아가는 방식에 잘못이 있다고는 절대 생각하지 않는다. 소시오패스는 자신이 내리는 결정이나 결정의 결과에 대한 책임을 인정하지 않기로 악명이 높다. 자신의 잘못된 행동에서 비롯된 결과인데도 자신과는 무관하다고 여기는 성향을 미국정신의학협회에서는 '일관된 무책임함'이라고 표현하는데, 사실 이런 성향이야말로 반사회적 인격을 진단하는 기초가 된다. 스킵이 비서의 팔을 부러뜨린 사건은 그의 인성에 이런 단면이 있음을 잘 보여 준다. 실제로는 자신이 비서의 팔을 부러뜨렸으면서도 스킵은 그녀가 자신의 말에 순순히 따르지 않다가 스스로 부러뜨린 거라고 소명했다.

양심 없는 사람들이 "나는 잘못한 게 없어!"라는 황당한 진술을 하는 일은 비일비재하다. 가장 유명한 사례 중 하나는 시카고의 잔인한 갱단 두목인 알 카포네가 했던 이 말이다. "나는 내일 플로리다의 세인트피터즈버그로 갈 거야. 훌륭한 시카고 시민들은 이제 자기가 마실 술은 알아서 구해 보라고 해. 나는 이제 그 일에 신물이 났어. 보람은 하나도 없고 고민만 많은 일이었거든. 나는 사람들을 돕느라 내 생애 최고의 시기를 다 보내고 말았어." 다른 소시오패스들은 그런 복잡한 생각은 아예 하지도 않거나 혹은 한다 하더라도 그런 터무니없는 생각을 누군가에게 말할 위치가 되지 못한다. 그 대신 그들은 분명 자신들이 저지른 짓 때문에 생긴 피해를 마주하고도 그냥 단순히 "내가 안 그랬어."라고 말하며, 자신의 말에 대해서는 추호의 의심도 없는 듯 행동한다. 이런 특성 때문에 소시오패스는 절대로 자각(self-awareness)하지 못한다. 결국 그들은 다른 사람과 진정한 인간관계를 전혀 형성하지 못하는 것은 물론 자기 자신과의 관계도 박약할 수밖에 없다.

아무튼 양심 없는 사람들은 자신의 삶의 방식이 보통 사람의 방식보다 우월하다고 믿는 경향이 있다. 그리고 다른 사람들은 세상을 모르는 멍청이에, 우스꽝스런 도덕관념만 있다고 말한다. 또 이익이 될 게 틀림없는데도 왜 사람들이 타인을 조종하는 방식을 절대 선택하지 않으려 하는지 그 이유를 모르겠다고 말하기도 한다. 혹은 다른 사람도 전부 자신처럼 부도덕하긴 매한가지지만 공허한 '양심'을 따른다며 솔직하게 행동하지 않는 거라는 가설을 말하기도 한다. 이 가설에 바탕을 둔다면 세상에서 유일하게 솔직하고 정직한 사람은 그들 자신밖에 없다. 그들이야말로 가짜들의 사회에 존재하는 '진짜'인 셈이다.

그럼에도 나는 그들의 의식 너머 어딘가에 내면의 목소리가 깊숙이 감춰져 있을 수 있다고 믿는다. 그 희미한 목소리는 무언가 빠져 있다고 속삭이고 있을지도 모른다. 다른 사람에게는 있는 무언가가 빠져 있다고 말이다. 내가 그렇게 생각하는 이유는 소시오패스가 스스로 '공허한' 또는 '텅 빈' 기분을 느낀다고 말하는 것을 종종 들었기 때문이다. 또한 일반적으로 소시오패스는 게임의 과정에서 양심적인 사람들의 인격 체계의 일부를 파괴하려는 동시에 부러워하는 감정을 가지고 있으며, 강직한 사람들을 특별히 더 자주 공격하기 때문이기도 하다. 그리고 물질세계의 일부나 지구 그 자체보다는 인간을 목표로 한다는 점에서 더욱 그러하다. 소시오패스는 사람을 상대로 게임을 벌이고 싶어 하며, 무생물의 도전에는 별다른 관심을 보이지 않는다. 심지어 세계무역센터를 파괴하기 위한 공격의 주요 목표도 그 건물 안에 있던 사람들과 그 재앙을 보고 듣게 될 사람들이었다. 이 단순하지만 결정적인 사실은 소시오패시에 인간적 속성이 일부 내재하고 있으며 인간이라는 종, 그 자체와 연결고리가 있음을 보여 준다. 그러나 이 미약한 선천적인 연결고리는 부러움을 불러일으킬지는 몰라도, 정상적인 사람들이 서로에게 보이는 복합적이고 충만한 감정적인 반응에 비한다면 일차원적이고 빈약하다.

이토록 친밀한 배신자

만약 당신이 타인에게 느끼는 감정이 오로지 '승리'하겠다는 차가운 욕망뿐이라면, 사랑, 우정, 배려의 의미를 이해할 수 있을까? 아마 그러지 못할 것이다. 당신은 그저 지배하고 부정하기를 계속하며 우월감을 느낄 뿐이다. 어쩌다 가끔은 공허하거나 만족스럽지 못한 기분을 희미하게 느끼기도 하겠지만 단지 그뿐이다. 그렇다면 타인에게 저질렀던 짓들의 진실은 전부 부정하면서, 자신의 본모습을 이해할 수 있는 방법이 있을까? 당연히 그럴 수 없다. '위대한' 스킵이 자신에게 그러했듯 스스로에게 거짓말을 할 수밖에 없다. 스킵의 내면에 있는 거울은 얼음 같은 자신의 영혼을 보여 주지 않는다. 그리고 어린 시절 평화로운 호숫가에서 황소개구리를 조각내며 여름을 보냈던 스킵은 끝끝내 자신의 인생이 의미와 온기로 가득했을 수도 있었다는 사실을 모른 채 죽게 될 것이다.

양심이 잠드는 순간

항상 깨어 있는 자만이
자유를 얻을 수 있다.

-

토머스 제퍼슨(Thomas Jefferson)

양심은 인생에 의미를 만든다. 사람들 사이의 감정적 유대에서 자라나는 양심은 우리의 삶이 단순히 남을 이기려고만 드는 길고 지루한 게임이 되지 않도록 해 준다. 양심이 만드는 모든 제약은 우리와 *다른 사람*을 연결시켜 주고, 무의미할 수 있었던 우리 계획을 누군가 혹은 무언가와 연결하는 다리가 되어 준다. 양심 대신 얼음처럼 차가운 무언가를 가진 스킵 같은 사람을 떠올려 보면 우리는 양심을 절실하게 바라야 한다. 여기에서 질문이 생긴다. 소시오패스가 아닌 96%의 사람에게서 양심이 변하는 경우가 생길 수 있을까? 양심이 흔들리거나 약해지거나 또는 아예 없어져 버리기도 할까?

진실을 말하자면, 정상적인 사람의 양심이라도 언제나 같은 수준으로 작동하는 건 아니다. 이렇게 양심이 변하게 되는 가장 단순한 이유 중 하나는 바로 살아 있는 우리 몸의 조건이 변하기 때문이다. 지치고 아프고 다치면 양심을 비롯한 우리의 모든 감정적인 기능이 일시적으로 현실과 타협하게 된다.

예를 들어 리복의 주인인 변호사 조가 열이 39도까지 오른 상태에서 운전을 하고 있다고 상상해 보자. 아픈데도 불구하고 조는 여전히 회의에 참석하려고 기를 쓰고 있긴 하지만, 정상적인 사고를 하기는 어려운 상태임이 분명하다. 그러면 조의 도덕관념은 어떨까? 무자비한 바이러스에 몸이 점령당한 상태에서 리복에게 먹이를 주지 않았다는 사실을 떠올렸다면 조는 어떤 행동을 취할까? 이런 상황에서 조가 빠르게 판단해서 우선순위를 매기고 차를 돌리리라고 기대하기는 어렵다. 미리 세워 둔 계획을 실행하기도 만만치 않을 것이다. 열이 나고 몸이 아픈 조의 내부에서는 리복의 고통에 대한 감정적 반응과 자신의 고통이 서로 맞부딪친다. 그런데도 조의 양심은 여전히 제대로 작동할 수 있다. 하지만 반대로 병약해진 조는 더 이상 평소와 같은 신념을 유지하지 못할 가능성도 있다. 그래서 좀 께름칙하겠지만 리복은 잠시 뒷전으로 미뤄 둔 채 계속 운전을 해서 어떻게든 회의에 참석하려고 할지도 모른다. 물론 리복을 말끔히 잊지는 않겠지만 말이다.

조에 대해, 또는 우리 자신에 대해 정말 이런 식으로 생각하고 싶지는 않겠지만, 이는 흥미로울 뿐 아니라 진실이기도 하다. 우리의 고귀한 양심은 때때로 옳고 그름이나 도덕적 감수성과 전혀 관계없는 감기, 수면 부족, 자동차 사고, 치통 등에 심대한 영향을 받을 수 있다. 그렇다고 정상적인 양심이 사라진다는 의미는 절대 아니지만, 몸이 약해지면 양심은 잠이 들거나 초점을 잃어버릴 수 있다.

거대한 공포가 그런 것처럼, 신체적인 고통은 늘 깨어 있는 양심을 영웅적인 수준으로 끌어올리기도 한다. 어떤 사람이 심하게 아프거나 다치거나 두려운 상황에서도 자신의 감정적인 애착에 여전히 충실하다면 우리는 그 사람이 용감하다고 생각한다. 자신의 부상도 잊은 채 적의 포화로부터 전우를 구해 내는 군인을 떠올려 보라. 누구나 그를 용감하다고 칭송할 것이다. 우리는 진정한 용기를 말할 때 으레 이런 상황을 떠올리게 된다. 그만큼

이토록 친밀한 배신자

신체적인 고통을 무릅쓰고 양심을 따르기가 쉽지 않기 때문이다. 즉, 우리는 이미 양심의 목소리가 신체적 고통이나 공포에 파묻히는 일이 흔하다는 사실을 암묵적으로 인정한다는 말이다. 아울러 조가 열이 39도나 되는데도 리복을 돌보기 위해 집으로 차를 돌린다면 우리는 그의 행동을 작지만 영웅적이라고 여길 것이다. 그래서 단순히 그를 향해 웃는 정도에 그치지 않고, 등이라도 두드려주고 싶은 마음이 들 것이다.

이상하게 들리겠지만, 양심에 영향을 주는 또 다른 신체적인 요소는 호르몬이다. 사례를 통해 이를 쉽게 이해해 보자. 전국입양정보사무소(National Adoption Information Clearinghouse)에 따르면, 최근 미국에서 있었던 출산 중에서 15~18%는 임신할 당시 '산모가 원하지 않는' 임신이었다. 이 중 일부는 분명 잘 몰랐거나 정말 예기치 못한 이유로 인한 임신일 것이다. 그러나 대부분은 그 부모의 육체적 욕망이 겨우 몇 분간 양심을 가린 결과에 불과하다. 그런 단순한 이유 때문에 원치 않은 임신으로 태어난 수십만의 미국 신생아들이 지금 불안정한 삶을 살아가고 있다. 생물학적 본성인 성욕을 절제하기란 무척 힘들며 그렇게 하기 위해 우리는 양심을 '도덕적으로 고결'한 수준까지 끌어올려야 한다. 주목할 만한 점은 그런 면에서 우리는 20대일 때보다 40대일 때 더욱 '도덕적'일 수 있고 별다른 노력 없이 그저 나이가 들면 대체로 이런 '도덕성'을 얻게 된다는 사실이다.

생물학적 원인 때문에 양심이 비극적 파멸을 맞는 경우도

3장_양심이 잠드는 순간

있다. 여기에는 다양한 정신분열장애가 포함된다. 뇌 기능이 손상되어 그런 장애를 가진 사람은 망상에 따라 행동하기도 한다. 그러면 "그 목소리가 그렇게 하라고 말했어."는 농담이 아니라 무시무시한 현실이 될 수도 있다. 정신 이상이 호전과 악화를 반복하다가 광기에 사로잡혀 있던 영혼이 '각성'되면서 자신이 지금까지 양심과 의지를 거스르고 망상에 따라 행동해 왔음을 깨닫는 경우도 있다.

다행스럽게도 우리의 몸이 양심을 압박하는 일은 자주 일어나지 않는다. 전쟁터가 아니라면 우리가 심각한 부상을 입은 채 중대한 도덕적인 결정을 해야 하는 상황은 일 년에 한 번도 생기기 어렵다. 성적인 유혹 역시 드물기는 매한가지다. 통제 불능의 망상적 정신분열증 역시 비교적 많지 않은 질환이다. 이를 포함한다 해도 우리가 뉴스나 텔레비전에서 접하는 극악무도한 행위는 신체적인 요소가 도덕심을 제한한 경우라고 말하기 어렵다. 정신분열증 환자들은 테러리스트가 아니며, 치통이 혐오적인 범죄의 원인이 되거나, 절제되지 않은 성욕이 전쟁을 일으키지는 않는다.

그렇다면 무엇이 그렇게 만드는가?

외집단에 대한 도덕적 배제

매년 독립기념일이 되면 내가 사는 뉴잉글랜드의 자그마

　　　　　　　　　　　이토록 친밀한 배신자

한 해안 마을에서는 해변에 3층짜리 탑 모양 모닥불을 만들어 놓고 거기에 불을 밝힌다. 마른 나무판들을 못질로 서로 연결해서 솜씨 좋게 쌓아 올려 만든 탑 모양의 모닥불은 독립기념일 며칠 전부터 우리 마을의 풍경을 바꿔 놓는다. 불길이 쉽게 타오를 수 있도록 충분한 양의 나무와 그 사이사이의 공간을 미리 생각해서 탑을 만든다. 날이 저물면 자원봉사 소방관들이 대기한 상태에서 만들어 둔 탑에 불을 붙인다. 축제의 열기가 타오르고 악단은 애국적인 노래를 연주한다. 사람들은 핫도그와 슬러시를 먹으며 불꽃놀이를 구경한다. 모닥불이 완전히 타고 나면 아이들이 다시 해변으로 몰려오고 소방관들은 아이들을 물로 흠뻑 적셔 주며 즐거워한다.

이런 광경은 6년 동안 이어져 온 마을의 전통이지만 나는 지금까지 잘 참여하지 않았다. 큰 불을 별로 좋아하지 않기 때문이다. 그러다 친구들의 성화에 못 이겨 2002년에 딱 한 번 이 행사에 참여하게 되었다. 나는 그 많은 사람들이 무슨 이유로 대서양 해안의 작은 구석 마을까지 왔는지 궁금했다. 80km나 떨어진 곳에서 온 사람들도 있었다. 그래서 나는 사람들을 비집고 들어가 모닥불이 잘 보일 만큼 가까운 곳을 찾았다. 불길이 타오르면 생각보다 더 뜨거워진다는 얘기를 미리 들었기 때문에 눈썹이 그슬리지 않을 만한 장소를 찾아 자리를 잡았다. 그날의 기온은 이미 32도였다. 해가 넘어가기 시작하자 사람들이 술렁이면서 탑에 불을 붙이라고 소리쳤다. 마침내 나무에 불이 붙었고 사람들은 탄성을 터트렸다. 불길은 멈출 수 없는 기세로 금세 모닥불 전체를 집어삼켰고 순식간에 모래사장에서 밤하늘로 타올랐다. 그리고 이내 열기가 몰려왔다. 무서울 정도로 뜨겁게 달궈진 공기가 마치 단단한 벽처럼 밀려왔고 놀란 사람들은 일제히 뒤로 물러났다. 이쯤이면 괜찮겠지 하며 멈춘 나는 다시 45m씩 물러나기를 반복했다. 그러나 결국 나는 얼굴에 화상을 입고 말았다. 아무리 3층 높이라고 해도 모닥불이 그 정도로 강한 열을 낼 거라고는 상상조차 하지 못했다.

일단 충분한 거리까지 물러나자 사람들은 다시 행복한 황홀함에 빠져들었다. 꼭대기 장식까지 불길이 타오르자 박수가 쏟아졌다. 꼭대기 장식은 작은 집 모양이었는데 이제 그 집의 내부가 작은 지옥처럼 변했다. 지옥처럼 변한 꼭대기 장식, 막연한 위기감, 뜨거운 열기에 나는 어지러움을 느꼈고, 축제의 기분을 함께 나눌 수 없었다. 반대로 나는 늘 이해할 수 없는 일이라고 생각했던 16, 17세기 마녀 화형의 본질에 대해 생각하게 되었고 그 열기 속에서 오한을 느꼈다. 책에서 사람을 처형할 만큼 큰 불에 대해 읽는 것과 흥분한 군중에 휩싸여 그 큰 불 앞에 서 있는 것은 전혀 다른 느낌이었다. 기분 나쁜 역사적 장면들이 머릿속을 떠나지 않았고, 나는 그 순간 아무런 즐거움도 느낄 수 없었다.

나는 궁금해졌다. 마녀 화형은 어떻게 해서 일어난 걸까? 어떻게 그런 악몽 같은 일이 현실이 된 걸까? 나는 심리학자의 눈으로 주변 사람들을 둘러보았다. 분명 그들은 불태울 악마 숭배자를 미친 듯이 찾아다니던 1610년의 당황한 바스크 난민들이 아니

이토록 친밀한 배신자

었다. 여기에 있는 사람들은 평화를 사랑하고 히스테리에 빠지지도 않았으며 고난이나 위협적인 미신의 영향에서 벗어난 새천년의 시민들이었다. 피에 대한 갈망도, 양심에 대한 억압도 없었다. 웃음이 넘치고 이웃처럼 가까운 느낌이 가득했다. 핫도그와 슬러시를 먹으며 독립기념일을 기리고 있었다. 비정하고 부도덕한 폭도가 아니었으며 공개적인 고문이나 살인을 결코 지지하지 않을 사람들이었다. 만약 이상한 현실 왜곡으로 갑자기 화염 속에서 몸부림치는 사람의 형상이 나타난다면 우리 중 몇몇 소시오패스만이 태연하거나 즐거움을 느꼈을 것이다. 나머지 사람들, 그중 일부 선한 사람들은 이 믿을 수 없는 광경에 넋을 잃었을 테고, 특별히 용감한 소수는 달려들어 그 사람을 구하려 했을 것이다. 그리고 대다수 사람들은 당연히 공포에 휩싸여 도망치고, 그들의 머릿속에는 멋지게 보이던 모닥불이 정신적인 외상으로 각인되어 평생 잊히지 않을 것이다.

그러나 만약 불타고 있던 사람이 오사마 빈 라덴(Osama bin Laden)이라면 어땠을까? 2002년, 미국의 시민인 이 사람들이 세상에서 가장 혐오스런 악당으로 알려진 사람을 공개 처형하는 자리에 서게 된다면 어떤 반응을 보였을까? 평소 양심적이고 교회에 다니며 비폭력적인 이 사람들이 그 상황을 방관하며 용납했을까? 한 인간이 고통스럽게 죽어 가는 광경을 바라보면서도 구토와 공포 대신 열광하거나 아니면 최소한 묵인하고 넘어갔을까?

이 선한 사람들 사이에 서 있으면서 나는 문득 그들이 공

3장_양심이 잠드는 순간

포처럼 격한 반응을 보이진 않을 거란 걸 깨달았다. 이유는 간단하다. 오사마 빈 라덴은 그들에게 인간이 *아니기* 때문이다. 어빈 스타우브(Ervin Staub)가『악의 뿌리(The Roots of Evil)』에서 쓴 표현을 빌리자면[19] 오사마 빈 라덴은 '우리의 도덕적 우주에서 완전히 배제'된 사람이다. 사람들의 양심은 더 이상 그를 위해 발동되지 않는다. 그는 인간이 아닌 *괴물*이며 그런 변화를 거친 빈 라덴은 불행히도 더욱 무시무시한 *것*이 되고 말았다.

　　때때로 사람들은 테러리스트 같은 악당을 도덕적으로 배제하는 것이 당연하다고 생각한다. 전범(戰犯), 어린이 유괴범, 연쇄살인범들 역시 *괴물*의 또 다른 본보기이며, 누군가 그들에게는 동정받을 권리조차 없다고 주장해도 이의를 제기하는 사람은 없을 것이다. 어쩌면 이미 사람들 스스로 그렇게 받아들였을지도 모른다. 그 주장이 옳은지 그른지는 따져 보지도 않은 채 말이다. 우리는 너무 쉽게 누군가를 인간이 아닌 무엇으로 격하하는 경향이 있다. 대부분의 경우 깊이 생각해 보지도 않을 뿐더러 의식조차 하지 못할 때도 있다. 역사를 살펴보더라도, 본래 선량한 사람들이 이런 비인간적인 행동을 자행한 경우가 훨씬 더 많았다. 이렇게 인간이라 할 수도 없는 존재로 격하되고 버림받은 사람들 즉, 외집단의 목록은 굉장히 길다. 아이러니하게도 우리 중 대부분은 그 목록에 포함된다. 목록을 잠깐 훑어보면 흑인, 공산주의자, 자본주의자, 동성애자, 아메리카 원주민, 유대인, 외국인, '마녀', 여성, 무슬림, 기독교인, 팔레스타인인, 이스라엘인, 가난한 사람, 부자, 아

　　　　　　　　　　　　　　　이토록 친밀한 배신자

일랜드인, 영국인, 미국인, 싱할라족, 타밀족, 알바니아인, 크로아티아인, 세르비아인, 후투족, 투치족, 이라크인 등이 들어 있다.

일단 어떤 집단이 인간이 아닌 그 *괴물*들로 변했다면, 그들에게 무슨 짓을 하든지 모두 허용된다. 특히 권위를 가진 사람의 명령이 있다면 더욱 그렇다. 양심은 더 이상 필요하지 않다. 비존재인 그 *괴물*들에게는 양심이 발동하지 않기 때문이다. 양심이 여전히 존재하고 심지어 아주 엄격할지도 모르지만, 오직 내 동포, 친구, 아이들에게만 적용될 뿐 그 비존재들과는 전혀 상관이 없다. 그 괴물은 나의 도덕적 우주에서 배제되었으며 내가 그들을 집에서 쫓아내고 그들의 가족에게 총을 쏘거나 그를 산 채로 불태우더라도 아무런 처벌을 받지 않는다. 어쩌면 우리 집단에 속한 사람들은 나를 칭찬할지도 모른다.

실제로 2002년 모닥불 행사에서 아무 나쁜 일도 일어나지 않았다. 그런 끔찍한 생각은 오직 내 머릿속에서만 일어났으며 불꽃은 나무만 태웠을 뿐이다. 모닥불은 장관이었고 계획대로 고스란히 전소되었다. 아이들은 안전한 자신의 마을에서 웃으며 해변을 뛰어다녔고, 소방관들은 아이들에게 물을 뿌려 주었다. 사람들의 모임이 언제나 이렇게 평화로울 수 있으면 얼마나 좋을까.

권위, 추악한 황제의 새 옷

　　양심이 깊은 최면에 빠졌을 때, 고문이나 전쟁, 대량학살에도 아랑곳없이 계속 잠자고 있을 때, 정치 지도자와 유명인사들이 우리의 제7감이 다시 깨어나도록 할 수도 있고, 반대로 부도덕한 악몽이 지속되도록 방치할 수도 있다. 역사를 살펴보면 지도자들이 모든 책임을 외집단으로 떠넘기는 대신 그 집단 내부에서 고난과 불안정을 적극적으로 처리하는 태도로 그에 맞는 계획을 실행했을 때 사람들은 '외부인들'을 좀 더 제대로 바라볼 수 있게 되었다. 즉 도덕적인 지도력에 따라 결과가 달라진다. 반대로 역사에는 제7감이 없는 지도자가 집단의 양심을 훨씬 더 깊은 최면에 빠져들게 해서 더욱 큰 재앙을 불러온 경우도 있다. 그런 지도자는 공포감을 불러일으키는 선전을 통해 파괴적인 이념을 증폭시킨다. 겁먹은 사람들에게 *괴물들*이야말로 인류 전체의 행복한 삶을 가로막는 유일한 장애물이라고 말하면서 그들과의 충돌은 서사시에 나올 법한 선과 악의 전투라고 생각하도록 선동한다. 이런 믿음이 사람들 사이에 확산되기만 하면 지도자들은 너무나도 간단하게 *괴물들*을 쳐부술 권리를 위임받는다. 당연히 그 방식에는 동정심이나 양심이 적용되지 않는다.

　　인류의 역사에서 이런 부도덕하고 양심 없는 지도자가 반복해서 출현한다는 사실에 여러 가지 의문이 떠오른다. 왜 인간은 고장 난 전축처럼 이 서글픈 역사를 반복하고 있을까? 왜 우리는 이기심이나 과거의 심리적인 문제에 얽매인 지도자들이 비통함과 정치적 위기를 부채질해서 무장 대립과 전쟁으로 몰아가도록 내버려 두는가? 최악의 예로, 왜 우리는 개구리를 죽이고 팔을 부러뜨리는 스킵 같은 사람이 다른 사람의 목숨을 구경거리로 만들거나 우월함을 경쟁하는 게임을 하도록 놔두는가? 그렇다면 우리 개인의 양심은 어떻게 되는가? 우리는 왜 우리가 느끼는 것을 지키지 않는가? 하나같이 대답하기 어려운 의문뿐이다.

혹자는 설명하길, 우리가 죽어 가는 사람들을 *괴물들*이라고 믿는 이유는 일종의 최면 상태에 빠져 있기 때문이라고 말한다.[20] 이런 상황이 되면 우리는 늘 두려움을 느끼며, 자주 무력감을 맛보게 된다. 주위의 군중을 둘러보며 속으로만 '나와 뜻이 맞는 사람이 너무 없어.'라든가 '저들 말고는 이 일에 항의하는 사람이 없어.'라고 되뇌거나 심지어 체념한 듯 '세상이 다 그렇지 뭐, 그게 정치야.'라는 말을 집어삼킨다. 이 모든 감정과 믿음은 우리의 도덕관념이 목소리를 내지 못하는 심각한 상황을 야기한다. 그런데 여기에 권력마저 이런 양심의 무력화에 개입한다면 그 효과는 더욱 커진다. '별종(別種)들'을 만들어 내는 것보다 더욱 근본적이고, 무력감보다 더욱 비참하고 역겨우며, 공포보다도 더욱 이겨 내기 힘든 무언가가 나타난다. 간단히 말해 우리는 *자신의 양심조차 거슬러 가며* 권위에 복종하도록 길들여진다.

1961년과 1962년에 코네티컷 뉴헤이번에서 예일대학교 교수인 스탠리 밀그램(Stanley Milgram)은 역사상 가장 놀라운 심리학 실험 중 하나로 남은 실험을 설계하고 그 장면을 촬영했다.[21] 밀그램은 권위에 복종하려는 인간의 성향과 개인의 양심이 최대한 정면으로 부딪치는 상황을 만들었다. 또한 자신의 조사 방법에 대해 "모든 도덕적 원칙 중 사람들이 가장 보편적으로 받아들이는 원칙은 자신에게 해롭거나 위협적이지 않은 무력한 사람에게 고통을 주지 말라는 것이다. 우리는 이 원칙을 복종과 대립시킬 생각이다."라고 썼다.

밀그램의 실험 과정은 가혹할 정도로 적나라했다. 지난 40년 동안 촬영 영상을 본 인도주의자들과 대학생들은 분노를 금치 못했다. 실험의 내용은 이렇다. 실험에는 서로 모르는 사이의 두 남자가 참가한다. 그들에게는 '기억과 학습에 관한 실험'이라고 미리 공지했으며, 실험 참가자들은 차비 50센트를 포함하여 총 4달러 50센트의 보수를 지급받는다. 실험실에 도착한 두 사람에게 실험자(영상에서는 스탠리 밀그램 자신)는 이 연구의 주제가 '처벌이 학습에 미치는 효과'라고 설명한다. 그리고 두 사람 중에서 '학생' 역할을 맡은 사람은 다른 방으로 가서 의자에 앉도록 한다. 모두가 지켜보는 가운데 '과도한 움직임을 방지한다'는 이유로 '학생'을 의자에 단단히 묶고, 손목에는 전극을 붙인다. 그런 다음 그에게 규칙을 설명한다. '학생'은 파란 상자, 멋진 날, 야생 오리 같은 두 마디의 낱말 목록을 외워야 하며, 틀릴 때마다 전기 충격을 받게 되는데 틀리는 횟수가 늘어날수록 충격의 강도도 올라갈 것이라고 말이다.

이토록 친밀한 배신자

다른 한 사람은 이 실험에서 '교사' 역할을 맡는다. '교사'에게 '학생'을 의자에 묶고 그의 손목에 전극을 붙이는 모습을 모두 보여 준 다음, 다른 방으로 안내해 '충격발생기'라는 이름의 크고 심상찮은 기계 앞에 앉힌다. 충격발생기에는 전압이라고 적힌 30개의 스위치가 나란히 배치되어 있는데, 스위치의 전압은 15볼트에서 시작해서 15볼트씩 올라가며 마지막 스위치의 전압은 450볼트이다. 또 그 숫자들 위에는 **약한 충격**부터 불길해 보이는 **위험-강한 충격**이라는 글자까지 새겨져 있다. 실험자는 교사에게 낱말 목록을 건네준 다음, 다른 방에 있는 학생을 시험하도록 한다. 시험은 교사가 '파란'이라고 말하면 학생은 '상자'라고 대답하는 방식이다. 학생이 정답을 말하면 교사는 다음 단어로 넘어가도 되지만 오답을 말할 경우 교사는 스위치를 눌러 학생에게 전기 충격을 가해야만 한다. 실험자는 교사에게 충격발생기의 가장 작은 충격에서 시작해서 학생의 답이 틀릴 때마다 한 단계 위의 충격을 주도록 지시한다.

　　사실 다른 방에 있는 학생은 배우로, 이미 훈련을 받은 실험의 공모자였으며 실제로는 전기 충격을 전혀 받지 않도록 되어 있다. 그러나 교사 역할을 하는 남자는 이런 사실을 전혀 모르며 이 실험의 진짜 대상자는 바로 그 사람이다.

　　교사가 '학습 시험'의 처음 몇 항목을 불러 주자 곧 밀그램과 한패인 학생의 불편한 목소리가 나오기 시작했다. 학생이 다른 방에 있기 때문에 교사는 그 모습을 보지는 못하고 학생의 불편한 목소리만 들을 수 있다. 75볼트에서 오답이 나와서 교사가 충격을 가하자 학생은 신음소리를 냈다. 120볼트의 충격에서 학생은 실험자에게 충격이 고통스럽다고 말했으며 150볼트에서는 실험을 그만두고 싶다고 했다. 충격이 강해질수록 항의를 하는 학생의 목소리가 더욱 절박해졌고 285볼트에 이르자 고통에 찬 비명이 터져 나왔다. 창백한 흰색 실험복 차림의 밀그램은 충격발생기 앞에 앉은 교사에게 차분하게 말했다. "계속해요.", "실험을 하려면 당신이 계속해 줘야 해요.", "학생이 뭐라고 하든지 그 낱말 목록을 전부 정확하게 외울 때까지 계속해야 해요. 그러니까 멈추지 말고 계속해 줘요." 그렇게 밀그램은 실험을 계속하도록 교사를 부추겼다.

밀그램은 40명을 대상으로 이 실험 과정을 40회 반복했다. 실험대상은 고등학교 교사, 우체국 직원, 영업사원, 육체노동자, 엔지니어 등 다양했으며 '일상생활에서 책임감이 있고 올바른' 사람들이었다. 그들의 교육 수준은 고등학교 중퇴에서 박사학위나 전문학위에 이르기까지 다양했다. 실험 내내 밀그램은 도덕적 위엄을 드러내며 명령을 내렸다. 그리고 실험의 목적은 실험대상들이 그런 밀그램의 명령에 불복하고 교사의 역할을 거부하는데까지 얼마나 걸리는지를 알아내는 것이었다. 단지 권위적인 모습을 한 누군가의 명령이 있다는 이유만으로 그들은 애원하며 비명을 지르는 사람에게 얼마만큼의 전기 충격을 가했을까?

심리학과 학생들로 가득한 강의실에서 밀그램의 영상을

이토록 친밀한 배신자

보여 주면서 나는 학생들에게 이 질문의 답을 맞혀 보라고 했다. 학생들은 언제나 양심이 우세할 거라 확신했다. 대부분은 전기 충격의 용도를 깨닫는 순간 실험실에서 뛰쳐나가는 실험대상자가 많을 거라 예상했다. 그리고 남아 있던 사람이라도 150볼트의 전기 충격을 받은 학생이 풀어 달라고 소리치는 상황쯤 되면 대부분 실험자의 명령을 무시하고 심지어 욕설을 퍼붓는 사람도 있으리라 믿어 의심치 않았다. 학생들은 아주 소수의 잔인하고 가학적인 실험대상만이 기계에 **위험-강한 충격**이라고 적힌 450볼트가 될 때까지 스위치를 계속 누를 거라고 보았다.

그렇다면 실제 실험 결과는 어떠했을까. 밀그램의 실험에 참가한 40명의 실험대상 중에서 학생이 의자에 묶인 채 풀어 달라고 애원하는데도 충격스위치를 계속 누른 사람이 34명이었다. 게다가 그 34명 가운데 25명은 실험 과정 내내 단 한 번도 실험자의 명령을 거부하지 않았으며, 학생의 간청과 비명에도 아랑곳하지 않고 450볼트가 될 때까지 스위치를 계속 눌렀다. 이는 전체 실험대상의 62.5%에 달하는 인원이었다. 교사들은 진땀을 흘리고 불만을 터뜨리고 머리를 쥐어뜯으면서도 실험을 중단하지 않았다. 영상이 끝나자 나는 시계를 보았다. 강의실에서 이 실험 영상을 처음 본 학생들은 어김없이 최소한 1분 동안은 당황한 상태로 침묵을 지킨다.

첫 실험 이후 밀그램은 실험 방식을 다양하게 변화시켰다. 예를 들면 전기 충격을 가하는 스위치를 조작하는 일은 다른 사람이 하고 교사는 낱말 목록을 불러 주기만 하도록 한 실험도 있었다. 이 실험에서는 실험에 참가한 40명 중 92.5%에 해당하는 37명이 충격발생기의 최고 충격에 도달할 때까지 실험을 계속했다. 또 이전의 실험에서는 남자에게만 교사 역할을 하도록 했지만 여자라면 학생에게 보다 공감적인 태도를 보일지도 모른다고 생각해서 40명의 여자들을 대상으로 하는 실험도 시도했다. 그러나 실험 결과는 거의 똑같았다. 차이라면 남자들에 비해 스트레스를 더 호소하는 정도에 불과했다. 그 후에 다른 몇몇 대학에서 밀그램의 모델을 이용한 연구를 시행했으며 거기에는 다양한 사회적 지위를 가진 1000명 이상의 남녀가 참여했다. 하지만 결과는 본질적으로 동일했다.

　　　여러 곳에서 이루어진 자신의 복종 연구에서 동일한 결과가 나오자 밀그램은 "합법적인 권위에 따른 명령이라고 여겨진다면 상당수의 사람들은 지시받은 대로 행동한다. 그 행동이 무엇인지, 양심에 거리끼는 일은 아닌지는 신경 쓰지 않는다."고 선언했다. 밀그램의 이 유명한 선언은 훗날 인간의 본성을 공부하는 수많은 학생들에게 영향을 미쳤다. 누군가에게는 악몽이 되기도 했고 누군가에게는 동기를 부여하기도 했다. 밀그램은 권위가 양심을 잠재울 수 있다고 믿었으며, 그것을 가능하게 만드는 주된 이유는 복종적인 사람들이 *자신의 행동인 건 맞지만 그 행동을 책임질 주체는 자신이 아니라고* 생각하는 '사고 조정'을 하기 때문이라고 설명했다. 그 사람들은 자기 자신에 대해 더 이상 도덕적으로

　　　　　　　　　　　　　　　이토록 친밀한 배신자

책임 있게 행동해야 할 사람이 아니라 모든 책임과 판단을 감당하는 외부 권위의 대리인일 뿐이라고 생각한다. 이런 '사고 조정'이 선량한 지도자가 보다 쉽게 질서와 통제를 구축할 수 있도록 도운 때도 있었지만, 반대로 이기적이고 악의에 찬 소시오패스 성향의 '권위'를 찬양한 경우도 수없이 많았다.

양심의 경계선

사람들이 정당성을 인정하는 권위일수록 그들의 양심을 더욱 둔하게 만들 수 있다. 만약 자신보다 아랫사람이거나 비슷한 수준인 사람의 지시라면 '사고 조정'이 결코 일어나지 않는다. 밀그램이 가장 처음에 했던 연구에서 최종적으로 실험을 중단한 소수의 사람 중에는 32살의 엔지니어가 있었다. 그 엔지니어는 실험복을 입고 지시를 내리는 과학자를 기껏해야 자신과 비슷한 정도의 지식인일 거라 여겼다. 실험 도중에 그는 의자를 박차고 일어나 성난 목소리로 밀그램에게 말했다. "나는 전기 기술자라서 전기 충격을 경험한 적이 있습니다. ……지금 수준도 이미 도를 넘어섰어요." 실험이 끝난 후 밀그램은 그 엔지니어를 인터뷰하면서 실험대상자에게 전기 충격을 준 행위는 누가 책임져야 하는지를 물었다. 그러자 그는 지시를 내린 밀그램에게 책임을 미루는 대신 "전적으로 제 책임이죠."라고 대답했다. 그가 고등교육을 받은 전문가라는 점에서 본다면 교육이 양심을 계속 깨어 있도록 만드는 요소 중 하나임이 틀림없다. 그렇다고 학위 자체가 양심을 강화한다고 여기는 심각하고 오만한 실수를 저질러서는 안 된다. 다만 교육은 인정했던 권위의 정당성을 뒤집어 볼 수 있도록 해 주기 때문에 무조건적인 복종을 제한할 수 있다. 교육과 지식을 갖춘 개인이라면 자기 자신이 곧 정당한 권위라는 생각을 지켜 나갈 수도 있을 것이다.

이런 점을 확인하기 위해 밀그램은 실험을 변경했다. 새로운 실험에서 그는 실험복을 입은 과학자가 아니라 '평범한 사람'의 모습으로 실험대상자에게 충격발생기의 버튼을 누르도록 지시했다. 그러자 지시에 복종한 사람의 비율이 62.5%에서 20%로 급감했다. 단순히 복장을 바꾸는 것만으로도 실험 결과가 판이하게 달라진 것이다. 물론 사람들이 겉모습만으로 누군가를 판단하지는 않겠지만 겉모습이 판단에 큰 영향을 준다는 사실은 분명하다. 비슷한 수준으로 보이면 저항하는 사람들이 좀 있을지 몰라도 *권위자처럼 보인다면* 사람들은 대부분 복종하게 된다. 이런 사실은 오늘날처럼 지도자와 전문가의 모습을 텔레비전에서 접하는 시대에 아주 중요한 의미를 가진다. 텔레비전의 마법은 사람들을 실제보다 더 품격 있고 대단해 보이도록 만들기 때문이다.

뿐만 아니라 텔레비전은 그 사람이 마치 우리 집 거실에 있는 것처럼 가깝고 친밀하게 느껴지도록 한다. 만약 명령을 내리는 사람이 이렇게 가까이 있으면 우리의 양심은 더욱 휘둘릴 수밖

이토록 친밀한 배신자

에 없다. 근접성은 권위의 힘이 개인의 양심을 압도하도록 도와주기 때문이다. 조건을 변경한 밀그램의 또 다른 실험에서는 밀그램이 충격발생기가 있는 방에 함께 있지 않고 다른 방에서 지시를 내렸다. 즉, 지시를 내리는 사람과 실험대상자의 거리를 멀리하는 방식이었다. 그러자 지시에 복종하는 비율은 3분의 2가 감소하여 평범한 남자가 지시를 내릴 때와 거의 같은 수준이 되어 버렸다. 심지어 실험대상자들은 낮은 단계의 충격스위치만 사용하면서 지시를 내리는 사람을 '속이는' 경향을 보이기도 했다.

　　권위와의 거리가 가장 지대한 영향을 주는 현실 상황은 전투와 전쟁에서 복종을 요구하는 때이다. 인간에게 원래 전쟁을 일으키는 성향이 있다고 생각하는 사람들은 믿기 어렵겠지만, 사실 개인의 양심은 살인에 대해서는 놀라울 정도로 확고하게 저항한다. 전쟁터에서조차 정상적인 사람의 양심은 계속해서 살인에 저항하기 때문에 군심리학자들은 이에 대처할 방법을 마련해야 했다. 예를 들어 군 전문가들이 알아낸 바에 따르면 이유를 불문하고 군인에게 살인을 하도록 하려면 명령을 내리는 권위자들이 부대와 함께 있어야 한다. 그렇지 않을 경우 전쟁터의 군인들은 강력한 양심의 저항 때문에 일부러 다른 곳을 조준하거나 아예 총을 쏘지 않는 등, 살인 명령에 대해 '속임수'를 쓰려는 경향을 보인다.

　　마셜(Marshall) 준장[22]은 제2차 세계대전 당시 태평양 전선에서 벌어졌던 미군의 전투를 기록한 역사학자로, 나중에는 유럽

전선에서 있었던 작전의 공식 역사가로 활동하기도 했다. 마셜의 기록에 따르면 제2차 세계대전에서, 현장에서 지휘관이 명령을 내릴 때는 대부분의 군인들이 그 명령에 따라 총을 쏘았지만 지휘관이 자리를 뜨자 발포 비율이 즉시 15~20%로 떨어지는 일이 많았다고 한다. 어느 구역에서는 지휘관이 떠나고 발포 명령을 직접 듣지 않게 되자 군인들의 얼굴에 크나큰 안도감이 떠올랐다고도 한다. 마셜은 군인들의 이런 모습이 '그곳의 상황을 더 안전하다고 인식해서가 아니라 생명을 빼앗아야 한다는 강요에서 잠시 벗어나서 다행이라고 생각하기 때문'이라고 보았다.

　　　미군 유격대와 낙하산 부대 중령이었던 데이브 그로스먼 (Dave Grossman)은 그의 저서인 『살인의 심리학(On Killing: The Psychological Cost of Learning to Kill in War and Society)』[23]에 수많은 기록을 재검토한 결과를 적고 있다. 거기에는 마셜의 기록이 당연히 포함되었으며 그와 함께 1950년대와 60년대 경관들의 총기 미사용 비율에 관한 FBI의 연구 및 미국 시민전쟁, 두 번의 세계대전, 베트남전쟁, 포클랜드전쟁 등 다른 전쟁에서 총기 미사용에 관한 기록도 포함되어 있었다. 그로스먼에 따르면 "전쟁 역사를 살펴보면 정말 사람을 죽일 수 있고 죽여야만 하는 결정적인 순간을 맞닥뜨린 전투원들은 대부분 자신이 '양심을 거스르는 사람'이라는 사실을 깨달았다."고 한다. 그러나 그 상황에서도 전투원들은 무작정 살인을 저지르기보다는 살인을 거부하거나 슬며시 외면하는 일이 많았다. 그로스먼은 이런 역사적 증거를 강조하며 최종적으로 "인간 본성에 관한 놀랍고 다행스런 결론: 끊임없이 폭력과 전쟁을 저지르고 있긴 하지만 인간은 타고난 살인자가 아니다."라고 글을 매듭지었다. 심리적인 통제와 세심한 교육, 전장에 머무는 권위자의 명령은 정상적인 사람에게 양심의 저항을 뒤엎고 다른 사람을 향해 총칼을 겨누도록 만드는 필요조건이다.

그런 통제와 교육, 명령으로 군인들은 적군을 단지 *괴물*, 독일 놈, 동양 놈일 뿐이라고 여기게 된다. 그렇게 해서 결국 도덕적 배제를 부추기는 것이다. 피터 왓슨(Peter Watson)은 그의 저서인 『정신에 대한 전쟁: 심리학의 군사적 이용과 악용(War on the Mind: The Military Uses and Abuses of Psychology)』에 "그 지역의 관습에서 우둔한 면을 조롱하거나 그 지역 사람들의 독특한 성격을 악마가 깃든 탓이라고 여기도록 만든다."고 적었다.[24]

권력자는 전쟁터의 군인은 물론 본국에서 근무하는 군인에게도 당시 치르고 있는 전쟁이 선과 악의 결정적인 투쟁 또는 신성한 투쟁이라는 메시지를 어떻게든 전달하려고 애썼다. 이는 전쟁에 참전한 양쪽 모두의 권력자에게 동일하게 나타나는 행태이며 역사상 모든 주요한 전쟁에서 이런 일이 반복되었다. 베트남 전쟁이라고 하면, 지금은 전쟁 말기의 폭발적이었던 도덕적 분노밖에 기억나지 않겠지만, 그 전쟁이 시작될 무렵 미국인들은 남베트남 국민들을 미래의 폭력과 노예화로부터 구해 낼 수 있는 사람들은 자신들밖에 없다는 얘기를 여러 번 들었다. 전쟁을 부르짖는 지도자들은 언제나 전쟁이 절대적으로 필요한 사명이며 살인을 정당화하는 고귀한 소명임을 강조하는 연설을 해 댔다. 전쟁과 살인을 부추기는 연설임에도 역설적으로 사람들은 아주 쉽게 권력자의 말을 받아들였다. 양심적인 사람들에게는 고귀한 소명과 정의로운 집단의 일원이라는 의식이 중요했기 때문이다. 다시 말하면 양심은 속일 수 있으며 특히 잘 모르는 사람을 죽이는 일에 있어서는 대체로 속임수가 필요하다.

보통 사람을 살인자로 만드는 방법을 심리학이 제공하고 군대에서 이런 방법을 사용하고 있다는 사실은 정말 실망스러운 일이다. 그러나 그 나쁜 소식의 이면에는 칠흑 같은 바다에서 다이아몬드처럼 반짝이는 한 조각 희망이 존재한다. 자신이 천성적으로 살인기계가 아닐까 생각했지만 이제 우리는 그렇지 않다는 걸 알게 되었다. 사람들은 아주 급박한 전투 상황에서도 종종 총을 쏘지 않거나 표적을 일부러 빗맞힌다. 권위에 짓눌려 침묵할 수밖에 없는 때가 아니라면 살인을 하지 말라는 양심의 목소리가 언제나 터져 나오기 때문이다. 이 목소리는 인간적인 유대감의 절규이다.

전쟁의 본질은 살인이기 때문에 전쟁은 양심과 권위가 대결하는 최고의 경연장이다. 우리의 제7감은 생명을 빼앗지 말라고 외치지만 권위는 양심을 짓누르고 군인들이 살인을 하도록 만든다. 이렇게 살인을 저지른 군인들은 고통스런 기억 때문에 그 당시에도, 그리고 남은 삶에서도 내내 우울증, 이혼, 약물중독, 궤양, 심장병 등을 동반하는 외상 후 스트레스장애(PTSD, post-trau-

116

matic stress disorder)를 겪으며 괴로운 삶을 살아갈 가능성이 굉장히 높다. 이와 달리 살인을 하지 않아도 되는 보직에서 근무한 군인들은 본국에서만 근무한 군인들만큼이나 외상 후 스트레스장애를 겪지 않는다는 사실이 베트남전쟁에 참전한 군인들을 대상으로 한 연구[25]에서 밝혀졌다.

우리의 도덕관념과 권력자들 사이의 이 처절한 경쟁은 인간이 위계질서를 가진 사회에서 살기 시작한 이래로 끊임없이 계속되고 있다. 왕이나 영지를 가진 귀족, 또는 국가 지도자들은 지난 5000년간 힘없는 사람들에게 참전과 살인을 명령해 왔던 것이다. 그리고 이 양심의 투쟁은 우리 자식이나 손자 세대에도 해결되지 않을 것이다.

복종 6, 양심 4

스탠리 밀그램은 10명 중에서 6명이 비참한 결말을 맞이할 때까지 같은 공간에 함께 있는 공식적인 권위자에게 복종하는 경향이 있음을 보여 주었다. 또한 파괴적인 권위자에게 복종하지 않은 사람들조차도 심리적으로 고통을 겪는다는 점도 지적하였다. 복종하지 않은 사람들은 스스로 사회 질서에 순응하지 않았다고 생각하는 경우가 많으며, 자신이 충실하게 따라야 할 사람 또는 해야 하는 일에 최선을 다하지 못했다는 생각에 괴로움을 느끼기도 한다. 복종은 아무런 저항이 없는 것을 말한다. 밀그램이 말한 '자기 행동의 부담'을 감내해야 하는 사람은 오직 복종하지 않은 사람뿐이다. 그 사람들은 고통이나 공포를 이기고 양심에 따른 행동을 할 수 있는 용기를 지녔으며 권위의 강압적인 명령에 굴복하지 않고 언제나 양심이 깨어 있도록 유지하는 힘을 가지고 있다. 힘은 중요하다. 다양한 상황에서 양심을 지키려 할 때마다 누군가의 저항에 부딪치기 때문이다.

예를 들어 정확히 성인 100명으로 구성된, 그 외의 조건들은 기존의 통계에 딱 들어맞는 사회가 있다고 상상해 보자. 그렇다면 이 가상 사회에서 4명은 양심이 없는 소시오패스이고, 나머지 96명은 양심을 가진 바람직한 시민들이다. 이 96명 중에서 62.5%에 해당하는 60명은 별다른 의문 없이 권위에 복종할 것이다. 권위를 가진 사람은 아마도 집단에서 보다 공격적이고 사람들을 통제하려 드는 소시오패스 중 한 명일 가능성이 높다. 결과적으로 전체의 3분의 1이 약간 넘는 나머지 36명만이 양심과 함께 자기 행동의 부담을 감내할 힘을 가진 사람들이다. 그렇게 양심에 따라 행동하는 것이 불가능한 일은 아니겠지만 상대편도 그리 만만하지는 않다.

그뿐만이 아니다. 이해하기 어렵지만 대부분의 소시오패스들은 눈에 잘 띄지 않는다. 양심을 가진 사람들은 이 난관도 극복해야 한다. 이제 그 딜레마를 이해하기 위해 도린 리틀필드(Doreen Littlefield)의 사례를 살펴보자.

세상에서 가장 좋은 사람

나는 트레이더 빅스에서
피냐 콜라다를 마시고 있는
늑대인간을 보았어.
그의 머리칼은 완벽했지.

-

워렌 제본(Warren Zevon)

오늘도 도린은 백미러를 힐끗 보며 '좀 더 예뻤으면 얼마나 좋았을까.' 하고 생각한다. 그랬다면 그녀의 삶이 틀림없이 더욱 순탄했을 것이기에 도린은 이런 생각을 수도 없이 되풀이한다. 오늘 아침 거울에 비친 도린의 모습은 아름다웠다. 푹 쉰 데다 화장까지 했기 때문이다. 만약 그렇지 않았다면 이런 검은색 BMW 운전석이 아니라 순박한 시골 소녀처럼 평범한 모습이었을 것이다. 도린 자신도 이 사실을 잘 알고 있다. 예전엔 그런 순박하고 평범한 시골 소녀였으니까. 도린은 아직 서른네 살밖에 안 됐고 피부는 주름 하나 없이 고우며 약간은 창백해 보인다. 그러나 코는 눈에 띌 만큼 뾰족하고 가장 골칫거리인 볏짚 색깔의 머리칼은 어떻게 해도 늘 건조하고 곱슬곱슬하다. 그래도 다행히 몸매가 아주 좋다. 도린은 거울에서 눈을 돌려 자신의 연회색 실크 정장을 바라본다. 보수적인 디자인이긴 하지만 몸에 딱 맞는 형태이다. 도린은 몸매도 좋지만 더욱 뛰어난 점은 몸을 어떻게 움직여야 하는지 안다는 것이다. 그래서 얼굴이 평범한데도 믿을 수 없을 만큼 매혹적이다. 도린이 걸어가는 모습을 본 남자들은 모두 그녀에게서 눈을 떼지 못한다. 그런 생각에 웃음을 지으며 차에 시동을 건다.

　　아파트에서 1.5km쯤 왔을 무렵, 도린은 그놈의 몰티즈에게 먹이를 주지 않고 나왔다는 사실을 깨닫는다. 그래, 그 멍청하고 바스락거리는 개는 오늘 밤 그녀가 퇴근할 때까지 어떻게든 죽지 않고 살아 있을 것이다. 충동적으로 개를 산 지 이미 한 달이나 지났지만 도린은 자신이 개를 샀다는 사실이 좀처럼 믿기지 않는다. 처음에는 개와 함께 걸으면 고상해 보일 거라 생각했는데 막상 해 보니 너무 지루했다. 적절한 때가 되면 그놈을 영원히 잠재우든가 아니면 팔아 버릴 수도 있다. 아무튼 그놈은 값이 비쌌다.

정신병원에 도착해 주차를 한다. 병원 앞 그 드넓은 주차장에서 도린이 주차하는 곳은 언제나 제나(Jenna)의 낡은 포드 에스코트 자동차 옆이다. 제나에게 그녀가 가진 상대적 지위를 일깨워 주기 위해서다. 다시 한 번 백미러를 본 다음, 옆자리의 서류 가방을 집어 든다. 넘칠 만큼 가득 채워진 서류 가방은 그녀가 얼마나 열심히 일하는지 여실히 보여 준다. 가방을 든 도린은 병동 위쪽 사무실로 향한다. 대기실을 지나면서 아이비(Ivy)를 향해 친근한 미소를 지어 보인다. 촌스런 아이비는 그 병동의 비서이자 접수 업무를 맡고 있다. 도린의 미소를 본 아이비는 금세 얼굴이 밝아진다.

"안녕하세요, 리틀필드 박사님. 어머나, 정장이 멋지네요! 정말 근사해요!"

"고마워요, 아이비. 당신 덕분에 항상 즐거워요." 도린은 다시 한 번 크게 웃음을 지으며 말한다. "환자가 오면 알려 줘요, 알죠?"

도린이 사무실로 사라지고 아이비는 고개를 저으며 텅 빈 대기실을 향해 큰 소리로 말한다. "정말 세상에서 가장 좋은 사람이야."

아직 8시도 안 된 이른 시각이다. 도린은 사무실에서 유

이토록 친밀한 배신자

리창 너머로 동료들이 도착하는 모습을 지켜본다. 재키 루벤스타인(Jackie Rubenstein)이 긴 다리로 성큼성큼 건물을 향해 걸어온다. 로스앤젤레스 출신의 재키는 차분하고 재미있는 성격으로, 피부는 언제나 이제 막 멋진 휴가를 보내고 돌아온 것만 같은 아름다운 올리브색을 하고 있다. 게다가 그녀는 도린보다 훨씬 더 똑똑하다. 그리고 바로 그 점 때문에 도린은 속으로 재키를 혐오한다. 사실 도린은 재키가 너무 미워서 쥐도 새도 모르게 죽여 버리고 싶을 정도지만 그랬다간 결국 체포될 것 같아 실행에 옮기지는 못하고 있다. 8년 전 도린과 재키는 이 병원에서 함께 박사학위 연구원으로 일했다. 그래서 적어도 재키는 도린을 친구라고 생각한다. 최근 도린은 재키가 올해의 멘토(Mentor of the Year)상을 받을 거란 소문을 들었다. 둘은 동갑이다. 도대체 어떻게 서른네 살인 재키가 '멘토'로 상을 받을 수 있단 말인가?

잔디밭에서 위를 올려다본 재키 루벤스타인은 창가에 서 있는 도린을 발견하고 손을 흔든다. 도린도 소녀처럼 웃음을 지으며 손을 마주 흔든다.

그때 아이비가 첫 환자의 도착을 알린다. 데니스(Dennis)라는 이름의 그 청년은 어깨가 떡 벌어지고 놀랄 만큼 잘생겼지만 겁에 질린 얼굴을 하고 있었다. 데니스는 병원 사람들 사이에서 VIP(very important patient, 가장 중요한 환자)로 불렸는데, 그 이유는 전국적으로 유명한 어느 정치인의 조카이기 때문이다. 이 일류 대학병원에는 그런 VIP들, 유명인들, 부자들, 이름만 들으면 쉽게 알 수 있는 사람들의 가족인 환자가 많다. 도린은 데니스의 정신치료를 담당하는 의사라기보다는 관리자 역할을 맡고 있다. 일주일에 두 번씩 데니스를 만나 치료 상태를 살펴보고 보고서를 작성하며 적당한 때가 되면 퇴원을 승인하는 일을 한다. 도린은 이미 직원들을 통해 오늘은 데니스가 퇴원을 상의하고 싶어 한다는 얘기를 들은 상태였다. 데니스는 자신이 퇴원해도 될 만큼 좋아졌다고 생각한다.

관리 업무와 정신치료 업무를 분리하는 것은 병원의 정책이다. 그래서 환자마다 관리자와 치료자가 각각 한 명씩 배정된다. 데니스의 치료자는 그 유능한 재키 루벤스타인 박사이며, 데니스는 그녀를 존경한다. 어제 재키는 도린에게 데니스가 굉장히 좋아졌으며 퇴원 후에도 외래 환자로 계속 자신이 데니스를 진료할 계획이라고 말했다.

지금 데니스는 도린 리틀필드의 사무실에 있는 낮은 의자 중 하나에 앉아서 눈을 맞추려고 애쓴다. 이제는 퇴원을 해서 집에 가도 될 정도로 좋아진 상태임을 보여 주기 위해서다. 하지만 데니스는 눈을 마주하지 못하고 외면하고 만다. 도린의 회색 정장, 그리고 그녀의 눈이 어딘가 모르게 위협하는 듯한 느낌을 주기 때문이다. 그럼에도 데니스는 자신이 도린을 좋아한다고 생각한다. 도린은 늘 자신에게 아주 친절했고 모든 의사 가운데 리틀필드 박사가 가장 환자들에게 관심을 기울인다는 얘기도 자주 들었다. 게다가 그녀는 전문가이기도 하다.

도린은 책상 너머로 데니스의 완벽한 얼굴선과 스물여섯 살의 근육질 몸매를 바라보며 경탄하고 있다. 또 데니스가 앞으로 얼마나 많은 돈을 상속받을지도 궁금해 한다. 그러나 이내 자신의 임무를 떠올리고는 엄마 같은 미소를 지으며 데니스의 불안함을 진정시키려 한다.

"데니스, 이번 주에는 훨씬 좋아진 느낌이라면서요?"

"네, 리틀필드 박사님. 이번 주에는 컨디션이 훨씬 좋아요. 정말 아주 많이요. 자꾸 떠오르던 망상도 많이 없어졌어요. 이제는 처음 입원했을 때처럼 온종일 괴롭거나 하지 않아요."

"왜 그렇다고 생각해요, 데니스? 망상이 더 이상 당신을 괴롭히지 않는 이유가 뭐라고 생각해요?"

"음, 저는 루벤스타인 박사님이 가르쳐 주신 인지치료 방법을 정말 열심히 했어요. 그 방법이 좋은 거 같아요. 그러니까 제 말은 그 방법 덕분이에요. 그리고…… 음, 뭐냐 하면, 저는 이제 퇴원해도 될 거 같아요. 아니 어쩌면 곧 그렇게 되든가요. 루벤스타인 박사님은 저를 외래 환자로 계속 봐주실 수 있다고 하셨어요."

데니스의 '망상'은 때때로 그의 삶을 완전히 삼킬 듯한 편집증적인 망상이다. 한때 데니스는 학업 성적도 최고였고 고등학교 라크로스(lacrosse) 경기에서 우승할 정도로 활발한 십대였지만 대학에 들어가면서 정신쇠약 증세가 나타나 입원하게 되었다. 그 후로 7년 동안 데니스는 여러 정신병원을 전전했지만 망상은 잠시 잦아들었다가도 다시 고개를 들며 좀처럼 사라지지 않았다. 데니스의 '망상'은 끔찍했다. 사람들이 자신을 죽이려 하면서도 그런 의도를 숨기기 위해 거짓말을 하고 있다거나 CIA가 자신의 생각을 감시하기 위해 가로등을 설치했다거나 지나가는 모든 차에는 자신을 납치해서 저지르지도 않은 범죄를 심문하려는 요원들이 타고 있다는 식이었다. 그러나 망상에 사로잡힐 때면 데니스는 그런 생각을 진실이라고 믿었다. 데니스의 현실 감각은 극한 상황 속에서 산산이 부서졌고 의심의 고통으로 사람들을 멀리하게 되었다. 구체적인 망상이 누그러진 때에도 의심은 끊이지 않았고, 심지어 치료자들이 다가오는 것조차 거부할 정도였다. 아무도 믿지 못하는 이 외로운 젊은이와 치료적인 관계를 맺었으니 재키 루벤스타인은 기적을 행한 것이나 다름없었다.

"그러니까 루벤스타인 박사님은 당신이 퇴원할 정도로 좋아졌고, 이후로는 외래 환자로 봐주겠다고 하셨단 말이죠?"

"네, 그래요. 바로 그렇게 말씀하셨어요. 루벤스타인 박사님은 제가 이제 집에 가도 된다는 데 동의하셨어요."

"정말요? 저에게는 그렇게 말씀하지 않으셨어요." 도린은 당황스러워하며 데니스를 바라보았다. 도린은 데니스가 어떤 해명이라도 해 주기를 바라는 듯한 얼굴이었다.

한동안 침묵이 흐르는 가운데 데니스는 점점 심하게 몸을 떨기 시작했다. 그리고 마침내 물었다. "무슨 말씀이시죠?"

도린은 동정심에 찬 것처럼 거짓 한숨을 쉰 다음, 일어나서 데니스의 옆자리에 앉는다. 도린은 데니스의 어깨에 손을 얹으

이토록 친밀한 배신자

려 했지만, 데니스는 마치 그녀가 자신을 때리기라도 하는 양 도린에게서 떨어진다. 창문 너머 최대한 먼 곳을 바라보며 데니스는 다시 한 번 묻는다. "그분 말씀이 다르다는 게 무슨 뜻이죠?"

도린은 이렇게 하면 망상형 정신분열증 환자인 데니스가 루벤스타인 박사를 의심할 거란 사실을 잘 알고 있다. 데니스에겐 이 세상에서 유일한 친구였던 루벤스타인 박사가 졸지에 배신자가 되어 버리는 것이다.

"루벤스타인 박사님은 당신이 처음 입원했던 때보다 지금이 훨씬 더 좋지 않다고 확실하게 말씀하셨어요. 그리고 외래 진료에 대해서도 당신을 병원 외부에서 진료하는 데는 절대 동의하지 않는다고 분명히 말씀하셨어요. 당신은 너무 위험하다고요."

그 순간 데니스의 심장에서 무언가가 빠져나와 창밖 멀리 날아가 버렸고, 도린 역시 그 모습을 또렷하게 볼 수 있었다. 데니스는 당분간 회복하지 못할 것처럼 보였다. 도린은 말한다. "데니스? 데니스, 괜찮아요?"

데니스는 움직이지도, 말을 하지도 않는다.

도린은 다시 한 번 말한다. "이런 말을 전해야 해서 저도 유감이에요. 데니스? 틀림없이 오해가 있었을 거예요. 당신도 알다시피 루벤스타인 박사님은 절대 당신에게 거짓말을 할 분이 아니잖아요?"

그러나 데니스는 말이 없다. 데니스는 살아가는 매 순간마다 배신당하지 않을까 하는 두려움에 맞서 왔다. 그러나 그가 그렇게 훌륭하다고 여겼던 루벤스타인 박사가 배신했을지도 모른 다는 의심은 지금까지와는 비교할 수 없을 정도로 엄청난 일이었 다. 거대한 파도처럼 밀려온 두려움에 데니스는 돌처럼 굳어지고 말았다.

데니스가 전혀 반응하지 않음을 확인하고 도린은 전화로 도움을 요청한다. 그러자 건장한 정신과 직원 두 명이 즉시 도린 의 사무실에 나타난다. 그들은 덩치가 크지만 권위를 가진 사람은 도린이기 때문에 아무런 의심 없이 도린의 지시를 따를 것이다. 이런 상황에 도린은 내심 기쁨의 전율을 느끼면서도 겉으로는 굉 장히 근엄한 표정을 지으며 데니스를 폐쇄 병동에 입원시키라고 지시한다. 지금까지 데니스가 머물던 비(非)감금 병실에서 보안이 더 강화된 병실로 옮기라고 명령한 것이다. 보통 폐쇄 병동은 폭 력을 휘두르는 환자나 지금의 데니스처럼 심각한 재발 증상을 보 일 때 들어가는데, 필요하다면 신체를 구속하거나 약물치료를 다 시 받기도 한다.

도린은 데니스가 자신에게 들었던 말을 다른 사람에게는 절대 하지 않으리라 확신한다. 데니스는 자기만의 비밀은 말하지 않으니까 말이다. 게다가 데니스는 망상증이 굉장히 심하다. 그러 니 누군가에게 말하더라도 데니스의 말을 믿어 줄 사람은 없을 것 이다. 세상에 의사보다 환자를 더 신뢰하는 사람은 없다. 지금 상 태로 보면 데니스는 꽤 오랫동안 정상이 아닐 테니 당분간은 거 의 말을 하지도 못할 것이다. 순간 재키 루벤스타인이 방금 정말

이토록 친밀한 배신자

로 매력적인 VIP 환자 한 명을 잃었다는 사실에 도린은 환희를 느낀다. 이제 데니스는 재키에 대해 극도의 망상 증세를 드러낼 것이다. 더욱 기쁜 일은 재키가 스스로를 자책할 것이 틀림없다는 사실이다. 재키는 데니스를 치료하는 과정에서 자신이 중요한 무언가를 놓쳤다거나 해서는 안 될 말을 한 건 아닐지 고민할 것이다. 재키는 그런 상황에 아주 약하다. 재키는 징계를 받고 데니스를 다른 치료사에게 인계하게 될 것이다. 그리고 그동안 병원 내에 자자했던 루벤스타인 박사가 기적의 치료사라는 말도 수그러들 것이다.

연막에 가려진 진실

인격이론가인 시어도어 밀런(Theodore Millon)의 분류에 따르면[26] 도린 리틀필드는 탐욕적인 사이코패스에 해당한다. 여기서 '사이코패스'는 양심이 없는 소시오패스를 의미하고 '탐욕'은 일상적인 의미 그대로, 다른 사람의 소유물에 대한 지나친 욕구를 가리킨다. 소시오패스 중에는 전혀 다른 데서 동기를 찾는 경우도 있기 때문에 모든 소시오패스가 탐욕적인 본성을 가졌다고 말할 수는 없다. 만약 어떤 사람이 양심도 없으면서 탐욕까지 가졌다면 넋을 잃을 정도로 무시무시한 상황이 벌어진다. 그런데 다른 사람의 '소유물' 중에서 물건이 아닌 미모, 지성, 성공, 강한 개성 등은 훔칠 수가 없다. 그렇기 때문에 탐욕적인 소시오패스는 다른 사람의 부러운 자질을 훼손하거나 망가뜨려서 더 이상 그 자질을 갖지 못하게 하거나 최소한 전만큼 누리지는 못하게 하는 데서 만족감을 느낀다. 이에 대해 밀런은 "이런 상황에서 그들의 즐거움은 소유하는 데 있다기보다 빼앗는 데 있다."고 했다.

탐욕적인 소시오패스는 삶이 자신에게 다른 사람이 가진 만큼 베풀지 않았으니 어쨌든 자신은 기만당했다고 여긴다. 그래서 다른 사람에게서 훔치거나 그들의 삶을 망쳐서라도 서로 비슷한 수준으로 만들려고 한다. 그들은 자질, 배경, 운명이 자신을 무시했으며, 다른 사람을 깎아내리는 일이야말로 자신이 강력해지는 유일한 방법이라 믿는다. 그런 일을 당하는 사람들은 자신이 표적이 된지도 모른 채 앙갚음을 당한다. 탐욕적인 소시오패스는 그런 앙갚음을 삶에서 가장 중요한 일이라고 여긴다.

탐욕적인 소시오패스에게는 이 은밀한 권력 게임이 최우선의 일이다. 그래서 그들은 게임에서 이기기 위해 사람들을 속이고 위험을 무릅쓴다. 보통 사람이 보기에는 너무 지나치거나 자기 파괴적이며 심지어는 잔인한 일인데도, 그들은 게임을 위해서라면 서슴지 않고 그 일을 계획하고 실행에 옮긴다. 하지만 그런 소시오패스가 매일 우리 주변을 맴돈다 하더라도 우리가 그런 행동을 알아채기는 굉장히 어렵다. 무고한 사람에게 위험하고 사악한 복수를 하리라고는 누구도 예상하지 못하기 때문이다. 심지어 이런 일이 자신이나 주변 사람에게 일어난다고 하더라도 우리는 전

이토록 친밀한 배신자

혀 인식하지 못한다. 탐욕적인 소시오패스는 너무 이상하고 터무니없이 비열하게 행동하는 일이 많지만 그런 행동이 의도적이었다고 생각하는 사람은 거의 없으며 심지어 그런 일이 일어났다는 사실조차 쉽게 믿지 못한다. 이처럼 그들의 진면목은 사람들에게 드러나지 않는다. 도린이 거의 10년 동안 정말 지적이고 전문적인 사람들을 속이며 병원에서 근무했던 것처럼 탐욕적인 소시오패스들은 아주 쉽게 평범한 일상 속에 숨을 수 있다.

　　탐욕적인 소시오패스는 양의 탈을 쓴 늑대 중에서도 가장 악질이다. 도린은 그중에서도 특히나 정교한 가면을 쓰고 있다. 도린은 심리학자다. 아니 어쨌든 병원 사람들은 다들 도린을 심리학자로 알고 있다. 그녀의 목적에서 보자면 이것만으로도 충분하다. 언젠가는 밝혀지겠지만 사실 그녀는 심리학 자격증도 없고 박사학위도 없다. 스물두 살 때 자신이 살던 주의 주립대학에서 심리학 학사학위를 받기는 했지만 그것이 전부다. 나머지는 말도 안되는 속임수에 불과하다. 병원에서 도린을 박사 후 연구원으로 채용하면서 당연히 추천서를 확인했다. 도린이 제출한 두 장의 추천서는 아주 유명한 사람이 써 준 것이었기 때문에 고용위원회는 도린이 열거한 자격을 조회하지 않고 넘어갔다. 그냥 도린에게 박사학위가 있겠거니 하고 넘어가고 만 것이다. 대체 누가 이런 일에 거짓말을 하겠는가? 하지만 추천서는 가짜였다. 추천서를 써 준 두 사람은 도린과 모종의 부적절한 관계를 맺고 어쩔 수 없이 써 준 것이다. 그 후의 일은 도린에게 별로 어렵지 않았다. 언제나 그랬듯 독서로 쌓은 지식을 활용해 전문가와 환자들을 속이고 심리학자 행세를 하고 다녔다.

방금 도린은 회복 중이던 환자를 만났고 결백한 동료에게 앙갚음하기 위해 그 환자를 심각한 망상증 상태로 몰아넣었다. 그리고 그 환자에게 약물치료를 지시하고 폐쇄 병동에 감금시켰다. 이제 도린은 남은 시간 동안 무얼 할까? 차분하게 예약한 환자들을 진료하고 전화를 걸고 서류를 처리하고 회의에도 참석한다. 평소 모습 그대로다. 모든 행동이 정상적이며 평범해 보인다. 아마도 환자에게 큰 도움을 주진 못하겠지만 그렇다고 눈에 띄게 해를 끼치지도 않는다. 오늘 아침처럼 환자를 조종해서 표적으로 삼은 동료에게 피해를 줄 수 있는 경우만 아니라면 말이다.

도린은 왜 입원 환자들에게 자신의 능력을 사용하고 있는 걸까? 별로 빼앗을 것도 없는 사람들인데 말이다. 이유는 우월감 때문이다. 그 환자들은 세상에서 권리를 박탈당했고 도린은 그저 그들과 같은 방 안에 있는 자체로 우월감을 느낀다. 예외라면 어쩌다 한번 마주하는, 지나치게 매력적이거나 똑똑한 여자 환자들뿐이다. 그런 환자를 만나면 먼저 환자의 기를 꺾은 다음, 환자가 가진 자기혐오감을 좀 끌어내 준다. 심리치료사인 그녀에게 이런 일은 식은 죽 먹기다. 진료는 늘 일대일로 이루어지기 때문에 그런 상황을 겪더라도 환자는 자기가 무슨 일을 당했는지 잘 이해하지 못할 뿐더러 치료실을 나가서 누군가에게 불만을 말하지도 못한다.

이토록 친밀한 배신자

그러나 사람들의 소유물이나 *자질*이 도린을 도발하지 않는 경우라면, 도린은 그들을 표적으로 삼지 않는다. 만약 자신의 가면을 유지하는 데 도움이 된다면 전혀 다르게 행동한다. 자신이 너무너무 친절한 데다 배려심이 많고 책임감이 있으며, 안타까울 만큼 과로하는 사람으로 보이길 원하기 때문이다. 그래서 부하 직원들 앞에서는 특히 더 매력적이고 정중하게 행동할 수 있다. 일례를 들면, 도린은 재키 루벤스타인과 데니스를 남몰래 훼방한 그날에도 퇴근을 하다가 일부러 아이비의 책상 앞에 멈춰 다정하게 잡담을 나눴다. 가능하면 매일 저녁 그렇게 하려고 애쓴다. 아이비는 그 병동의 비서와 접수 업무를 맡고 있어서 언젠가 쓸모 있을지도 모르기 때문이다.

도린은 사무실에서 나와 대기실 의자에 털썩 주저앉으며 이렇게 말한다. "오, 아이비! 오늘 업무가 끝나서 정말 기뻐요!"

아이비는 도린보다 스무 살이나 많다. 도린은 뚱뚱하고, 커다란 플라스틱 귀걸이를 한 아이비의 모습이 우스꽝스럽다고 생각한다.

아이비가 따뜻한 목소리로 답한다. "그럼요. 고생하셨어요. 그리고 가여운 데니스! 제가 의사는 아니지만 저도 환자를 살펴보거든요. 퇴원할 수 있지 않을까 했었는데…… 제가 잘못 봤나 봐요."

"아니, 아니에요. 정말 제대로 본 거예요. 데니스는 한동안 좋아진 것 같았어요. 이런 일이 당신 마음을 아프게 하는군요."

오늘 아침 진료실에서 데니스를 데리고 나온 직원들도 이곳을 지나갔다. 그들은 두 눈이 휘둥그레진 아이비의 바로 앞을 지나 데니스를 병동으로 옮겼다. 아이비는 이제 도린을 걱정스레 바라본다.

"리틀필드 박사님, 저는 박사님이 더 걱정이에요."

그 순간 아이비는 눈에 눈물을 가득 담은 도린의 모습을 보고 먹먹해진 목소리로 말한다. "이런, 오늘 정말 힘드셨군요. 제가 너무 주제넘게 참견한다고 생각하지 않았으면 좋겠지만, 정말 박사님은 이런 일을 하기엔 너무 마음이 약해요."

"아니에요, 아이비. 피곤해서 그런 것뿐이에요. 데니스 때문에 정말 슬퍼요. 데니스는 제게 특별한 환자였거든요. 알죠? 그래도 다른 사람에게는 말하지 말아 줘요. 환자를 차별하는 것처럼 보이긴 싫거든요. 그냥 집에 가서 잠이나 푹 자고 싶어요."

"그래요, 박사님. 좀 쉬시는 게 좋겠어요."

"그럴 수 있으면 좋겠는데…… 급한 일들 때문에 아직 서류 작업을 못 마쳤거든요. 아마 늦게까지 해서 그걸 마무리 지어야 할 거 같아요."

아이비는 도린의 불룩한 서류 가방을 슬쩍 쳐다보고는 이렇게 말한다. "어떡해요, 박사님. 오늘 있었던 일은 잊어버리시고 좋은 일을 떠올려 보세요. 새로 산 몰티즈 강아지는 어때요?"

도린은 손등으로 눈가를 훔치고는 웃음을 짓는다. "오, 그 강아지 정말 귀여워요. 가끔은 깨물어 주고 싶을 정도예요."

이토록 친밀한 배신자

아이비가 빙긋이 웃음을 짓는다. "그럼 지금쯤 틀림없이 박사님을 기다리고 있겠네요. 얼른 집에 가서 힘껏 안아 주세요."

"너무 힘껏 안으면 안 돼요. 아마 으스러질걸요. 아주 조그맣거든요."

대화를 나누며 두 사람은 함께 웃는다. 그리고 도린은 말한다. "아이비, 정말 당신은 심리학자가 딱 어울려요. 어떻게 해야 내 기분이 좋아지는지 너무 잘 알죠. 내일 아침에도 환한 얼굴로 다시 만나는 거죠? 앞으로도 계속 그렇게 지내면 좋겠어요."

"그럼요." 아이비는 당연하다는 듯 말한다. 아이비의 환한 웃음을 받으며 도린은 서류 가방을 들고 걸어 나간다.

주차장으로 온 도린은 낡은 에스코트 자동차의 주인인 제나와 마주친다. 신입 인턴인 제나는 아이비와 달리 젊고 똑똑하고 예쁘다. 제나의 길고 쭉 뻗은 머리칼은 사랑스러운 적갈색이다. 그래서 도린은 제나를 표적으로 삼고 있다.

"안녕, 제나. 집에 가는 거야?"

비난일 게 분명한 그 질문에 제나는 잠시 눈을 깜빡인다. 사람들은 인턴이라면 으레 노예처럼 오랜 시간 일해야 한다고 생각한다. 제나는 바로 되받아친다. "예, 그럼요. 박사님도 퇴근하시나 봐요?"

도린은 걱정스런 표정을 짓는다. "채트윈 홀의 긴급회의는 어떻게 됐어?"

채트윈 홀에 있는 병동을 담당하고 있는 사람은 엄하고

무서운 토머스 라슨(Thomas Larson) 박사다. 도린이 알기로는 제나의 최고 상관이 바로 라슨 박사였다. 당연히 채트윈 홀에는 오늘 회의가 없다. 도린이 그 자리에서 꾸며 낸 것이다.

제나는 금세 하얗게 질린다. "긴급회의요? 아무한테도 못 들었는데……. 언제요? 왜요? 알고 계세요?"

그러자 도린은 깐깐한 교사 같은 자세로 시계를 들여다보며 말한다. "아마 10분 전쯤이었을걸. 전화 메시지 확인 안 했어?"

"당연히 했죠. 그런데 정말 회의 얘기는 전혀 없었어요. 라슨 박사님 사무실인가요?"

"그럴걸."

"맙소사. 이런…… 어쩌다가. 아무튼 최대한 빨리 가 보는 수밖에 없겠네요."

"잘 생각했어."

제나는 너무 당황한 나머지 리틀필드 박사가 어떻게 자기와 상관도 없는 긴급회의에 대해 알고 있는지 궁금해 하지도 않는다. 바로 주차장에서 뛰어나가 가죽 구두를 신은 채로 빗물에 젖은 드넓은 병원 잔디밭을 재빠르게 가로지르기 시작한다. 도린은 주차장에 서서 제나가 건물 저편으로 사라질 때까지 지켜본다. 채트윈 홀이 반대편 맨 끝부분에 있다는 사실을 떠올리자 흐뭇해진 도린은 BMW에 올라타 백미러를 보며 화장을 고친 다음 집으로 출발한다. 아마 내일이나 모레쯤 제나를 마주치면 있지도 않았던 그 회의에 관해 물어 올 것이다. 하지만 문제 될 일은 없다. 그저

136

어깨를 으쓱하며 제나의 순한 눈을 쏘아보기만 해도 제나는 물러설 수밖에 없을 테니까 말이다.

소시오패시 VS 범죄성

도린 리틀필드는 자신이 했던 어떤 행위에 대해서도 기소당하지 않을 것이다. 심지어 무자격 심리치료에 대해서도 마찬가지다. 도린에게 당한 환자와 그 가족들은 물론, 영향력 있다는 데니스의 삼촌 역시 도린의 실체를 결코 알아내지 못하며, 도린에게 사기를 당한 병원의 전문가들도 그녀에게 법적 책임을 물을 수 없을 것이다. 수많은 심리적 폭행을 저질렀어도 도린이 그에 대해 처벌받을 가능성은 전혀 없다. 결국 도린은 소시오패스와 범죄자가 어떻게 다른지를 우리에게 알려 준다. 믿기 어렵겠지만 그 차이는 단지 붙잡히느냐 마느냐일 뿐이다. 마치 장난꾸러기인 세 살배기 아이를 말을 잘 듣는 아이와 엄마의 핸드백에서 사탕을 가져갔다고 꾸지람 듣는 아이로 구별하는 것이나 마찬가지다.

전체 인구의 4%가 소시오패스니까 당연히 교도소에는 소시오패스만 득실득실할 거라 여길 수 있다. 하지만 양심이 없는 행동을 저질렀다는 이유로 체포되는 일은 굉장히 예외적이다. 로버트 헤어를 비롯한 연구자들의 조사에 따르면, 미국의 교도소 수감자들 가운데 소시오패스는 평균적으로 약 20%에 불과하다.[27] 연구자들은 이 20%의 소시오패스들이 저지른 범죄가 '가장 중대한 범죄(강탈, 무장강도, 납치, 살인)'와 반국가 범죄(반역, 간첩, 테러)의 50% 이상을 차지하지만, 수감자 중에서 실질적인 소시오패스의 수는 남녀를 불문하고 대략 열 명에 두 명 정도에 불과하다고 신중하게 말한다.

　　달리 말해서 범죄자들 대부분은 소시오패스가 아니다. 오히려 그들은 비교적 정상적인 성격을 지닌 사람들이며 보통 약물중독, 아동학대, 가정폭력, 대물림되는 빈곤과 같은 부정적인 사회 현실에 따른 결과이다. 결국 20%라는 통계 수치는 우리의 사법 제도가 포착하는 소시오패스 범죄가 극소수에 불과함을 의미한다. 즉, 소시오패스 중에서 공식적인 의미의 범죄자는 아주 소수일 뿐이다. 도린도 마찬가지지만 일반적인 소시오패스는 끊임없이 속이고 위장한다. 그들이 숨기지 못하는 범죄는 납치나 살인처럼 가장 파렴치한 범죄뿐이다. 더욱이 전부가 체포되는 건 아니다. 이런 범죄를 저지른 소시오패스 중에서 체포되는 경우는 일부에 불과하다. 전 세계에 있는 도린 리틀필드들은 좀처럼 붙잡히지 않으며 심지어 탄로가 나서 잡혔다 하더라도 기소되는 경우는 거의 없다. 그렇기 때문에 대부분의 소시오패스들은 감옥에 가지 않는다. 그들은 이 바깥 세계에서 우리와 함께 살아간다.

　　다음 장에서는 양심적인 사람들이 양심이 없는 그들을 '알아보고' 효과적으로 대응하려 할 때 겪는 수많은 어려움이 왜 생기는지를 살펴볼 것이다. 그 이유는 소시오패스가 사용하는 공포 전술에서부터 우리 스스로 착각하고 있는 죄책감에 이르기까지 다양하다. 그러나 우선 다시 병원 이야기로 돌아가서 재키 루벤스타인이 이룬 두 번의 기적을 살펴보도록 하자.

오늘은 일요일, 데니스가 폐쇄 병동에 갇힌 지 나흘이 흘렀다. 작은 자동차 한 대가 텅 빈 병원 건물 사이의 좁은 도로를 따라 올라가 데니스가 있는 병동 건물 앞에 멈춰 선다. 차에서 내린 루벤스타인 박사는 주머니에서 마치 중세의 만능열쇠처럼 생긴 커다란 열쇠를 꺼내 든다. 그 3층짜리 건물을 마음대로 드나들 수 있도록 해 줄 열쇠다. 등 뒤로 문이 잠기는 소리를 들었지만 재키는 무거운 열쇠를 여전히 손에 꼭 쥐고 있다. 이 병원에서 일한 지 벌써 8년이나 지났는데도 이 병동에 올 때면 열쇠를 주머니에 넣지 않게 된다. 재키는 잔뜩 겁먹은 데니스가 다시 한 번 자신과 대화하도록 해 보려고 온 것이다. 또 다른 철문이 잠기는 소리를 뒤로 하고 병실에 도착한 재키는 녹색 비닐 소파에 앉아 켜지지도 않은 텔레비전을 쳐다보는 데니스를 마주한다. 데니스가 고개를 들고 눈길을 맞추더니 재키에게 다가와 앉으라고 손짓한다. 재키는 놀라면서도 다행이라고 생각한다.

그러고는 첫 번째 기적이 일어난다. 데니스가 말문을 연 것이다. 데니스는 도린 리틀필드가 했던 말을 재키에게 전부 들려준다. 그리고 두 번째 기적이 일어났다. 재키가 데니스의 말을 믿은 것이다.

그날 밤 집으로 돌아온 재키는 도린에게 전화를 걸어 따져 묻는다. 도린은 모든 것을 부인하면서 환자의 망상증에 말려들고 있다고 경멸하듯 재키를 비난한다. 재키가 물러서지 않자 도린은 재키에게 그 따위 허튼소리를 병원 내의 누군가에게 말하고 다니면 경력에 큰 손상을 입게 될 거라 경고한다. 도린과 통화를 마친 재키는 위로받고 싶은 마음에 로스앤젤레스에 사는 친한 친구에게 전화를 건다. 재키는 친구에게 반쯤 농담 삼아 자신이 미쳐가고 있는지도 모르겠다고 말한다.

도린이 사기꾼임을 모르는 재키의 입장에서는 자신과 도린이 병원 동료이기 때문에 상사에게 자신의 주장을 납득시키기가 굉장히 어려울 거라 생각한다. 상사들은 이 일을 그저 재키와 도린의 논쟁 정도로 여길 것이다. 최악의 경우, 그들 역시 도린처럼 재키가 환자의 문제를 자신의 문제로 만들고 있다고 말할지도 모른다. 그럼에도 불구하고 다음 날 아침 재키는 과장실로 찾아가 무슨 일이 있었는지를 이야기한다. 회색 수염 뒤로 붉어진 과장의 얼굴을 보자 재키는 이상하다는 느낌을 받는다. 왜냐하면 과장은 그녀에게도 도린에게도 화가 난 것처럼 보이지 않기 때문이다. 전에도 어렴풋이 의심을 했지만 재키는 도린이 과장과 성관계를 갖지 않았을까 하고 생각한다.

재키의 이야기를 모두 들은 과장은 비록 도린이 전화상으로 보였던 것과 같은 경멸적인 태도를 보이진 않지만 재키에게 지적인 편집증 환자의 망상은 굉장히 그럴듯해서 속기 쉽다는 얘기를 정중하게 건넨다. 과장은 데니스가 한 말이 과연 실제로 일어

이토록 친밀한 배신자

난 일인지 대단히 의문스럽다며 두 사람이 이 불화를 무한정 끌고 가지 않기를 바란다고 말한다. 그런 불화는 부서 내부에 좋지 않은 영향을 미칠 것이다. 그리고 늘 그렇듯 도린은 자신이 저지른 일에 대해 아무런 처벌도 받지 않는다. 기쁜 소식은 데니스가 더 이상 아무런 방해를 받지 않고 재키에게 치료를 받을 수 있으며 머지않아 퇴원한다는 사실이다.

　　　　다른 탐욕적인 소시오패스들처럼 도린 리틀필드의 속임수는 결국 종말을 맞는다. 그 종말은 보통 눈에 띄지 않게 조용히 다가오며 주로 외부의 누군가에 의해 일어난다. 도린의 경우, 그 성공적인 고발자는 한 달에 두 번 '구매자 요주의(Buyer Beware)'라는 지역 텔레비전 쇼에 출연하는 어느 소비자 대변인이다. 도린이 데니스에게 심리적 폭행을 가한 지 6년이 지났을 즈음, 그 소비자 대변인의 아내가 우울증으로 입원했는데 우연히도 그녀의 치료를 맡은 사람이 도린이었다. 아내가 치료를 받으면서 결혼 생활이 망가지고 있다는 생각에 화가 난 남편은 자신이 알고 있는 방법을 활용해 리틀필드 박사를 조사했고 그녀가 어떤 사람인지, 더 정확히 말하면 그녀가 어떤 사람이 아닌지를 손쉽게 알아낸다. 그는 즉시 병원의 행정원장을 찾아가 도린을 당장 쫓아낼 것은 물론, 아내에게 새로운 치료사를 배정하고 병원비를 전액 면제해 준다면 도린과 그 병원을 텔레비전에 폭로하지 않겠다고 말한다. 그는 한 건의 치료비를 면제해 주는 편이 수백 건의 치료비를 환불하는 것보다 훨씬 저렴할 뿐만 아니라 도린의 자격 결여가 방송되는 것을 막을 수 있다는 점을 아주 조리 있게 지적한다.

그 소비자 대변인이 제시한 파일을 읽은 행정원장은 즉시 그 의미를 이해하고 도린을 호출한다. 그때 도린은 마흔 살 생일을 맞아 아이비가 준비해 준 조촐한 파티에서 케이크를 먹는 중이었다. 행정원장의 사무실에는 행정원장과 의료원장, 간호부장이 함께 자리하고 있었다. 간호부장은 단지 도린이 너무 싫다는 단순한 이유로 함께 자리하기를 원했다. 도린을 맞이한 그들은 경비원들이 그녀를 자동차까지 데려간 다음 그녀가 병원을 떠나는지 지켜볼 것이라고 통보한다. 도린은 세 사람에게 큰 실수를 저지르고 있다고 말한다. 그리고 그 소비자 대변인이 자신을 좋아하지 않아서 거짓말을 늘어놓고 있으며 그들을 함께 고소하겠다는 말을 덧붙이기까지 했다.

결국 도린은 병원을 떠난다. 비록 14년 동안이나 그 병원에서 일했지만 병원의 그 누구도 다시는 도린의 소식을 듣지 못한다. 병원 행정처는 사람들을 당황시키고 의료 배상 책임을 질 수도 있다는 빤한 이유로 그 일을 덮는다. 다행히 도린이 그렇게 간단히 사라지자 행정처 사람들은 안도의 숨을 내쉰다. 간호부장과 재키 루벤스타인은 여전히 도린이 다른 어딘가에서 심리치료사로 일하고 있을 거라 추측한다.

그 병원에 있는 사람들 대부분은 아주 양심적인데 왜 도린의 정체를 알고 난 후에도 그녀를 곱게 보내 주었을까? 다시 어딘가에서 불법을 저지를 가능성이 높은데도 말이다. 그리고 애초

이토록 친밀한 배신자

에 정신병원에서 그녀가 어떤 사람인지 알아볼 수 없었던 이유는 무엇일까? 도대체 왜 평범한 사람들은 그 많은 나쁜 거짓말쟁이와 사기꾼들에 잘 맞서지 못하고 심지어 그들을 잘 알아보지도 못하는 걸까? 다음 장에서 이 결정적인 의문에 대한 답과 다루기 힘든 소시오패시에 우리가 어떻게 대응해야 할지 살펴보도록 하자.

4장_세상에서 가장 좋은 사람

왜 양심은 제대로 보지 못하는가

인간의 신념을 그 내면에서
흔들기는 쉬워도 너무 쉽다.
악마들은 바로 그 점을 이용해서
인간의 영혼을 망가뜨린다.

_

조지 버나드 쇼(George Bernard Shaw)

만약 아무런 처벌도 받지 않을 자신만 있었더라면 도린 리틀필드는 재키 루벤스타인의 일을 훼방하는 정도로 그치지 않고 자신의 BMW로 그녀를 들이받았을 것이다. 더욱 놀라운 점은 재키든 다른 사람이든 차로 들이받거나 죽였다 하더라도 도린에게 죄의식이나 양심의 가책을 기대하기는 어렵다는 사실이다. 심지어 누군가를 죽였다면 당연히 느낄 법한 공포감조차도 도린에게는 찾아볼 수 없을 것이다. 피해자를 미워하는 감정 때문이라면 모를까 피해를 주었다는 사실 때문에 혈압이 오를 일은 절대로 없다. 도린에게는 자신이 저지른 일에 따른 결과를 두고 괴로워하는 감정이라든가 사람들 사이의 유대감에서 비롯되는 제7감이 존재하지 않는다. 보통 사람의 경우, 살인을 저질렀다면 충격에 휩싸이는 건 물론이고 삶이 뒤바뀔 정도의 고통을 경험하게 된다. 비록 그 사람을 좋아하지 않았더라도 말이다. 하지만 도린은 다르다. 붙잡히지만 않는다면 그런 행동을 승리라고 여긴다. 정상적인 감정과 소시오패시 사이에 존재하는 이런 격차는 상상을 초월할 정도로 격심하기 때문에 양심을 지닌 사람들은 도저히 이해하지 못한다. 우리 대부분은 그런 감정의 공백이 가능하다는 사실 자체를 부정하려 할 것이다. 그리고 안타깝게도 그런 사실을 인정하고 믿지 않기 때문에 우리는 위험에 빠지고 만다.

물론 도린은 누군가를 차로 치어 죽이거나 직접적으로 해를 끼치진 않았다. 하지만 드러나지 않는 방식으로 주변 사람들에게 피해를 준다. 다른 생명을 죽음으로 몰아가는 것이야말로 그녀의 진정한 최고 목표이다. 도린은 입원 환자의 심리치료사라는 권위를 이용해 덫을 놓는다. 그래서 그녀가 펼치는 복수 행각이 언젠가는 환자가 자살하도록 만들지도 모른다. 그럼에도 불구하고 무려 14년 동안 정신병원의 전 직원 중에서 그녀의 실체를 파악한 사람은 단 한 사람도 없다. 그들이 평소 환자의 자살을 막기 위해 온 힘을 다해 왔음을 감안한다면 정말 믿기 어려운 현실이다. 도린의 사기를 알게 되었을 때도 그들은 도린을 막으려는 노력은 하지 않고 그저 떠나가는 모습을 지켜볼 뿐이었다.

양심을 가진 사람들은 왜 그렇게 제대로 보지 못하는 걸까? 어째서 우리는 일말의 양심도 없는 소수의 인간들로부터 우리 자신은 물론 소중한 사람과 이상을 지키는 데 그토록 주저하는 것일까? 그 대답의 많은 부분은 우리가 소시오패스를 상대할 때 일어나는 감정과 사고 과정에서 비롯한다. 우리는 두려움을 느끼고, 현실을 깨닫고는 고통스러워한다. 스스로 상상을 하고 있다거나 상황을 과장하고 있다고 생각한다. 그리고 소시오패스의 행동에 우리도 어떤 식으로든 책임이 있다고 여긴다.

그러면 이제 그러한 심리적인 반응을 보이게 되는 상황을 이해하기 위해 우리가 마주하고 있는 문제들을 짚어 본 다음 파렴치함에 대한 우리의 심리적 반응을 상세하게 논하도록 하겠다. 먼저 파렴치한 자들이 우리를 순응하게 만드는 강력한 기술부터 찬찬히 살펴보자.

이토록 친밀한 배신자

작업의 도구

그 첫 번째 기술은 매력이다. 매력 역시 엄연한 하나의 사회적인 힘이기 때문에 이를 과소평가해서는 안 된다.

도린은 자신의 목적에 맞을 때는 굉장히 매력적인 모습으로 변신한다. 앞서 언급한 스킵도 엄청난 매력을 이용해 회사에 영향력을 행사하고 단시간에 회사를 우월한 위치까지 끌어올렸다. 믿기 어렵겠지만 매력은 소시오패시의 가장 두드러지는 특성이다. 수많은 피해자들은 물론 소시오패시의 진단 기준을 만들려 했던 연구자들은 한목소리로 양심이 없는 사람들이 강렬한 매력과 이해하기 어려울 정도의 카리스마를 가졌다고 말한다. 그들은 정말 대단하고 강력한 자질을 가졌다. 내가 상담하면서 만난 피해자들은 대부분 자신들이 소시오패스와 연루되어 고통을 받으면서도 관계를 유지했던 이유는 그 소시오패스가 매력적이었기 때문이라고 말했다. "그는 내가 이제껏 만나 본 가장 매력적인 사람이었어요.", "마치 그 사람을 줄곧 알아 왔던 것 같은 느낌이었어요.", "다른 사람에게는 없는 에너지를 그는 가지고 있었어요." 나는 고개를 절레절레 흔들며 이렇게 말하는 사람들을 수없이 보아 왔다.

나는 소시오패스의 매력을 포식동물의 카리스마에 비유한다. 예를 들어 우리는 대형 고양잇과 동물들을 바라볼 때 그 움직임과 독립성, 힘에 매료된다. 그러나 무방비 상태에서 표범의 눈빛을 직접 마주하면 우리는 몸이 마비된 듯 피하지도 못한다. 포식자의 그 아찔한 매력을 느끼는 것이 먹잇감의 마지막 순간일 때가 많다(나는 멋진 표범을 예로 들고 있지만 학대받고 분노한 피해자들은 단연코 파충류 같은 이미지라고 말하기도 했다).

위험에 대한 우리의 가벼운 호감은 소시오패스의 동물적인 카리스마를 더욱 강렬하게 보이도록 만든다. 흔히 위험한 사람이 매력적이라고 하지 않는가. 우리가 소시오패스에 끌리는 걸 보면 이 말이 사실인 듯하다. 여러 가지 면에서 소시오패스는 위험하다. 가장 두드러지는 것 중 하나는 위험한 상황과 선택을 좋아하며 다른 사람이 함께 그 위험을 감수하도록 꼬드긴다는 점이다. 정상적인 사람이 사소한 위험과 전율을 즐기는 일은 어쩌다가 한 번 정도에 불과하며, 그래 봤자 아찔한 롤러코스터를 타거나 꿈에 나올까 무서운 공포영화를 보는 정도다. 이렇게 사소한 위험만 즐기는 우리에게 항상 위험을 즐기는 소시오패스의 모습은 더더욱 매력적으로 보인다. 처음에는 일상의 테두리를 벗어난 선택을 하는 사람과 만난다거나 위험한 계획에 동참하는 일이 흥미진진할 수 있다.

신용카드를 들고 오늘 밤에 파리로 날아가자고 하거나 저축한 돈으로 그 사업을 시작해 보자고 하면 터무니없는 소리로 들리겠지만 두 가지 마음을 가진 우리는 실제로 그 일을 저지를 수 있다. "해변으로 가서 허리케인을 구경하자.", "당장 결혼하자.", "따분한 친구들은 내버려 두고 우리 둘만 자리를 옮기자.", "엘리

이토록 친밀한 배신자

베이터에서 관계를 갖자.", "내가 방금 얻어 낸 이 특급 정보에 돈을 투자해 보자.", "규칙을 무시하자.", "티셔츠와 청바지 차림으로 이 식당에 들어가자.", "차가 얼마나 빨리 달릴 수 있는지 한번 시험해 보자.", "그러지 말고 조금 더 즐기자."

소시오패스의 '충동성'과 모험, '매력'은 이런 식인데 그냥 글로 읽을 때는 뻔한 부추김이라며 웃을지도 모르겠지만 대체로 이런 시도는 자주 보기 좋게 성공한다. 양심의 제약을 받지 않는 사람들을 보다 보면 우리는 자신이 규칙에 얽매여 지겹고 무기력한 삶을 살고 있다는 느낌이 들고 우리도 그들처럼 보다 의미 있거나 흥미진진한 삶을 살고 싶다는 유혹을 받게 된다. 이브와 사악한 뱀의 이야기부터 디키 그린리프와 재능 있는 리플리 씨(영화 「리플리(The Talented Mr. Ripley)」, 1999년), 삼손과 데릴라, 리버 시티와 해롤드 힐(뮤지컬 「뮤직맨(The Music Man)」), 트릴비와 스벵갈리(소설 『트릴비(Trilby)』, 1894년), 노먼 메일러와 헨리 아보트(미국 소설가들), 알렉산드라 황후와 라스푸틴 등 우리 역사와 소설은 모험가와 악당들의 달변과 매력에 속아 넘어가고 때로는 파멸한 사람들의 이야기로 가득하다. 그리고 우리의 삶에서도 등골을 오싹하게 만든 그런 사람들에 대한 기억이 있다. 그나마 그런 느낌으로만 끝났다면 운이 좋은 경우다. 파렴치한 자들의 매력에 빠져 겪었던 개인적인 재앙을 평생 잊지 못하고 살아야 하는 불행한 사람들도 있다.

더구나 파렴치한 자들은 우리가 그들에 대해 아는 것보다 훨씬 더 우리를 잘 알고 있다. 우리는 양심 없는 사람들을 알아보기가 굉장히 어렵지만 양심 없는 사람들은 누가 친절하고 사람을 쉽게 믿는지 단번에 알아본다. 심지어 어렸을 때도 스킵은 누구에게 폭죽을 사다 달라고 해야 할지 알았다. 어른이 된 스킵은 줄리엣이 수십 년간 자신을 감내하며 살아갈 수 있으며 자신의 가식적인 행동도 전혀 의심하지 않을 거란 사실을 금세 간파했다. 도린리틀필드는 아이비가 속이기 쉬운 사람임을 알아챘을 뿐만 아니라 재키 루벤스타인이 자신이 맡은 바 이상으로 책임지려 하는 배려 깊은 사람이라는 사실도 아주 잘 알고 있었다.

자신이 벌이는 체스 게임에서 누가 좋은 말이 될 수 있는지 알게 되면 소시오패스는 그 사람을 어떻게 조종하고 이용할지, 또 그 사람을 어떻게 구워삶을지를 연구한다. 피해자에게 어떤 면에서 자신과 비슷하다고 얘기하면서 친밀감을 키우기도 한다. 그래서 피해자 중에는 심지어 그 소시오패스가 떠나간 후에도 "당신과 나는 많이 닮은 것 같아요."라든가 "당신은 누가 뭐래도 내 영혼의 짝이에요."라는 말처럼 나름 감동적이었던 기억을 떠올리는 사람이 많다. 돌이켜 보면 이런 말은 굉장히 모욕적이며 터무니없는 거짓말이지만 그럼에도 그 말은 좀처럼 마음을 떠나지 않는다.

또한 양심이 없는 사람들은 누가 성적인 유혹에 약할지도 귀신처럼 알아채며[28] 소시오패스의 가장 흔한 기술 중 하나가 바로 이런 성적 유혹이다. 대부분의 사람들은 성적 관계를 맺을 때 비록 아주 잠깐이라도 감정적인 유대감을 갖는 법이다. 그러나 양

　　　　　　　　이토록 친밀한 배신자

심의 가책이 없는 냉혹한 소시오패스들은 그 유대감을 이용해 자신이 원하는 것을 얻으려 할 뿐이다. 이를테면 복종이나 금전적인 지원, 정보, '승리감', 아니면 일시적인 보통의 연인관계 등을 얻으려 한다. 이런 이야기는 누구나 잘 알고 있으며, 소설책이나 역사책에도 반복해서 등장한다. 그러나 그로 인해 소시오패스가 얻게 되는 권력이 어느 정도인지 아는 사람은 별로 없다. 그 권력은 개인뿐만 아니라 집단과 조직에도 영향을 미칠 정도로 거대하다. 조직에 숨어 있는 소시오패스는 자신에게 빠진 사람이 단 한두 명만 있어도 그들을 이용해 자신의 자취를 영원히 감출 수 있다. 그 사람의 잘못은 단지 이 매력적이고 위험한 사람에게 호감을 드러낸 것밖에 없지만 말이다. 예를 들어 도린이 심리학자로 행세할 수 있었던 것도 그녀가 성적으로 조종한 두 사람의 추천서 덕분이었다. 그리고 재키가 도린의 소시오패스적인 행위를 폭로하려고 했을 때 그 문제를 덮었던 과장도 아마 같은 이유 때문이었을 가능성이 높다. 그 결과 매혹적인 리틀필드 '박사'는 그 후로도 6년이나 더 병원에 남아 있었다.

성적인 유혹은 우리가 그 게임에서 받게 되는 유혹 중 하나에 지나지 않는다. 우리는 소시오패스의 연기력에도 쉽게 넘어간다. 기만과 달콤한 환상은 소시오패스의 삶을 떠받치는 발판이다. 그렇기 때문에 지적인 소시오패스들은 전문 배우나 사용할 법한 기술을 구사할 정도로 연기에 능숙한 경우가 많다. 역설적이지만, 의도한 대로 감정을 표현하는 능력은 이 냉혈한들의 두 번째 천성이라고 할 수 있다. 다른 사람의 문제나 열정에 큰 관심을 보이는 모습, 가슴 뛰게 하는 애국심, 정의로운 분노, 얼굴 붉히는 수줍음, 눈물 나게 만드는 슬픔을, 그들은 자유자재로 연기한다. 마음대로 조절되는 악어의 눈물은 소시오패스의 상징이다. 도린은 데니스를 위해 악어의 눈물을 흘리는 모습을 아이비에게 보여 주며 그녀를 심리적으로 현혹시켰다. 끔찍하고 고통스럽지만 '어쩔 수 없이' 강아지의 안락사를 결정할 수밖에 없었을 때도 도린은 아이비 앞에서 엉엉 울었다.

양심 있는 사람들이 진실을 추궁하려 들 때 소시오패스가 흘리는 악어의 눈물은 특히 더 그럴듯해 보인다. 계속되는 추궁으로 궁지에 몰리면 소시오패스는 갑자기 태도를 바꾸어 더 이상 자신을 밀어붙이지 못할 만큼 애처롭게 눈물을 흘릴 것이다. 아니면 그 반대일 수도 있다. 결국 해고를 당했던 도린이 병원 원장들에게 했던 것처럼 때로는 궁지에 몰린 소시오패스가 마치 자신이 정의로운 사람인 양 분노를 터트리며 자신을 고발한 사람을 겁박하려 들기도 한다.

타고난 배우인 소시오패스들은 사회적이고 전문적인 역할을 십분 활용할 줄 안다. 그 역할은 그들에게 훌륭한 가면이 되어 다른 사람들이 자신의 이면을 들여다보지 못하게 한다. 그런 전문적인 역할은 우리의 복잡한 사회를 조직하는 데 꼭 필요하기 때문에 굉장히 중요하다. 만약 우리가 수상한 행동을 보았다면 도린 리틀필드라는 이름의 누군가를 의심할 수는 있어도 도린 리틀

이토록 친밀한 배신자

필드 *박사*라고 불리는 누군가를 의심하기는 어렵다. 그녀의 행동이 아무리 이상하다 하더라도 말이다. 우리는 *박사*라는 자격에 주목한다. 박사라는 이름은 명확하고 긍정적인 의미를 지니고 있기 때문이다. 그렇기에 박사를 사칭하는 사람이 있을 거란 생각을 하기는 쉽지 않다. 합법적이든 불법적이든 간에 정치나 사업, 종교, 교육, 육아 분야에서 나름의 지위를 가지고 있는 사람에게도 우리는 동일한 방식으로 대응한다. 교회 집사나 시의원, 고등학교 교장, 아니면 스킵같이 뛰어난 사업가의 행동을 꼼꼼하게 따져 보는 사람은 별로 없다. 우리는 그 사람과 그 사람이 맡은 역할을 동일하게 여기기 때문에 그런 사람들이 하는 말을 믿는 것이다. 마찬가지로 이웃집 아이가 부모에게 학대받고 있을까 봐 걱정스러울 때조차도 그 이웃의 교육 방식을 문제 삼지 않는다. 우리의 판단보다는 *그 사람이 부모라는* 사실이 더욱 중요하다.

게다가 누군가 스스로를 인자하고 창의적이며 통찰력 있다고 한다면 우리는 그 사람의 실제 행동을 그다지 눈여겨보지 않는다. 예를 들면 동물애호가라고 자처하는 사람이 실제로도 그럴지 의심하는 사람은 별로 없다. 스스로 예술가나 지성인이라고 말하는 사람이라면 더욱 관대하게 대한다. 그들은 보통 사람인 우리가 이해할 수 없는 별난 행동을 할 거라고 생각하기 때문이다. 그런 자격을 가진 사람들에 대한 존중은 보통 건설적인 의미를 지니지만, 때로는 소시오패스들이 그런 자격이 있는 척할 수 있는 기회가 되기도 한다.

더욱 나쁜 일은 탁월하고 인자하다고 평가받는 사람들을 향한 우리의 존경심이 모욕을 당하거나 끔찍한 결말을 맞을 수도 있다는 사실이다. 이런 일은 실제로도 많이 있었다. 특히 숭고한 사명을 지녔다고 자처하는 지도자라면 우리는 의사나 성직자, 부모와 마찬가지로 그 개인의 역할에 합당한 자격을 부여하고 그 사람을 따르게 된다. 『국제집단긴장저널(International Journal of Group Tensions)』의 창간인이자 편집자인 벤저민 울먼(Benjamin Wolman)[29]은 "일반적으로 공격 성향의 소시오패스가 대중을 대상으로 거의 최면술에 가까운 불가사의한 지배력을 행사할 때 인간의 잔인함은 증가한다. 역사는 지도자, 예언자, 구원자, 영적 지도자, 독재자를 비롯해 용케 지지를 얻은 과대망상증의 소시오패스들로 가득하며…… 사람들이 폭력을 행사하도록 부추긴다."고 말한다. 정상적인 사람들을 자신의 목적으로 끌어들일 때 그런 '구원자'들은 보통 다 같이 인류를 더욱 발전시키는 훌륭한 사람이 되자고 호소하며, 음흉하게도 자신이 만든 공격적인 계획을 따르면 그렇게 될 수 있다고 주장한다.

감정적인 공감, 성적인 유대감, 사회적이고 전문적인 역할, 따뜻한 사람들과 창의적인 사람들에 대한 존중, 세상을 더욱 좋게 만들려는 우리의 바람, 권력을 조직하는 원칙 등은 우리 사회를 결집시키는 데 필요한 도구다. 본래는 이렇게 긍정적인 도구지만, 아이러니하게도 양심 없는 사람들은 이런 도구를 무기로 우리를 공격하기 때문에 우리의 양심이 그들을 제대로 볼 수 없을 수도 있다. 그리고 '악마의 얼굴'이 따로 있지는 않다. 끔찍한 짓을 저지르는 사람이라고 해서 그럴 만하게 생긴 것은 아니다. 실제로 사담 후세인은 많은 영상에서 정답게 활짝 웃는 얼굴로 등장한다. 만약 우리가 그에 대해 가지고 있던 무서운 느낌을 배제하고 본다면 그는 오히려 자상하게 보일 것이다. 히틀러 역시 마찬가지다. 만약 그가 잔학한 일을 저질러 악의 상징이 되지 않았다면 사람들은 우스꽝스럽게 보이는 멍청한 표정 때문에 히틀러가 채플린을 닮았다고 여겼을 것이다. 리지 보든(Lizzy Borden, 아버지와 계모를 도끼로 살해)은 매사추세츠 폴리버(Fall River)의 여느 빅토리아 시대 여성과 다를 바 없는 모습이었다. 파멜라 스마트(Pamela Smart, 열다섯 살 소년을 유혹하여 자신의 남편을 살해하도록 만든 죄로 1991년에 종신형을 선고받음)는 예쁘다. 테드 번디(본명은 Theodore Robert Bundy이며 미국 연쇄살인범)는 사형수로 수감 중일 때 감방으로 여자들의 결혼 신청이 쇄도할 정도로 잘생겼으며, 기분 나쁜 눈빛을 지닌 찰스 맨슨(Charles Manson, '맨슨 패밀리'라는 집단을 이끌며 1969년에 8명을 살해)에게도 존 리 말보(John Lee Malvo, 열일곱 살이던 2002년, 메릴랜드 주에서 양아버지와 함께 행인들을 무차별 저격)의 밝고 순진한 표정이 있다.

　　의식적으로든 암묵적으로든 우리는 사람의 외모로 성격을 판단하려 들지만, 이런 판단이 잘 들어맞는 경우는 별로 없다. 현실의 악당들은 전혀 악당처럼 보이지 않는다. 늑대인간이나 한니발 렉터(Hannibal Lechter, 미국의 범죄 스릴러 소설에 등장하는 가공의 악역 캐릭터), 아니면 흔들의자에 앉아 시체를 바라보는 안소니 퍼 킨스(Anthony Perkins, 알프레드 히치콕의 영화 「사이코(Psyco)」에서 주인 공을 맡은 배우)를 닮은 악당들은 존재하지 않는다. 그들의 모습은 우리와 다르지 않다.

영화 「가스등(Gaslight)」

소시오패스의 표적이 되는 건 아주 끔찍한 경험이다. 그 가 폭력적인 소시오패스가 아니더라도 말이다. 1944년에 조지 큐 커(George Cukor)가 감독한 심리공포영화 「가스등(Gaslight)」에서 는 잉그리드 버그만(Ingrid Bergman)이 젊고 아름다운 여주인공 폴 라 역할을, 찰스 보이어(Charles Boyer)가 폴라의 남편 그레고리 역 할을 맡았다. 극중에서 매력적이지만 사악한 그레고리는 폴라를 정신이상자로 몰아가며 두려움을 심어 준다. 그레고리는 폴라를 미치게 만들기 위해 그가 외출 중일 때 다락방에서 소리가 들리 도록 하거나 가스등이 저절로 어두워지게 만드는 등 여러 가지 더 러운 속임수를 사용한다. 그것도 수년 전에 폴라의 이모가 의문의 살인을 당했던 집에서 말이다. 자신이 겪었던 일을 아무리 얘기해 도 폴라를 믿어 주는 사람은 아무도 없다. 결국 폴라는 자신의 현 실에 대한 깊은 의심 속으로 점점 빠져들어 간다. 그레고리는 폭 력적이지 않다. 그는 절대로 폴라를 때리지 않는다. 그러나 훨씬

이토록 친밀한 배신자

잔인하게도 폴라가 스스로의 지각을 믿지 못하도록 만든다.

　　내가 소시오패스의 표적이 된 건 아닐까 하는 생각에 다른 사람에게 그 상황을 설명하려 든다면 결국에는 폴라처럼 자신의 현실을 의심하게 되고 만다. 재키 루벤스타인은 이런 현상을 보여 주는 좋은 예다. 재키는 도린 리틀필드가 데니스에게 저지른 잔인한 행동을 추궁하지만 나중에는 자신이 제정신을 잃어 가고 있다고 느낀다. 그래서 친구에게 전화를 걸어 위로와 지지를 구한 것이다. 그리고 도린에 관해 알게 된 사실을 과장에게 말했을 때도 과장은 정중하지만 분명하게 재키가 망상증 환자인 데니스처럼 약간 미친 게 아니냐는 뉘앙스로 말했다. 과장의 이 말은 도린의 암시를 되풀이한 것에 불과하다.

　　재키가 도린이 저지른 사악한 행동을 고발했을 때 당연한 반응은 리틀필드 박사 같은 사람이 뭐 하러 그런 끔찍한 짓을 저지르겠냐고 묻는 것이다. 제3자가 그런 얘기를 듣는다면 대놓고 하든 넌지시 하든 같은 질문을 할 게 분명하며, 재키처럼 소시오패스를 의심하는 사람마저도 결국 똑같이 물을 수밖에 없다. 그러나 누구도 이 당혹스럽고 어려운 질문에 그럴듯한 설명을 내놓지 못하기 때문에 오히려 의문을 제기한 재키가 「가스등」의 결백한 새신부처럼 스스로의 지각에 대한 믿음을 잃어버릴 수도 있다. 확실히 재키는 자신의 이야기를 다시 꺼내길 주저할 것이다. 소시오패스를 폭로하려다 보면 자신의 신뢰성을 의심받을 뿐만 아니라 심지어 자신이 제정신인가 하는 의문도 들기 때문이다. 다른 사람

　　　　　　　　5장_왜 양심은 제대로 보지 못하는가

은 물론 스스로도 자신을 의심하게 되는 상황은 굉장히 고통스러우며 더는 입을 열지 못하게 된다. 지난 수년간 나는 소시오패스의 표적이 된 환자 수백 명의 얘기를 들어 왔으며, 그 과정에서 다음과 같은 사실을 알게 되었다. 만약 어떤 조직이나 공동체 안에서 소시오패스의 정체가 마침내 모두에게 밝혀질 경우 그동안 혼자서 아무 말 없이 줄곧 의심해 온 사람들 역시 몇 명은 있었다는 사실도 함께 드러난다. 그렇게 의심하는 과정에서 그들은 각자 자신의 현실에 의문을 느꼈으며 미친 소리처럼 들리는 자신의 비밀을 마음속에 묻어 두었던 것이다.

우리는 그런 사람이 뭐 하러 그렇게 끔찍한 일을 저질렀겠냐고 스스로에게 묻는다. 여기서 '그런 사람'이란 전문가, 동물 애호가, 부모나 배우자, 어쩌면 저녁 식사나 그 이상을 함께했던 매력적인 누군가처럼 정상적으로 보이는 사람, 우리와 똑같아 보이는 사람을 의미한다. 그리고 '그렇게 끔찍한 일'은 우리 자신의 감정과 정상적인 동기로는 애초에 왜 그렇게 하고 싶은지를 설명할 수 없는 너무나 이상하고 나쁜 행동을 말한다. 스킵처럼 잘생기고 똑똑하면서 유복한 아이가 왜 작은 동물을 학살하고 싶어 할까? 엄청난 성공을 거두고 억만장자의 아름다운 딸과 결혼한 스킵이 왜 불명예를 무릅쓰면서 직원의 팔을 부러뜨렸을까? 심리학자이며 세상에서 가장 좋은 사람인 리틀필드 박사가 무엇 때문에 회복 중인 VIP환자에게 갑자기 난폭한 심리적 공격을 시작했을까? 직업적으로 확고한 입지를 가진 그녀가 왜 뻔히 드러날 줄 알면서

이토록 친밀한 배신자

도 고작 젊은 인턴을 겁주려고 그런 새빨간 거짓말을 했을까?

　　소시오패스의 행동을 목격하면 우리는 스스로에게 이런 질문을 하게 된다. 그리고 대부분의 경우 스스로 납득할 만한 대답을 찾지 못한다. 깊이 생각해 보아도 그 *이유*를 상상조차 할 수 없다. 그럴듯한 답을 얻지 못한 우리는 결국 분명 어떤 오해가 있다거나 자신이 잘못 보고 부풀렸다고 생각한다. 우리는 양심이 있기 때문에 그렇게 생각한다. 양심이 없는 그들과는 본질적으로 다르며, 그들이 원하는 것이나 그들의 동기는 우리 경험에서 완전히 벗어난다. 심각한 위협을 받거나 분노와 같은 격정적인 감정에 사로잡힌다면 모를까 우리 대부분은 도린처럼 고의로 정신이 병든 사람을 공격하거나 스킵처럼 다른 사람의 팔을 부러뜨리는 일을 결코 하지 않는다. 정상적인 사람의 감성으로 재미 삼아 태연하게 그런 일을 저지르기는 불가능하다.

　　타인에 대한 애착을 바탕으로 하는 의무감 즉, 양심이 없는 소시오패스들은 대개 사람들과의 게임, '승리', 지배를 위한 지배에 평생을 바친다. 그들의 이러한 동기는 양심을 가진 우리에게 너무나도 생소하기 때문에 개념적으로 이해할 수 있을지는 몰라도 실생활에서 마주치면 전혀 '알아보지' 못할 때가 많다. 양심 없는 그들 중 다수는 단지 게임을 위해 자기파괴적인 행동을 한다. 스탬프 맨은 매년 한 시간 남짓 동안 몇몇 우체국 직원들과 경찰들을 허둥대게 만드는 짜릿함을 맛보기 위해 반평생을 감옥에서 보냈다. 도린은 겨우 동료의 경력에 약간의 흠집을 내기 위해 기꺼이 자신의 경력을 위험에 빠트렸다. 이런 행동은 우리가 이해하거나 믿을 수 있는 범위를 벗어난다. 그래서 우리는 먼저 자신의 현실 감각부터 의심하게 된다.

자신에 대한 의심이 극단적으로 흐르는 경우도 많다. 일례로, 상습적인 범죄자인 바버러 그레이엄(Barbara Graham)은 죽은 뒤에도 30년 동안이나 많은 사람들의 동정을 받았다. 1955년, 서른두 살이던 그레이엄은 메이블 모너핸(Mabel Monahan)이라는 나이 든 미망인을 잔인하게 살해한 죄로 산쿠엔틴 교도소에서 처형되었다. 「가스등」에 나오는 잉그리드 버그만의 살해된 이모처럼 그 당시에 모너핸 부인이 집 안에 보석을 감춰 두고 있다는 소문이 돌았다. 그레이엄과 공범 세 명은 모너핸 부인 집에 침입해서 뒤졌다. 그러나 보석이 나오지 않자 그레이엄은 모너핸 부인을 권총으로 갈겨서 얼굴을 거의 뭉개 놓은 다음 베개로 질식시켜 죽였다.

처형장에서 녹음된 그레이엄의 유언은 이러했다. "선량한 사람들은 언제나 자신들이 옳다는 걸 지나치게 확신한다." 거의 동정하는 어조로 차분하게 말한 그레이엄의 유언은 사람들의 정신을 혼동시키고 현실을 흐려 놓는 데 아주 뛰어난 효과를 발휘했다. 그 결과 사람들은 그레이엄에 대한 자신들의 현실 감각을 의심하게 되었고 그녀의 끔찍한 살인 행위가 아닌 그녀가 어린 세 자녀의 매력적인 엄마라는 사실에 주목하게 되었다. 사후에 그녀는 감정적인 논쟁의 주인공이 되었으며 수많은 증거가 있음에도

이토록 친밀한 배신자

불구하고 오늘날까지 그레이엄의 무죄를 주장하는 사람들이 있다. 대중의 자기의심은 그녀에 관한 두 편의 영화를 탄생시켰다. 두 편 모두 제목은 「나는 살고 싶다!(I want to Live!)」이다. 첫 번째 영화에는 수전 헤이워드(Susan Hayward)가 출연하여 오스카상을 받았고, 1983년에 다시 제작된 텔레비전 영화에서는 린제이 와그너(Lindsay Wagner)가 주연을 맡았다. 두 영화 모두에서 가학적 살인자 그레이엄은 억울하게 누명을 쓴 여성으로 그려졌다.

"선량한 사람들은 언제나 자신들이 옳다는 걸 지나치게 확신한다."는 바버라 그레이엄의 유언이 현실을 농간할 수 있었던 이유는 바로 진실이 그와 정반대이기 때문이다. 사실 선량한 사람들의 가장 두드러진 특징 중 하나는 자신이 옳다고 완전히 확신하는 경우가 거의 없다는 점이다. 선량한 사람들은 반사적으로 끊임없이 스스로를 의심하며 자신의 결정과 행동이 양심에 어긋나지 않는지 엄밀하게 검토한다. 양심의 자기검증 때문에 우리가 마음속으로 절대적인 확신을 가지는 경우는 굉장히 드물다. 그런 경우가 있다 하더라도 그런 확신을 위험하다고 생각한다. 잘못된 확신에 빠져서 누군가를 부당하게 처벌하거나 누군가에게 부적절한 행동을 할 수도 있기 때문이다. 심지어 법률에서도 완전히 확실하다고 말하는 대신 "합리적인 의심의 여지가 없다."라고 말한다. 결국 우리가 그레이엄을 이해하는 것보다 그레이엄이 우리를 훨씬 더 잘 이해했으며, 그레이엄의 유언은 자신의 판단이 *너무 강한 자기확신*은 아닌지 두려워하는 양심적인 사람들의 연약한 마음에

파문을 일으킨 것이다.

확신을 하지 못한다는 점과 함께 우리 대부분은 선과 악을 절대적으로 나눌 수는 없다는 사실도 본능적으로 이해하고 있다. 그래서 100% 선한 사람이 없는 것처럼 100% 악한 사람도 없다고 생각한다. 철학적인 입장에서 보더라도 이런 관점이 옳을 것이다. 신학적인 입장에서 보자면 이 말은 틀림없는 진실이다. 유대-그리스도교 전통에서 악마는 결국 타락한 천사이다. 그렇기 때문에 절대적으로 선한 인간도 없고 절대적으로 악한 인간도 없다. 그러나 심리학적으로 말하자면 확실히 감정적인 애착에 영향을 받는 사람이 있는 반면 그렇지 않은 사람이 있다. 그리고 이런 사실을 이해하지 못하기 때문에 양심적인 사람과 세상의 모든 메이블 모너핸들이 위험에 처하고 만다.

눈가리개를 벗어 던져라

나는 5학년인 딸의 학급 현장학습에 보호자로 동행했다. 우리는 「자유의 기차(Freedom Train)」라는 제목의 연극을 보러 갔는데, 그 연극의 내용은 해리엇 터브먼(Harriet Tubman, '지하철로'의 차장으로 수백 명의 노예를 자유로운 북부로 탈출시킨 일명 '흑인들의 모세')과 지하철로(Underground Railroad, 도망친 노예들을 비밀리에 북부나 캐나다의 안전지대로 피신시키기 위해 결성된 비밀 조직)에 관한 이야기였다. 학교로 돌아오는 시끌벅적한 버스 안에서 한 남자아이가 다른 남자아이를 쿡쿡 찌르고 머리칼을 잡아당기며 괴롭히고 있었다. 괴롭힘을 당하고 있는 그 조용한 아이는 발육이 부진했고 듣기로는 친구가 없었으며 스스로를 어떻게 지켜야 할지 전혀 알지 못하는 듯했다. 어른 한 명이 그런 행동을 말리려던 참에 두 아이의 뒷자리에 앉아 있던 꼬마 소녀가 먼저 나서서 괴롭히는 아이의 어깨를 두드리며 말했다. "그만둬. 그건 정말 비열한 짓이야."

이 반사회적인 행동을 알아보고 거기에 공개적으로 항의한 사람은 키 120cm의 열 살짜리 소녀였다. 그 말을 들은 소년은 소녀에게 혀를 삐죽 내밀어 보이더니, 얼른 자기 친구 옆자리로 껑충 뛰어갔다. 그 모습을 지켜본 소녀는 다시 태연하게 옆자리의 친구와 가위바위보 놀이를 시작했다.

어른이 되는 동안 우리에게 무슨 일이 있던 걸까? 왜 어른들은 악당에게 "그만둬!"라고 말하지 않게 되었을까? 물론 어른 악당이 더 강하겠지만 그거야 우리도 마찬가지 아닌가. 이 건강한 꼬마 소녀는 서른 살이 되고 키가 165cm를 넘은 뒤에도 똑같은 정도의 위엄과 자기확신을 가지고 행동할까? 그 소녀는 나중에 해리엇 터브먼처럼 대의명분을 위해 활동할 수 있을까? 안타깝게도 현재 우리의 자녀 양육 방식으로는 그럴 가능성이 희박하다.

우리는 아이들, 특히 여자아이를 기를 때[30] 사회에 풍파를 일으키지 말라고 가르치면서 그 아이들의 자연스런 반응을 묵살한다. 만약 그런 반응이 주먹이나 말로 폭력을 휘두르는 짓이거나 가게에서 탐나는 물건을 훔친다거나 슈퍼마켓 대기 줄에서 모르는 사람을 모욕하는 짓이라면 그렇게 가르치는 것이 필요하고 옳은 일일 것이다. 그러나 충돌을 기피하는 우리 사회는 자연스런 반응인 "앗!" 반응도 같은 방식으로 억누른다. 즉, 우리 내부에 존재하는 도덕적 분노까지 억눌려 버리는 것이다. 그 용감한 소녀는 누군가의 '정말로 비열한' 행동에 대해 "앗!" 하고 반응했지만 서른 살이 된 그녀의 행동과 마음에서는 풍파를 일으키는 그 반응이 아예 삭제되어 있을지도 모른다.

성심리학자인 데보라 콕스(Deborah Cox)와 샐리 스탭(Sally Stabb), 카린 브루크너(Karin Bruckner)는 그들이 공동 저술한 『여성의 분노: 임상적이고 발달적인 관점(Women's Anger: Clinical and Developmental Perspectives)』에서 소녀와 성인 여성이 자신의 분노에 대한 사회의 반응을 어떻게 인식하는지에 대해 적고 있다. 콕스, 스탭, 브루크너는 "(소녀와 성인 여성이 분노를 표현할 경우에) 여성들은 사회가 자신이나 자신의 감정 중 어느 하나를 거부하거나 아니면 둘 다 거부하는 식으로 반응한다고 말한다. 거부의 형태는 비판이나 방어처럼 직접적인 공격 형태가 있는가 하면 여성의 관심과 감정에 신경을 쓰지 않는, 보다 수동적인 형태도 있다."고 말한다. 그리고 교육자인 린 미켈 브라운(Lyn Mikel Brown)은 청소년기 여성에 관한 자신의 연구에 근거해서 이상적이라고 여겨지는 여성성이, 위험하게도, '거리낌 없는 말보다는 침묵'을 옹호할 수 있다고 주장한다.

이토록 친밀한 배신자

우리 삶의 질을 높여 주는 제7감에서 눈가리개를 제거하려면 인간 조건의 다른 비약적인 발달과 마찬가지로 어린아이부터 시작해야 한다. 비양심에 맞설 수 있다면 건강한 양심을 지녔다고 할 수 있다. 대놓고 하든 소극적인 거부를 통하든 당신이 딸아이에게 자신의 분노를 무시해야 하며, 자신이나 다른 사람들을 지키지 못할 정도로 고분고분하고 친절해야 하며, 어떤 경우에도 풍파를 일으키면 안 된다고 가르친다면 당신은 딸의 친사회적 감각을 강화하기는커녕 오히려 망가뜨리고 있는 것이다. 그렇게 하면 딸은 가장 먼저 자기 자신을 지키는 일부터 포기하고 말 것이다. 콕스, 스탭, 브루크너는 "다른 사람에 대한 분노를 억누르라고 요구하기 때문에 여성은 이런 종류의 자율성을 발전시킬 기회마저 빼앗기고 말았다."고 강력하게 주장한다. 따라서 그렇게 가르치는 대신 우리는 린 미켈 브라운이 말한 것처럼 '가장 억압적인 환경에서도 창의적으로 거부하고 저항할 수 있는 가능성'을 제시해야 한다.

아이가 자신의 현실 감각을 의심하도록 만들지 말라. 정말로 비열한 누군가를 아이가 정말 비열한 사람이라고 보았다면 아이의 생각이 맞다고, 큰 소리로 그렇게 말해도 괜찮다고 얘기해 줘라. 재키 루벤스타인은 자신의 환자인 데니스의 말을 믿고, 대신 위험한 동료인 도린 리틀필드를 믿지 않기로 했다. 훌륭하고 도덕적인 선택이었다. 물론 큰 소리로 "그건 정말 비열한 짓이야. 그만둬!"라고 말한다면 통찰력 없는 주변 사람들이 재키를 문제나 만드는 사람이라고 보았겠지만 사실상 재키는 그렇게 말한 것이나 진배없다.

소년들은 어떨까?[31] 선도적인 아동심리학자인 댄 킨들런(Dan Kindlon)과 마이클 톰프슨(Michael Thompson)은 『아들 심리학(Raising Cain: Protecting the Emotional Life of Boys)』에서 "나약한 아버지들이 '아버지가 누구보다 잘 안다'고 하는 허구를 유지할 요량으로, 너무 자주, 유서 깊은 방어적 반응에 의존한다."는 사실에 대해 우려를 표했다. 부모들, 특히 아버지들은 보통 아들에게 무슨 일이 있어도 권위에 복종해야 한다고 가르친다. 잘못된 문화적 정치적 환경이 병적이라 부를 만큼 반복되어 온 역사를 돌이켜 본다면 이런 가르침은 자살면책조항(suicide clause, 보험 계약자가 기재된 기간 중에 자살하면 보험사는 보험 계약자가 적립한 금액만 지급하면 된다고 하는 규정)이라고 불러도 무방할 것이다. 합법적인 권위에 대해 어느 정도의 존경심을 가질 수 있기를 바라는 마음에서 부모가 아이를 그렇게 교육했다는 점은 이해할 수 있다. 사회가 제 기능을 유지하려면 합법적인 권위에 대한 존경심이 중요하다는 사실쯤은 우리 모두 잘 알고 있다. 그러나 아이들에게 반사적이며 무조건적인 복종을 훈련시키는 것은 이미 초주검이 된 말에게 채찍질을 가하는 짓이다. 누가 봐도 알 수 있을 정도의 권위라면 대부분의 사람들은 전혀 훈련을 받지 않았더라도 반사적으로 그 권위에 복종한다. 그런데 교육을 통해 이런 반사적인 반응을 더욱 민감하게 만든다면 아이들은 미래에 어떠한 공격적이거나 소시오패스적인

이토록 친밀한 배신자

'권위'에 맞닥뜨리더라도 아무런 저항을 하지 못하게 될 것이다.

　　복종은 애국심과 의무라는 보다 고귀한 가치와 혼동될 수 있기 때문에 모두에게 해로운 결과를 초래한다. 만약 그런 혼동 때문에 반사적인 복종이 강력해진다면 자신의 삶과 자신의 나라에 있어서는 자기 자신이 최상의 권위이지 않을까라는 의문을 품기도 전에 한 사람의 마음을 온통 잡아먹을 수 있다. 그리고 "나와 내 동포들은 정말로 이 외부 권위의 이익을 위해 싸우다가 죽기를 원하는가?"라는 질문을 할 수 있을 때까지 그런 상황이 계속될 수도 있다.

　　그럼에도 나는 지난 수천 년 동안 형성된 어떤 가능성이 이제 거의 눈앞에 다가왔다고 믿는다. 과거에는 생존이 절실했기 때문에 어렵게 얻은 결실을 아이들이 망친다거나 지나치게 의심하거나 지시에 불복종하지 말아야 했다. 육체적으로 힘들고 위태로운 삶을 살았으며 권위에 도전한 아이들은 아주 간단하게 죽임을 당하기도 했다. 그래서 불과 몇 세기 전까지만 해도 사람들은 도덕적 분노를 극도의 사치로, 권위에 대한 의심은 생명을 위협하는 일로 여기도록 교육받았다. 이런 일이 몇 세대 동안 반복된 결과 우리의 의도와 달리 소시오패스들이 세상을 장악하는 꼴이 되고 말았다. 그러나 이제 상황이 달라졌다. 오늘날 우리 대부분은 더 이상 생존 자체를 걱정해야 할 정도로 위태로운 삶을 살지는 않는다. 우리는 멈출 수 있다. 우리 아이들이 당당하게 의문을 제기하도록 기를 수 있다. 그렇게 아이들이 자라서 어른이 된다면 자신이 보고 들은 바 그대로 조금의 의심도 없이 악당을 똑바로 쳐다보며 "그건 정말 비열한 짓이야. 그만둬!"라고 말할 수 있을 것이다.

하지만 이미 어른이 된 우리, 지난 수십 년간 우리 자신의 본능적 판단을 묵살해 온 우리는 어떻게 해야 할까? 스스로 자신의 현실 감각을 의심하는 일을 피하고 주변의 양심 없는 사람들을 알아볼 수 있는 방법은 무엇일까? 다음 장에서 다룰 이 흥미로운 질문에는 다소 놀라운 대답이 기다리고 있다.

이토록 친밀한 배신자

소시오패스를 알아보는 방법

사막에서 한 늙은 수도사가
여행자에게 조언했다.
신과 악마의 목소리는
거의 구별할 수 없다고.

-

로렌 아이슬리(Loren Eiseley)

내가 진료를 하면서 가장 자주 듣는 질문 중 하나는 "믿을 수 있는 사람을 어떻게 알 수 있나요?"이다. 나를 찾아오는 환자 대부분은 다른 사람 때문에 피폐해진 사람들이다. 심리적 외상을 가지고 살아가고 있는 그들에게 이런 걱정은 당연한 일일 것이다. 한편으로 나는 이 문제가 그런 심각한 정신적 외상을 경험하지 못한 사람들에게도 긴급한 문제이며, 다른 사람들의 양심이 어느 정도인지 가늠하기 위해 우리가 무진장 애를 쓴다고 생각한다. 우리는 특히 아주 가까운 사람의 양심 지수에 관심이 많으며, 매력적인 사람을 새로 만날 경우 이런 문제에 대한 의심과 추측, 희망사항에 상당한 양의 정신적 에너지를 쏟아부을 때가 많다.

믿을 수 없는 사람이라고 해서 무슨 특별한 옷을 입거나 이마에 써 붙이고 다니지는 않는다. 그래서 우리는 다른 사람에 대한 중요한 결정을 추측에 의존해야만 할 때가 잦으며, 그 결과 평생 미신처럼 우리를 혼란스럽게 만들 비합리적인 전략을 선택하고 만다. 가장 흔한 예는 "서른 살이 넘은 사람은 믿지 마라.", "남자는 절대 믿지 마라.", "여자는 절대 믿지 마라.", "누구도 절대 믿지 마라."와 같은 말이다. 경계할 대상을 아는 것은 굉장히 중요한 문제이기 때문에 사람들은 명확한 규칙, 심지어는 포괄적인 규칙을 원한다. 하지만 이런 싹쓸이 전략은 효과가 없을 뿐만 아니라 근심과 걱정을 가지고 살아가도록 만든다는 점에서도 좋지 않다.

오랜 기간 동안 누군가를 잘 알아 가는 방식 외에는 그 사람이 믿을 만한지를 결정할 수 있는 확실한 규칙이나 리트머스 시험은 존재하지 않는다. 무기력하게 느껴질 수 있지만 이 사실을 인정하는 것은 굉장히 중요하다. 인간에게 이런 불확실성은 당연한 일이며 아주 특별한 행운이 없는 한 이를 완전히 피하는 건 불가능하다. 게다가 자신의 능력이 부족해서 알지 못했을 뿐 그래도 아주 효과적인 방법이 있지 않을까 하고 기대하는 것은 스스로를 깎아내리고 부당하게 비난하는 짓에 불과하다. 우리는 그런 방법이 따로 있지 않다는 사실을 인정해야 한다. 다른 사람을 신뢰하는 문제에서는 우리 모두가 실수를 저지른다. 개중에는 더욱 큰 실수도 있기 마련이다.

신뢰에 대해 사람들이 물으면 나는 이렇게 말한 다음, 여기에는 나쁜 소식과 좋은 소식이 있다고 덧붙인다. 나쁜 소식은 양심이 없는 사람들이 정말로 존재하며 그런 사람들은 절대로 믿지 말아야 한다는 것이다. 평균적으로 말하자면 아마 100명 중 4명은 양심이 없는 사람들이다. 좋은 뉴스, 그것도 아주 좋은 뉴스는 100명 중에서 최소한 96명은 양심을 따르는 사람들이기 때문에 나나 당신처럼 상당히 높은 수준의 품위와 책임감에 따라 행동할 거라 믿을 수 있다는 것이다. 이 둘을 비교해 보면 개인적으로는 좋은 뉴스가 너무 마음에 들기 때문에 나쁜 뉴스에는 그다지 신경이 가지 않는다. 왜냐하면 어느 정도 친사회적으로 행동하기만 한다면 놀랍게도 우리가 맺는 대인관계 중에서 96%는 안전할 거라는 의미이기 때문이다.

그런데도 세상은 왜 이렇게 안전하지 않은 걸까? 뉴스에

174

보도되거나 우리가 직접 겪는 나쁜 경험들은 어떻게 설명해야 할까? 도대체 세상은 어떻게 돌아가고 있는 걸까? 전체 인구의 겨우 4%밖에 안 되는 사람들이 정말 이 세상과 우리의 삶에 발생하는 대부분의 인적 재앙의 원흉일까? 이 흥미로운 질문은 우리가 인간 사회에 가졌던 수많은 가정들을 다시 한 번 꼼꼼히 검토하게 만든다. 그래서 나는 다시 한 번 이 말을 하고 싶다. 양심은 압도적으로 강력하고 지속적이며 친사회적이다. 정신병적 망상이나 극단적인 분노, 벗어날 수 없는 가난, 약물, 파괴적인 권력자들에 휘둘리지만 않는다면 양심이 있는 사람은 무자비하게 살인이나 강간을 저지르지 않으며 다른 사람을 고문하거나 평생 저축한 돈을 훔치지도 않는다. 당연히 게임을 하듯 상대를 속여 사랑 없는 관계를 가지는 일도 없을 것이며 자신의 아이인 걸 알면서도 버리는 짓을 하지도 않는다. 아니 할 수 없다고 말하는 편이 더 맞겠다. 당신이라면 그럴 수 있겠는가?

뉴스나 우리의 삶을 통해 우리는 그런 짓을 저지르는 사람들을 보게 된다. 그들의 정체는 무엇일까? 아마도 정신이상자나 약물중독자를 떠올리는 사람이 많을 것이다. 하지만 그들 중에 공식적으로 정신이상자이거나 어떤 극단적인 감정에 억눌린 사람은 별로 없다. 극빈층이나 약물중독자, 사악한 지도자의 추종자인 경우도 이따금 있는 정도에 불과하다. 가장 빈번한 경우는 바로 양심이 없는 사람들 즉, 소시오패스들이다.

정말 우리의 상상을 뛰어넘을 만큼 최악의 행동을 실은

신문기사는 보통의 인간인 우리를 큰 충격에 빠트린다. 그럼에도 불구하고 우리는 암묵적으로 그런 행동이 '인간 본성'에서 유래한다고 생각한다. 그런 일들이 진정 인간 본성 때문에 일어났다면 보통의 인간인 우리가 기사를 읽고 충격에 빠질 리 있겠는가? 절대 그렇지 않을 것이다. 그런 최악의 행동은 정상적인 인간의 본성과는 전혀 관계가 없다. 그런데도 우리가 그렇게 여긴다면 그것은 우리 스스로를 모욕하고 의기소침하게 만드는 일이다. 정상적인 인간의 본성은 질서 속에서 서로 우호적인 관계를 맺고자 하는 의식의 명령을 충실하게 따른다. 물론 완벽하다고 말할 수는 없겠지만 말이다. 텔레비전에서 보았거나 혹은 살면서 겪을 수도 있는 진정한 공포는 절대 전형적인 인간의 모습이 아니며, 그런 일을 가능케 하는 것은 우리의 본성과는 아주 다른 무엇 즉, 냉혹하고 완벽한 양심의 결핍이다.

내가 보기에 많은 사람들이 이런 사실을 받아들이기 힘들어 한다. 보통 사람과는 달리 특정 개인이 파렴치한 본성을 지녔다는 사실을 좀처럼 인정하지 못한다. 누구에게나 평소의 행동에서는 잘 드러나지 않는 어두운 면이 있다고 생각하기 때문이다. 나는 이 생각을 인간 본성의 '그림자 이론'이라고 부른다. 그림자 이론의 가장 극단적인 형태는 어떤 사람이 할 수 있고 느낄 수 있는 일이라면 다른 사람도 모두 잠재적으로는 할 수 있고 느낄 수 있다는 주장이다. 다시 말하면 어떤 특수한 상황에서는 누구라도, 말하자면 죽음의 수용소 소장이 될 수 있다는 식이다. 솔직히 그

이토록 친밀한 배신자

런 특수한 상황이 무얼 말하는지는 잘 모르겠지만 말이다. 그런데 아이러니하게도 선량하고 친절한 사람들이 이 극단적인 이론을 아주 쉽게 받아들이는 경우가 많다. 절대적인 도덕적 암흑에서 영원히 살아가는 사람들이 일부 있다고 인정하는 것보다 누구에게나 떳떳지 못한 구석이 조금은 있다고 믿는 편이 가혹하지 않고 더 민주적으로 느껴지기는 한다. 일부 사람들에게 양심이 없다는 말과 그들이 사악하다는 말이 엄밀한 의미에서 똑같다고 할 수는 없지만, 놀라울 만큼 비슷한 것은 사실이다. 그리고 선량한 사람들은 악의 화신이 이 세상에 존재한다는 생각을 절대 믿으려 들지 않는다.

비록 누구나 죽음의 수용소 소장이 될 수는 없겠지만 심리적 부정과 도덕적 배제, 권위에 대한 맹목적인 복종에 사로잡히면 사람들은 그런 끔찍한 행동을 묵과할 수 있다. 물론 대부분의 사람들이 그렇지는 않겠지만 많은 사람들이 그럴 수 있다. 누군가 아인슈타인에게 사람들이 이 세상을 안전하지 않다고 느낀다는 점에 대한 의견을 묻자 아인슈타인은 "이 세상이 살아가기에 위험한 곳인 이유는 사악한 사람들 때문이 아니라 그런 사람들을 막기 위해 행동하는 사람이 아무도 없기 때문이다."라고 했다.

파렴치한 사람들을 제지하기 위해 무언가를 하려면 먼저 그들을 알아볼 수 있어야 한다. 그렇다면 양심이 없고 우리의 재산과 안녕을 위협할 가능성이 있는 그 사람들을 실생활에서 어떻게 알아볼 수 있을까? 어떤 사람을 믿을 수 있는지 판단하려면 보통은 그 사람을 오랫동안 잘 알아야 한다. 그리고 소시오패스를 알아보기 위해서는 그보다 훨씬 더 깊게 관찰해야 하고 오랜 시간이 필요하다. 결국 그들을 피하기 위해 먼저 그들을 오랜 기간 동안 잘 알아 가야 하는 것이다. 하지만 잘 알게 되었다고 하더라도 여전히 이 긴급한 질문이 남는다. "누구를 믿어야 할지 어떻게 알 수 있는가?" 아니 보다 정확히 말하자면 누구를 믿지 *말아야* 하는가가 맞겠다.

나는 거의 25년 동안 환자들로부터 그들의 삶을 침해한 소시오패스에 대한 이야기를 들어 왔다. 그 이야기를 바탕으로 "누구를 믿지 말아야 할지 어떻게 알 수 있나요?"라는 질문에 대한 답변을 하면 사람들은 대체로 놀랍다는 반응을 보인다. 사람들은 보통 사악함을 나타내는 구체적인 행동이나 단편적인 보디랭귀지, 또는 위협적인 말투 같은 걸 기대하지만 나는 그런 것들은 쓸 만한 정보가 아니며 믿을 것이 못된다고 확실하게 말해 준다. 그래서 나의 대답을 들은 사람들은 놀라워한다. 소시오패스를 알아볼 수 있는 최고의 단서는 바로 동정 연극이다. 우리의 예상과 달리 그들은 보편적으로 두려움을 자극하기보다는 동정심에 호소한다.

나는 이 사실을 심리학과 대학원생일 때 처음 알았다. 당시 나는 재판에 회부된 '사이코패스' 환자를 면담할 기회가 있었다. 그는 폭력적이지 않았고, 그보다는 정교한 투자 사기로 사람들의 돈을 갈취하는 데 관심이 있었다. 당시 나는 어렸기 때문에

이토록 친밀한 배신자

그런 사람이 매우 드물 거라 생각했고 그가 어떤 사람인지, 또 무슨 동기로 그렇게 하는지 알고 싶었다. 그래서 "당신의 삶에서 중요한 건 뭐죠? 가장 원하는 건 무엇인가요?"라고 물었다. 나는 그가 '돈을 버는 것'이나 '감옥에 가지 않는 것'이라고 대답할 줄 알았다. 그때까지 그는 그런 일을 하는 데 대부분의 시간을 썼기 때문이다. 그러자 그는 전혀 주저하지 않고 이렇게 답했다. "오, 그거야 어렵지 않죠. 내가 가장 좋아하는 건 사람들이 나를 안됐다고 여기는 순간이에요. 내가 내 삶에서 정말로 원하는 것은 사람들의 동정이죠."

나는 놀라서 잠시 할 말을 잃었다. '감옥에 가지 않는 것'이나 '돈을 버는 것'이라고 대답했더라면 아마 나는 그를 더 좋게 보았을 것이다. 또한 나는 당혹감을 느꼈다. 이 사람은 왜 다른 무엇보다도 동정받기를 원하는 걸까? 나는 그 이유를 짐작조차 할 수 없었다. 그러나 25년 동안 피해자들의 이야기를 듣고 난 지금, 나는 소시오패스들이 동정을 좋아하는 분명한 이유가 있음을 깨달았다. 그 이유는 등잔 밑이 어둡기 때문이다. 선량한 사람들은 딱한 사람이 무슨 짓을 저지르더라도 그냥 이해하고 넘어간다. 그러므로 자신의 게임을 계속하길 바라는 소시오패스라면 동정받기 위해 계속 연기를 해야 한다.

숭배받거나 두려움의 대상이 되는 것보다 선량한 사람으로부터 동정을 받는 것이 소시오패스를 더욱 자유롭게 만든다. 누군가를 동정하고 있을 때 우리는 잠시나마 무방비 상태가 되며,

이러한 감정적인 취약성은 양심 없는 사람들의 무기가 되어 우리에게 되돌아온다. 죄의식을 느끼지 못하는 누군가에게 특별 면책을 주자고 하면 대부분 동의하지 않을 테지만 만약 그 사람이 딱하게 보인다면 우리는 쉽게 동의하고 만다. 동정뿐만 아니라 다른 긍정적인 인간의 특성 역시 동정과 비슷하게 악용될 수 있다. 사회적이고 전문적인 역할, 성적 유대, 따뜻하고 창의적인 사람에 대한 존중, 지도자에 대한 존경 등 우리를 집단으로 결속시키는 긍정적인 가치 역시 양심 없는 사람들의 무기가 될 수 있다.

동정과 연민은 선량한 이들이 불행한 사람들 즉, 그럴 만한 사람들에게 무언가를 베풀고자 할 때 필요한 동력이다. 그러나 끊임없이 반사회적인 행동을 하는 사람처럼 동정과 연민을 받을 자격이 없는 이들이 우리에게서 이런 감정을 억지로 짜낸다면 이는 분명 무언가 잘못된 것이며 간과하기 쉬운 위험 신호이기도 하다. 어찌 보면 잠재적으로 매우 유용한 신호일 수도 있겠지만 말이다. 매 맞는 아내의 이야기는 이를 가장 쉽게 알아볼 수 있는 사례이다. 아내를 때린 후 소시오패스 남편은 이내 식탁에 앉아 머리를 감싸쥔 채 신음소리를 낸다. 그러고는 자기 자신을 억제할수 없으며, 아내에게 불쌍한 자신을 용서해 달라고 말한다. 이외에도 다양한 사례들이 수없이 많은데 폭력 남편보다 훨씬 파렴치한 경우도 있고 거의 의식하지 못할 정도로 은밀한 경우도 있다. 이루 말할 수 없이 뻔뻔한 상황인데도 양심적인 사람들에게는 감정적으로 다르게 보이는 듯하다. 동정을 구하는 모습이 겉보기에

이토록 친밀한 배신자

는 그럴듯해 보이지만 사실 이면에는 반사회적인 행동이 감추어져 있는데도 말이다. 양심 없는 그들의 방해로 사람들은 더 중요한 상황의 이면을 알아보지 못한다.

돌이켜 보면 소시오패스가 동정을 구한다는 건 터무니없고 오싹한 일이다. 스킵은 자신이 다른 사람의 팔을 부러뜨렸기 때문에 동정을 받아야 한다고 말했다. 도린 리틀필드는 스스로를 너무 연약해서 환자의 고통을 차마 지켜보지 못하는 가엾고 지친 영혼이라고 표현했다. 수감 중이던 아름답고 매력적인 바버라 그레이엄은 기자들에게 사회가 자신이 아이들을 돌보지 못하도록 몰아간다며 하소연했다. 그리고 앞서 언급한 죽음의 수용소 소장 같은 사람의 얘기를 해 보자면, 1945년 뉘른베르크 전범 재판을 앞두고 심문[32]을 받은 실제 죽음의 수용소 경비병들은 지독한 냄새 때문에 화장터에서 근무하는 일이 매우 힘들고 끔찍했다고 증언했다. 영국의 역사가 리처드 오버리(Richard Overy)가 집중 조명한 인터뷰에서 그 경비병들은 근무 중에 샌드위치를 먹기도 어려웠다며 볼멘소리를 늘어놓았다.

소시오패스들은 사회적인 계약을 전혀 존중하지 않지만 유리하게 이용할 줄은 안다. 그리고 여러모로 볼 때 만약 악마가 존재한다면 틀림없이 우리가 그를 동정해 주기를 바랄 것이다.

누구를 믿을지 판단할 때는 당신에게 동정을 받으려고 연기하지 않는지 살펴보라. 그런 연기를 계속한다면 그것은 일관되게 사악하며 터무니없이 부적절한 행동이다. 그 사람의 이마에는 양심 없는 사람이라고 써진 것이나 마찬가지다. 누군가 이런 두 가지 모습을 모두 가졌다고 해서 반드시 대량학살자나 폭력적인 사람은 아닐 수 있겠지만 아마도 가까운 친구로 지내거나 동업을 하거나 아이를 맡긴다거나 결혼할 만한 사람은 아닐 것이다.

불쌍한 루크

사회적인 계약에서 가장 소중한 요소인 사랑은 어떨까? 동정처럼 사랑을 얻고자 연기를 하는 경우가 있을까? 다음은 텔레비전 뉴스에는 결코 나오지 않을 한 여자의 숨겨진 참사에 관한 이야기다.

내 환자인 시드니(Sydney)는 예쁘지 않았다. 마흔다섯 살 나이에 지저분해 보이는 금발머리는 벌써 희끗희끗하게 변해 가는 중이었고 둥글둥글한 몸매였다. 그러나 시드니는 훌륭한 지성을 가졌고 학문에 있어서도 전문적인 업적이 많았으며, 서른 살도 되기 전에 이미 고향인 플로리다의 한 대학에서 전염병학 분야의 부교수로 승진까지 했다. 시드니는 전통 의학에서 사용하는 약물의 개체군 효과를 연구했고 결혼 전에 말레이시아와 남아메리카, 카리브 지방을 두루 여행했다. 그리고 플로리다에서 매사추세츠로 옮긴 뒤에는 케임브리지에 본부를 둔 민족 약학 단체의 컨설턴트가 되었다. 그러나 내가 그녀를 좋아한 이유는 무엇보다도 예의

이토록 친밀한 배신자

바르며 자신의 삶에 대해 사려 깊고 성찰하는 모습을 지녔기 때문이다. 가장 기억나는 것 중 하나는 우리가 함께했던 열다섯 번의 짧은 치료 기간 동안 그녀가 들려준 따뜻한 목소리이다.

시드니는 루크(Luke)라는 남자와 이혼했다. 이혼을 하면서 당시 다섯 살이었던 아들 조너선(Jonathan)의 양육권을 확보하기 위해 그때까지 저축한 돈을 모두 쓰고도 모자라 빚까지 져야 했다. 루크는 양육권 소송에 많은 비용을 들여 가며 싸웠는데, 그 이유는 조너선을 사랑했기 때문이 아니라 자신을 집에서 내보내는 시드니에게 몹시 화가 났기 때문이다.

사우스플로리다에 있는 그 집에는 수영장이 있었는데 루크는 그 수영장을 굉장히 좋아했다.

시드니는 말했다. "제가 루크를 만났을 때 그는 작고 허름한 아파트에 살고 있었어요. 뉴욕대학교 대학원에서 도시 계획을 공부한 서른다섯 살 남자가 그렇게 작고 끔찍한 곳에서 살고 있다면 곧바로 경계했어야 하는데 제가 간과하고 말았어요. 루크는 아파트 단지에 있는 큰 수영장을 정말 좋아한다고 했어요. 그래서 제 집에 수영장이 있다는 걸 알고는 무척이나 기뻐하더군요. 글쎄 뭐라고 해야 할까요? 그러니까 루크는 수영장 때문에 나와 결혼했어요. 음, 전적으로 그렇다는 건 아니지만 돌이켜 보면 확실히 그것도 이유 중 하나였어요."

시드니는 루크의 생활 방식과 그가 자신을 유혹한 이유에 대해 깊게 생각하지 않고 넘겨 버렸다. 왜냐하면 아주 드문 존재를 발견했다고 생각했기 때문이다. 유부남도 이혼남도 아닌 굉장히 지적이고 매력적인 서른다섯 살 남자가 자신과 관심사도 비슷한 데다 잘해 주기까지 했으니 말이다.

"처음에는 정말 잘해 줬어요. 저를 데리고 외출도 하고 늘 꽃을 선물했죠. 긴 상자에 담겨 있던 극락조꽃과 오렌지꽃들이 전부 기억나요. 저는 나가서 길쭉한 꽃병들을 사 와야 했어요. 모르겠어요. 루크는 부드러운 말투에 매력이 은근히 풍겨 나오는 사람이었어요. 우린 멋진 대화를 나눴어요. 나는 루크가 나처럼 학구적인 사람이라고 생각했어요. 제가 루크를 만났을 때 그는 대학에서 한 친구와 함께 어떤 프로젝트를 진행하고 있다고 했어요. 늘 정장 차림이었고요. 실제로 바로 그 대학에서 루크를 처음 만났어요. 누군가를 만나기에 제법 괜찮은 곳 아닌가요? 루크는 우리에게 공통점이 많은 것 같다고 했고 저도 루크의 말을 믿었던 것 같아요."

몇 주가 지나면서 시드니는 루크가 스무 살 무렵부터 줄곧 여자를 사귈 때마다 그 여자의 집에서 살아왔으며, 싼 곳이긴 하지만 자신의 집에 살고 있는 지금이 루크가 바라는 상황에서 벗어난 이례적인 일임을 알게 되었다. 그러나 시드니는 이미 루크를 사랑하고 있었기 때문에 이 점 역시 간과하고 말았다. 또한 루크가 그렇게 말했기에 루크 역시 자신을 사랑한다고 생각했다.

"저는 인기도 없는 대학교원에 불과했어요. 누구도 내게 그렇게 낭만적으로 다가온 적이 없었죠. 그때는 정말 멋진 시간이

이토록 친밀한 배신자

었어요. 너무 짧아서 안타깝지만요. 어쨌든⋯⋯ 이 추레한 서른다섯 살 여자가 어느 순간 순백의 결혼식을 생각하고 있었어요. 전에는 그랬던 적이 한 번도 없었는데 말이죠. 그러니까 순백의 결혼식이란 그저 어린 소녀들에게나 얘기할 법한 어리석은 동화일 뿐이라고 생각했거든요. 저는 늘 제가 그런 결혼식을 한다거나 원하게 될 일은 없다고 생각했는데 그때는 제가 그런 결혼식을 원하고 심지어 *계획하기까지* 했죠."

"루크가 다른 여자들에게 얹혀살았다는 얘기를 들었을 때 사실 저는 루크를 딱하다고 생각했어요. 믿어지세요? 저는 루크가 자신과 통하는 사람이나 그 무언가를 찾고 있는 중이고 그 여자들은 대개 얼마 있다가 별 이유 없이 루크를 쫓아냈다고 생각했어요. 지금은 왜 그렇게 되었는지 알고 있지만 그때는 정말 몰랐어요. 루크가 얼마나 외로울까, 얼마나 슬플까라는 생각만 했던 거죠. 그 여자 중 한 명은 교통사고로 죽었다는 말을 하면서 루크는 눈물을 흘렸어요. 저는 루크가 참 안됐다고 생각했어요."

만난 지 6주 만에 루크가 시드니의 집으로 옮겨 왔고, 8개월 뒤 그들은 결혼했다. 교회에서 열린 성대한 결혼식과 피로연 비용은 시드니의 가족이 모두 부담했다.

"결혼식 비용은 보통 신랑 측에서 부담하지 않나요?" 그녀가 씁쓸한 표정으로 내게 물었다.

결혼하고 두 달이 지난 후, 시드니는 임신한 사실을 알게 되었다. 결혼은 못할 거라고 생각하면서도 항상 아이는 갖고 싶었던 시드니는 이제 엄마가 된다는 꿈을 이루게 되어 너무나 기뻤다.

"저에겐 정말 기적 같은 일이었어요. 특히나 처음 태동을 느꼈을 땐 말이죠. 내 안에 이전에는 전혀 존재하지 않았던 완전히 새로운 존재가 있다, 내가 앞으로 평생 사랑할 누군가가 있다고 계속 되뇌었어요. 정말 믿기지가 않았어요. 루크는 분명 저보다 훨씬 덜 흥분했지만, 자기도 아이를 원한다고 말했어요. 다만 조금 걱정스러워서 그런다고 했어요. 루크는 임신한 내 모습이 추하다고 했지만 저는 단지 루크가 대부분의 남자들보다 솔직한 것뿐이라고 이해했어요. 웃기지 않아요?"

"저는 아이 때문에 너무 행복해서 이미 안다고 생각한 것조차 제대로 인식하지 못했어요. 말이 되는 소리인지도 모르겠네요. 저는 임신 기간 동안 결혼 생활이 순탄치 않을 것 같다는 생각을 어렴풋이 했던 거 같아요. 의사는 임신 3개월이 지나면 유산의 위험이 크게 줄어든다고 말했고 저는 당연히 그 말을 그대로 따랐어요. 4개월이 되어서야 아기 침대를 사러 외출했어요. 아마 침대가 배달되던 날이었을 거예요. 그날 루크가 집에 돌아오더니 일을 그만두었다고 말하더군요. 너무나 쉽게 말이죠. 마치 자기가 저를 완전히 소유한 줄로 아는 것 같았어요. 이제 곧 아이가 태어날 테고 그러면 제가 모든 것을 책임질 거라 생각한 거죠. 이제는 달리 선택권이 없으니까 제가 자기를 경제적으로 책임져 줄 거라 여겼죠. 잘못된 생각이었지만 루크가 왜 그렇게 생각했는지 저는 알 수 있어요. 루크는 내가 무슨 짓을 해서라도 가족이라는 허울을

이토록 친밀한 배신자

붙잡을 거라고 생각했던 거예요."

　　물론 루크가 시드니나 시드니의 친구 또는 가족에게 그런 식으로 말하지는 않았다. 루크는 자신이 너무 우울해서 일을 하지 못할 것 같다고 말했고, 주변에 다른 사람이 있을 때면 말을 하지 않고 처량한 표정을 지으며 전반적으로 우울한 사람처럼 행동했다. 더구나 초보아빠들에게 우울증이 자주 생긴다는 이야기를 여러 번 듣다 보니 시드니는 더더욱 혼란스러울 수밖에 없었다.

　　"하지만 저는 루크가 정말 우울하다고 생각한 적이 한 번도 없었어요." 시드니가 말했다. "무언가가 잘 들어맞지 않았어요. 저도 가끔 우울할 때가 있었는데 이건 그런 것과 달랐어요. 예를 들면 정말 하고 싶은 일이 있을 때면 루크는 굉장히 활기차게 행동했어요. 게다가 좋아지려는 노력도 하지 않았죠. 사소해 보일지 모르지만 정말 저는 환장할 지경이었어요. 저는 치료를 받거나 약을 먹어야 한다고 말했지만 루크는 그러기를 몹시 꺼렸어요."

　　조녀선이 태어나고 시드니가 두 달간 출산휴가를 얻으면서 세 식구가 함께 집 안에 머물게 되었다. 루크가 일을 하지 않기 때문이다. 그러나 루크는 조녀선을 거들떠보지도 않았고 수영장에서 잡지를 읽거나 친구들과 놀러 가는 것만 좋아했다. 그리고 조녀선이 울 때면 화를 내고 때로는 격분하면서 그 시끄러운 소리 좀 어떻게 해 보라며 시드니를 다그쳤다.

　　"그는 꼭 무슨 수난당한 사람처럼 행동했어요. 아이가 유독 *자신*을 괴롭히려고 울고 있다는 듯이 귀를 막고 고통스런 표정을 지으며 이리저리 돌아다녔어요. 아마도 내가 자기를 동정하리라 기대했던 모양이에요. 정말 끔찍했어요. 제왕절개수술을 받았기 때문에 처음 얼마간은 도움을 받을 수 있었지만 결국에는 조녀선과 단둘이 살 수 있기를 바라게 되었어요."

시드니에게 초보아빠들의 우울증에 대해 얘기해 줬던 그 사람들이 이제는 초보아빠들이 이따금 아이 곁에 있는 걸 불편하게 생각해서 한동안 거리를 둔다고 말했다. 그러고는 시드니가 루크에게 동정과 인내를 베풀어야 한다고 고집했다.

"하지만 루크는 그 사람들이 생각한 것처럼 거리를 두는 정도가 아니었어요. 정말 관심이 하나도 없었어요. 자기가 신경 쓰는 것들에 비하면 조녀선은 누더기 뭉치나 다름없었어요. 자그 많고 성가신 누더기 뭉치요. 세상에, 그런데도 저는 그 사람들의 말을 믿고 싶었어요. *어쨌든 제가 이해하고 참기만 하면 만사가 잘* 될 거라고 생각했죠. 결국에는 우리가 진정한 가족을 이룰 거라고 너무나 믿고 싶었어요."

출산휴가가 끝나자 시드니는 다시 직장에 출근했고 루크는 여전히 수영장 옆을 지켰다. 시드니는 오페어(au pair, 영어 공부를 위해 가정에서 집안일을 거드는 외국인 유학생) 소개소에 연락해서 주간 보모를 구했다. 보나마나 루크는 조녀선을 돌보지 않을 게 뻔했기 때문이다. 몇 주 후, 젊은 보모는 시드니에게 아빠가 항상 집에 있으면서도 아이에게 전혀 관심을 보이지 않아서 너무 이상하다며 속마음을 털어놓았다.

이토록 친밀한 배신자

"그분은 왜 자기 아이를 쳐다보지도 않는지 모르겠어요. 어디 아프신 건 아니죠?" 보모는 조심스레 시드니에게 물었다.

당황한 시드니는 루크가 했던 변명을 약간 바꿔서 대답했다. "그 사람은 지금 인생에서 아주 힘든 시기를 보내고 있어요. 그러니까 당신은 그냥 그 사람이 없는 듯이 행동하면 돼요."

보모는 창문으로 눈길을 돌려 수영장에 있는 루크를 바라보았다. 루크는 마치 플로리다의 오후 햇살 아래에서 일광욕을 하며 쉬고 있는 사람처럼 보였다. 이상하다는 듯 고개를 갸웃하며 보모는 "가여운 분이군요."라고 상냥하게 말했다.

시드니는 말했다. "그 말이 항상 떠오르는 거예요. '불쌍한 사람.' 불쌍한 루크. 저 역시 이따금 루크가 그렇다고 느꼈어요. 저도 모르게 말이죠."

그러나 사실 시드니가 결혼한 사람은 결코 '불쌍한 루크'도, 우울증에 걸린 초보아빠도 아니었고, 인생에서 힘든 시기를 겪고 있지도 않았다. 그는 소시오패스일 뿐이다. 루크는 다른 사람에 대한 의무감이 전혀 없으며, 비록 폭력을 휘두르진 않았지만 그의 행동은 이 위험한 진실을 여실히 보여 주었다. 루크에게 있어 사회적인 규칙과 대인관계는 오로지 자신의 이익을 위해 존재하는 것이다. 루크는 시드니에게 사랑한다고 말했고 결국 결혼까지 했지만 주목적은 시드니가 정직하게 일군 편안한 삶에 기둥서방처럼 안주하길 원해서였다. 루크는 아내의 가장 간절하고 내밀한 소망을 이용해 시드니를 조종했고, 아들 역시 자신과 시드니를

6장_소시오패스를 알아보는 방법

이어 주는 존재였기 때문에 짜증스럽지만 꾹 참았다. 하지만 생각 같지 않자 루크는 아이를 무시하기 시작했다. 얼마 지나지 않아 루크는 시드니도 무시하기 시작했다.

"그냥 하숙생 같았어요. 마음에 들지도 않고 돈도 내지 않은 하숙생 말이에요. 루크는 그냥 거기에 있기만 했어요. 우리의 생활은 대부분 그렇게 평행선을 긋고 있었어요. 조너선과 저는 늘 같이 있었고 루크는 따로 있었죠. 저는 루크가 뭘 하면서 지냈는지 잘 몰라요. 어떤 때는 하루 이틀 집을 비우기도 했어요. 어딜 갔는지도 모르겠어요. 아예 신경을 끊었거든요. 또 이따금은 말도 없이 친구를 집으로 데려와 술을 마셨는데 문제를 일으킬 때도 종종 있었어요. 휴대전화로 많은 금액을 결제하기도 했고요. 하지만 대부분은 수영장 주변에 앉아 있었고, 날씨가 안 좋을 때는 안으로 들어와 텔레비전을 보거나 컴퓨터 게임을 했어요. 열세 살짜리 남자아이들이 하는 그런 게임이요."

"아, 그리고 깜빡 잊을 뻔했는데, 루크는 두 달간 석판화를 수집했어요. 무슨 이유로 그랬는지는 모르겠지만 한동안 정말 열심이었어요. 한번은 새로운 작품을 하나 사서는 저한테 보여 주러 오는 거예요. 참 그 석판화가 엄청 비싸다는 얘기를 제가 했나요? 어쨌든, 우리 사이에 아무런 문제도 없다는 듯이 자기가 모은 컬렉션을 보여 주려고 하더라고요. 마치 어린애처럼요. 대략 30점 정도를 모았더군요. 액자에 넣지는 않았지만요. 그러다가 어느 날 갑자기 깨끗이 그만뒀어요. 더 이상은 석판화에 관심을 보이지 않

이토록 친밀한 배신자

았어요. 그걸로 끝이었어요."

소시오패스들은 이따금 취미나 프로젝트, 사람 등에 짧고 강렬한 열정을 보이기도 하지만 꾸준히 하거나 마무리를 짓는 경우는 거의 없다. 이런 관심은 아무 이유 없이 갑자기 시작되고 또 그렇게 끝난다.

"나는 남편과 아이를 얻었어요. 그건 내 인생에서 가장 행복한 순간이어야 했지만 최악의 순간이 되고 말았어요. 일에 지쳐 집으로 돌아오면 보모는 루크가 하루 종일 조녀선에게 눈길 한 번 주지 않았다고 말했고, 곧 저는 구역질날 정도로 남편이 싫어져서 같이 침실에서 잘 수조차 없었어요. 부끄러운 이야기지만, 저는 1년 동안 손님방에서 잤어요."

나에게 이런 이야기를 하는 동안 시드니가 가장 힘들어 했던 점은 자기 인생에서 일어난 그 일들로 인해 고통스러울 만큼 극심한 부끄러움을 느꼈다는 것이다. "정말 그런 사람과 결혼했다는 걸 인정하는 게 얼마나 굴욕적인지 몰라요. 더구나 그때 어린 나이도 아니었잖아요. 서른다섯 살인데다 세계여행도 몇 번이나 갔다 왔잖아요. 그러니 더욱 잘 알았어야 했어요. 하지만 저는 알아보지 못했어요. 정말 전혀 몰랐어요. 그래도 변명을 해 보자면 당시 제 주변 사람들도 제 판단과 별로 다르지 않았던 것 같아요. 요즘에 와서야 다들 루크가 그렇게 행동할 줄은 꿈에도 몰랐다고 말해요. 그러면서 '루크의 문제가 뭔지' 다들 제각각의 설명을 늘어놓죠. 이토록 부끄럽지만 않다면 재미있는 일일 수도 있겠다 싶어

6장_소시오패스를 알아보는 방법

요. 친구들 의견은 정신분열증에서 주의력결핍장애까지 아주 다양하거든요. 이해되세요?"

아니나 다를까, 루크가 그저 양심 없는 인간이기 때문에 아내와 아이에 대한 의무를 저버렸다는 걸 눈치챈 사람은 아무도 없었다. 루크의 행동 성향은 사람들이 예상하는 소시오패시의 모습, 심지어 폭력적인 성향을 보이지 않는 소시오패시의 모습에도 들어맞지 않는다. 그 이유는 루크가 비록 IQ는 높지만 본래 수동적이기 때문이다. 글자 그대로든 비유적으로든 루크는 부와 권력을 얻기 위해 치열하게 나서지 않았다. 루크는 기업사냥꾼이 아니었으며 말이 빠르고 활기가 넘치는 스킵과는 확실히 달랐다. 루크에게는 그냥저냥 한 사기꾼이 될 만한 의욕도, 은행이나 우체국을 털 만큼의 용기도 없었다. 루크는 행동하는 사람이 아니었다. 아니 실제로 어떤 행동도 하지 않았다. 루크의 주된 포부는 일이든 뭐든 아무것도 하지 않고 다른 사람에게 기대어 편안하게 사는 것이었고, 이 어중간한 목표에 도달할 만큼만 노력했다.

그렇다면 시드니는 루크에게 양심이 없다는 걸 결국 어떻게 알아보았을까? 그건 바로 루크의 동정 연극을 보았기 때문이다.

"정말 추했던 이혼 뒤에도 루크는 여전히 집 주변을 어슬렁거렸어요. 그것도 거의 매일 말이에요. 루크에게는 작고 허름한 아파트가 있어서 잠은 그곳에서 잤지만 낮에는 계속 제 집 주변을 서성거렸어요. 그렇게 하면 안 된다는 걸 지금은 알지만, 루크가 안돼 보이기도 했고 조너선에게 관심을 조금 보이기도 했거든요.

이토록 친밀한 배신자

조녀선이 유치원에서 돌아올 때 가끔은 버스에서 집까지 바래다주기도 하고 잠깐씩 수영을 가르쳐 주기도 하고요. 저는 그 사람에게 아무 감정도 남아 있지 않았어요. 정말 다시는 보고 싶지 않았지만 달리 만나는 남자도 없었고 조녀선이 자기 아버지에게 약간이라도 관심을 받을 수 있으면 좋겠다고 생각했어요. 아이가 아주 조금이나마 아빠의 사랑을 느낄 수 있다면 그런 성가심 정도는 감수할 만하다고 생각했죠."

"네, 그건 실수였어요. 언니가 나서서 말하더라고요. '루크는 조녀선을 좋아하는 게 아니야. 네 집을 좋아하는 거지.' 맙소사, 언니 말이 맞더라고요. 하지만 그때 저는 루크를 쫓아내지 못했어요. 상황이 정말 끔찍하고 복잡하고…… 섬뜩했어요. 정말 *섬뜩했어요.*"

시드니는 잠깐 몸서리를 치다가 이내 심호흡을 하고는 이야기를 이어 갔다.

"조녀선이 1학년이었을 때 저는 우리 삶에서 이번에는 루크를 반드시 내쫓아야 한다는 걸 깨달았어요. 평온한 날이 하루도 없었어요……. 음, 즐거움이라고 해야겠군요. 루크처럼 상대방에게 조금도 신경 쓰지 않는 누군가가 주변을 맴돌고 있으면 누구라도 삶에서 평온함과 즐거움이 사라질 거예요. 루크는 그냥 계속 나타났어요. 안으로 들어오기도 하고 수영장으로 나가 편안하게 쉬기도 하고요. 마치 아직도 그곳에 사는 사람처럼 말이에요. 저는 정말 침울해지고 신경이 날카로워졌어요. 루크를 보고 싶지 않아서 커튼을 친 채 집 안에만 있었어요. 말도 안 되는 일이었죠. 그 제서야 깨달았어요. 조녀선의 기분도 축 처지고 있다는 걸요. 조녀선도 루크가 주변에 있는 걸 별로 원치 않았어요."

"그래서 저는 루크에게 떠나 달라고 부탁하기 시작했어요. 제가 지금 다른 사람 집에 얹혀 있는데 그 사람이 저에게 떠나 달라고 하면 저는 체면 때문에라도 떠날 거예요. 하지만 루크는 그러지 않았어요. 아예 제 말을 못 들은 것처럼 행동하거나 아니면 잠깐 떠났다가 이내 아무 일도 없었다는 듯 돌아왔어요. 못 들은 척할 때는 정말 섬뜩하더라고요. 어쨌든 저는 정말 화가 났어요. 그래서 그냥 떠나 달라고 부탁하는 대신 꺼지라고 소리치거나 경찰을 부르겠다고 겁을 주기도 했어요. 그랬더니 루크가 어떻게 했는지 아세요?"

"조녀선을 이용했겠죠." 내가 말했다.

"맞아요. 어떻게 아셨죠? 루크는 조녀선을 이용했어요. 예를 들면 우리 셋 모두 수영장에 있는데 루크가 울기 시작했어요. 루크의 눈에서 진짜 눈물이 나오더라고요. 그러더니 수영장을 청소할 때 쓰는 그물을 집어 들고 청소를 시작했어요. 마치 도움을 주고 싶은 마음밖에 없는 순교자처럼요. 그러자 조녀선이 울먹이면서 말했어요. '불쌍한 아빠, 아빠를 꼭 보내야 하나요?'"

"그러자 루크가 저를, 제 눈을 똑바로 쳐다보는데 정말 생전 처음 보는 사람 같았어요. 정말 다른 사람처럼 보였어요. 얼음 광선이 나올 것 같은 그런 섬뜩한 눈은 처음 봤어요. 순간 깨달았어

이토록 친밀한 배신자

요. 루크에게 이 일은 그저 지배 게임 같은 거란 사실을 말이죠. 정
말 그건 일종의 게임이었고 저는 크게 지고 말았어요. 완패였어요."

이 일이 있은 후 1년도 지나지 않아 시드니는 조너선을
데리고 플로리다와 그곳의 직장을 떠나 언니 집과 가까운 보스턴
지역으로 이사했다. 그곳은 루크에게서 2400km나 떨어진 곳이었
다. 그리고 몇 달 후, 시드니는 나와 함께 간단한 치료를 시작했다.
결혼한 후에 생겨 그때까지도 남아 있던 몇 가지 문제들을 해결할
필요가 있었다. 특히 애초에 루크와 결혼했다는 이유로 자신을 비
난하는 것부터 해소해야 했다. 시드니는 회복력이 아주 뛰어났고
이제 시드니의 삶은 어느 모로 보나 훨씬 행복하다. 시드니는 이
따금 루크와의 문제에는 그 유명한 '지리학적 치료'가 효과적이었
다며 농담을 한다. 물론 자신을 용서하고 추스르는 여정이 더 길
고 복잡하리라는 걸 알고 있지만 말이다.

시드니는 루크에게 양심이 없으며 그게 무슨 의미인지 어
느 정도 이해할 수 있었다. 그리고 이 새로운 관점은 시드니에게
도움이 되었다. 이제 남은 가장 큰 걱정은 여덟 살 조너선의 연약
한 감정 문제였다. 내가 마지막으로 시드니를 만났을 때도 조너선
은 플로리다 생활에 대한 이야기가 나오면 여전히 울먹이면서 아
빠가 너무 불쌍하다고 말한다고 했다.

소시오패시의 원인은 무엇인가

사춘기 시절부터 나는 왜 그토록
많은 사람들이 다른 사람들에게
창피를 주면서 즐거워하는지 이해할 수 없었다.
다른 사람의 고통에 민감한 사람들이
있다는 사실은 파괴적 충동이
인간 본성의 보편적 속성이 아님을
분명하게 보여 준다.

-

앨리스 밀러(Alice Miller)

여러 가지 면에서 루크와 도린, 스킵은 서로 아주 다르다. 루크는 아무 일도 하지 않는 무기력함을 좋아한다. 그냥 빈둥거리기만 하고, 다른 일은 모두 책임감 있는 '친구들'과 가족에게 떠넘기고 싶어 한다. 도린은 샘이 많고 늘 불만투성이다. 그래서 스스로 우월감을 느낄 수 있도록 다른 사람을 볼품없게 만드는 데 엄청난 에너지를 쏟아붓는다. 스킵은 아주 큰 게임을 하듯 세상을 운영하려고 한다. 물론 자신에게 이익이 생기는 방향으로 말이다. 그러나 이렇게 서로 다른 동기를 가지고 있는 세 사람은 공통적으로 자신의 야망을 위해서라면 아무런 죄의식도 없이 *무슨 일이든 저지를 수 있다.*

각자가 바라는 것은 다르지만 그 방식에 있어서는 동일하다. 말하자면 아주 파렴치한 방식이다. 스킵은 법을 어기고 남의 경력과 인생을 망치고도 어떤 감정도 느끼지 않는다. 도린은 평생 거짓말을 하고 동료들을 무능력해 보이도록 만들기 위해 무고한 사람들을 괴롭히지만 일말의 수치심이나 책임감도 느끼지 않는다. 루크는 사랑하지 않는 여자와도 결혼할 수 있다. 그 여자는 진정한 가족을 원했지만 루크가 원한 건 단지 자신을 먹여 주고 재워 주며 즐길 수 있는 수영장을 제공해 줄 사람일 뿐이었다. 그리고는 어린아이 같은 의존성을 계속 유지하기 위해 유년기 아들의 기쁨까지 빼앗는다. 하지만 루크는 이런 일을 아주 쉽게 결정하고 당연히 죄의식 같은 건 느끼는 법이 없다.

이들 중 누구에게도 감정적인 애착에 기초한 의무감인 제

7감 즉, 양심이 없다. 그러나 슬프게도 양심이 없는 사람은 생각보다 많으며, 그런 양심의 결핍은 양심을 가진 사람들과 확연히 차이가 난다. 자신을 둘러싼 환경과 살아가는 삶을 인식하는 방식에서 봤을 때 이 세 사람은 다른 사람과는 완전히 다르게 분류되는 새로운 인간 종이라 부를 만한 집단에 속한다. 그렇게 분류하는 기준이 되는 특성이 바로 양심의 결핍이며 이는 어쩌면 성별보다도 우선한다고 말할 수 있다. 도린은 여자지만, 양심을 가진 이 세상 다른 여성보다는 루크나 스킵과 더 많이 닮았다. 양심을 가진 그 어떤 사람보다 말이 없는 루크와 열정적인 스킵이 서로 훨씬 더 닮았다.

　　무엇이 인간이라는 종 사이에 이렇게 깊은, 그러나 눈에 보이지 않는 구분선을 그어 놓았을까? 왜 어떤 사람들은 양심을 가지고 있지 않은가? 소시오패시의 원인은 무엇인가?

　　수많은 인간의 육체적, 심리적 특성과 마찬가지로 가장 중요한 문제는 타고난 본성인가 아니면 그렇게 양육된 결과인가 하는 것이다. 그 특성은 혈통으로 타고나는 걸까 아니면 환경에 의해 형성되는 걸까? 가장 복잡하다고 하는 심리적 특성의 경우, 그 대답은 아마도 둘 다일 가능성이 굉장히 높다. 달리 말해 그 특성의 기질은 이미 임신 중에도 있었겠지만 환경에 따라 다르게 발현된다. 이는 긍정적인 특성이든 부정적인 특성이든 마찬가지다. 예를 들어 지능의 수준은 유전자에 크게 좌우되겠지만 산전관리(産前管理)나 조기자극(早期刺戟), 영양, 심지어 출생순서 같은 환경적 요인들도 부분적으로 영향을 미친다. 단연 더 부정적인 특성인 소시오패시도 여기에서 예외는 아닐 것이다. 연구에 따르면 본성과 양육이 모두 관계된다고 한다.

심리학자들은 외향성이나 신경증적 경향성 같은 성격의 여러 측면이 유전적 요인에 어느 정도 영향을 받는다는 사실을 오래전부터 알고 있었다. 이를 뒷받침하는 많은 증거들이 일란성 쌍둥이와 이란성 쌍둥이의 비교 연구를 통해 발견되었다. 연구의 기본 전제는 일란성 쌍둥이는 동일한 환경과 유전자를 공유하고 이와 다르게 이란성 쌍둥이는 환경은 동일하고 유전자는 절반만 공유한다는 것이다. 어떤 특성에 있어서 만약 일란성 쌍둥이의 상호관련성(유사함)이 이란성 쌍둥이의 상호관련성에 비해 확연하게 크다면 유전자가 그 특성에 어느 정도 영향을 주었다고 과학자들은 생각한다.

연구자들은 유전적인 요인에 의한 변화량을 나타내기 위해 일란성 쌍둥이의 상호관련성과 이란성 쌍둥이의 상호관련성 차이의 두 배에 해당하는 수치를 이용한다. 이 수치를 그 특성의 '유전율'이라고 하며, 쌍둥이에 관한 연구[33] 중 설문 조사를 통해 살펴본 외향성, 신경증적 경향성, 권위주의, 공감 능력 등의 개인적 특성에서 유전율은 35~50% 사이인 것으로 나타났다. 다시 말하면 쌍둥이에 관한 연구에서 인성을 측정해 본 결과, 인성의 35~50%는 타고난 것이라는 사실이 밝혀졌다.

유전율 연구는 소시오패시에 관한 중요한 정보를 담고 있다. 다수의 유전율 연구에는 '미네소타 다면적 인성 검사(Minnesota Multiphasic Personality Inventory, MMPI)'의 '반사회성(Psychopathic Deviate, Pd)' 척도가 포함되어 있다.[34] MMPI의 반사회성 척도는 소시오패스적 인격 요소를 가진 사람을 다른 사람과 구별하기 위해 통계적으로 구성한 다항 선택형 질문으로 이루어져 있다. MMPI에는 검사를 속이려는 시도를 찾아내는 '거짓말 척도'를 비롯한 몇 가지의 타당성 척도도 함께 들어 있다. 이 연구를 전체적으로 살펴보면 비슷한 반사회성 척도 점수를 가질 확률이 이란성 쌍둥이보다 일란성 쌍둥이에게서 두 배 이상 높게 나타났으며, 이는 '반사회성' 유형의 발현에 유전자가 관계된다는 사실을 강력히 시사한다.

1995년에 발표된 종단 연구[35](특정 현상이나 대상에 대해 일정 기간 동안 측정을 되풀이하는 연구 방법)에서는 베트남전쟁 당시 미군에 복무했던 남성 쌍둥이 3226쌍에 대해 그들이 가진 소시오패스적 특성과 그에 따른 결핍을 조사했다. 그 연구에 따르면 동일한 수학적 모델에 의해 8가지 소시오패스적인 징후와 결핍이 뚜렷하게 유전되는 것으로 나타난다. 이를 이론적 유전율이 큰 순서대로 나열하면 '사회 규범을 따르지 않는다.', '공격적이다.', '무모하다.', '충동적이다.', '경제적인 의무를 다하지 않는다.', '일을 꾸준히 하지 않는다.', '일부일처 관계를 유지하지 않는다.', '양심의 가책이 없다.'의 순서였다. 아울러 다른 연구 결과[36]에서는 소시오패스들이 '상냥함', '성실함', '위험 회피'에서 점수가 낮았는데 이

이토록 친밀한 배신자

런 인성들 모두 유전과 관계가 있다.

현재 30년간 진행 중인 텍사스 입양 프로젝트(Texas Adoption Project)[37]는 500명 이상의 입양아들에 관한 종단 연구이다. 이 연구에서는 성인이 된 입양아들을 그들의 생물학적 부모 및 양부모와 비교해서 지능 획득, '반사회성' 등 여러 가지 인성 특성을 살펴본다. 텍사스 입양 프로젝트에서는 반사회성 척도와 관련된 점수가 길러 준 양부모보다는 한 번도 만난 적이 없는 친부모와 훨씬 더 유사하다고 보고했다. 이 연구에서는 유전율 추정치가 54%로 나왔는데,[38] 흥미롭게도 이 '반사회성' 수치는 외향성, 공감 등 보다 중립적인 다른 인성 특성들에 관한 연구에서 일반적으로 나타나는 유전율의 추정치인 35~50%와 일치한다.

이들 유전율 연구는 민감한 사회적·정치적 의미를 지닌 하나의 통계 결과를 제시한다. 즉 소시오패스적인 성격의 50% 정도는 타고난다는 것이다. 예를 들면 도린, 루크, 스킵 같은 사람들은 임신 중일 때부터 이미 기만적이고 무분별하며 불성실하고 양심의 가책을 느끼지 않는 인간이 될 자질을 어느 정도 가지고 있었다는 뜻이다. 똑같이 통계를 통해 얻은 결과인데도 운동 능력이나 내향성, 심지어 조울증이나 정신분열증에 유전이 관계된다는 말은 그다지 충격적이지 않지만, 반사회적 성향이 그렇다고 하면 특별히 더 암울하게 느껴진다.

그리고 이렇게 굉장히 복잡한 성격들은 단일유전자에 의해 결정되기보다는 함께 작용하는 동의유전자(同義遺傳子)에 의해

7장_소시오패시의 원인은 무엇인가

발현된다는 점도 주목해야 한다. 그 유전자들이 어떻게 뇌 기능과 행동을 형성하는지는 아직 알려져 있지 않다. 한 사람의 DNA로부터 '경제적 의무를 다하지 않는다.'와 같은 다층적 행동 개념으로 나아가는 것은 기나긴 미로 속을 헤매는 생화학적·신경학적·심리학적 여정이기 때문에 진행하기 쉽지 않은 연구이다.

　　그러나 지금까지의 연구는 이미 우리에게 몇 가지 분명한 단서를 주었다. 신경생물학-행동 영역의 어떤 중요한 연결이 소시오패스의 대뇌피질에서 나타나는 변형된 기능을 만들어 내는지도 모른다는 것이다. 또 인간의 언어 처리 방식에 관한 연구들은 소시오패시의 대뇌피질 기능에 대해 굉장히 흥미로운 정보 몇 가지를 알려 준다.[39] 그 연구들에 따르면, 뇌의 전기적 활동 수치를 비교했을 때 보통 사람들은 *탁자, 의자, 열다섯, 나중*처럼 상대적으로 중립적인 낱말보다 *사랑, 미움, 아늑함, 고통, 행복, 어머니*와 같은 감정적인 낱말에 더 빠르고 강렬하게 반응하는 것으로 드러났다. 만약 나에게 낱말과 비(非)낱말을 구분하는 일을 시킨다면 '공포'와 '똥포' 중에서 고르는 속도가 '창문'과 '짱문' 사이에서 고르는 속도보다 마이크로초 이상 더 빠를 것이다. 그리고 내가 공포라는 감정적인 낱말에 대해 보이는 강화된 반응은 '유발전위(evoked potential, 어떤 자극을 받았을 때 중추신경계에서 일어나는 전위 변화)'라고 하는 대뇌피질의 미세한 전기 반응을 기록함으로써 측정할 수 있다. 보통 사람들의 뇌는 감정 중립적인 낱말보다 감정적인 경험을 지칭하는 낱말을 우선적으로 주목하고 기억하며 인식한다고 한

　　　　　이토록 친밀한 배신자

다. *사랑*이라는 낱말은 *사탕*이라는 말보다 더욱 빠르게 인식되며 뇌에서는 더욱 큰 유발전위가 발생할 것이다. 마치 *사랑*이 *사탕*보다 더욱 중요하고 의미 있는 정보라는 듯이 말이다.

그러나 소시오패스들을 대상으로 한 언어 처리 시험의 결과는 달랐다. 소시오패스들은 감정적인 낱말과 중립적인 낱말에 대한 반응에서 반응 시간과 대뇌피질의 유발전위 차이가 나타나지 않았다. 즉 눈물이나 *입맞춤*에 대한 유발전위가 *빗물*이나 *입꼬리*에 대한 유발전위보다 크지 않았다. 감정적인 낱말이라고 해서 그렇지 않은 다른 낱말에 비해 더 의미가 있다거나 뇌 깊숙이 각인되어 있지는 않은 듯했다.

단일광자 단층촬영(single photon emission computed tomography, SPECT)[40]을 이용한 관련 연구에서는 소시오패스에게 감정적인 낱말이 들어 있는 선택 문제를 제시하고 그 변화를 관찰했다. 그 결과 소시오패스들은 다른 실험대상에 비해 측두엽의 혈류가 증가되는 현상을 보였다. 보통 사람 같으면 약간의 지적 능력이 필요한 문제를 풀 때 이런 현상이 나타난다. 보통 사람이라면 신경학적으로 거의 즉시 풀 수 있는, 그런 감정적인 낱말이 들어간 문제에 대해 소시오패스는 수학 문제를 풀 때처럼 반응한다는 말이다.

이런 연구들을 종합해 보면, 소시오패시는 대뇌피질 수준에서 감정적인 자극을 처리하는 기능에 변형이 생긴 것으로 보인다. 이런 변형이 왜 일어나는지는 아직 알려지지 않았지만 유전적인 신경 발달의 차이 때문일 가능성이 크다. 이런 신경 발달의 차이는 양육 환경과 문화적인 요소에 의해 약간 보완되거나 혹은 더 악화될 수 있다. 보통 사람과 소시오패스의 신경 발달 차이는 이해하기 힘든 심리적 차이를 유발하는 부분적인 원인으로, 아주 놀라운 의미를 지닌다. 소시오패시는 단순한 양심의 결핍이 아니라 감정적인 경험을 처리할 능력이 없음을 말한다. 물론 양심이 없다는 것만으로도 충분히 비극적이긴 하지만 말이다. 그들은 냉정한 지적 작업을 통해 계산할 수 있는 경험만 처리할 수 있으며 사랑과 배려 같은 감정적인 경험은 처리하지 못한다.

양심은 죄의식과 가책이 존재함을 의미할 뿐만 아니라 감정을 경험하는 능력과 감정에서 나오는 유대감에 바탕을 두고 있다. 그렇기 때문에 양심이 없는 소시오패시는 죄의식과 가책이 없음은 물론이고 계산을 거치지 않은 진정한 감정 경험을 느낀다거나 그 가치를 이해하는 진정한 관계 속에서 다른 사람들과 연결되는 능력 역시 없음을 의미한다. 다시 말하면 양심이나 도덕적 감각이 없는 상태는 액면 그대로의 의미보다 훨씬 더 심각한 어떤 상태를 말한다. 왜냐하면 양심은 사랑할 수 있는 능력을 바탕으로 존재하기 때문이다. 궁극적으로 소시오패시는 사랑의 결핍에 기초한다.

소시오패스는 '사회 규범을 따르지 않거나 일부일처 관계를 유지하지 않거나 경제적인 의무를 다하지 않는' 사람을 말한다. 그 이유는 간단하다. 종류에 관계없이 의무란 감정적으로 중

이토록 친밀한 배신자

요한 사람 또는 집단에게 느끼는 것이기 때문이다. 그리고 소시오패스에겐 사람에 대한 감정은 전혀 중요하지 않다.

비정하게 승부가 갈리는 체스 게임처럼 소시오패시는 본래 얼음처럼 차갑다. 이런 점에서 소시오패시는 보통의 부정직함이나 나르시시즘, 폭력과는 다르다. 심지어 폭력을 휘두르는 것조차도 뜨거운 감정으로 가득해야 가능한 일이다. 필요하다면 우리 대부분은 가족의 목숨을 구하기 위해 거짓말을 할 것이다. 또한 조직폭력배라도 동료에게 신의와 온정을, 어머니와 형제자매에게 다정함을 느끼는 건 전혀 새삼스런 이야기가 아니다. 그러나 스킵은 어린아이였을 때부터 누구에게도 관심을 두지 않았고 리틀필드 박사는 환자들을 배려하지 않았으며 루크는 아내와 아이마저도 사랑할 수 없었다. 그런 정신 상태에서는 다른 사람들, 심지어 '친구'나 가족일지라도 기껏해야 쓸 만한 체스 말일 뿐이다. 사랑은 취사선택할 수 있는 게 아니며 누가 보여 준다고 해서 이해되는 것도 아니다.

소시오패스들이 진정으로 느낀다고 생각되는 유일한 감정은 당장의 신체적인 고통과 쾌락, 또는 단기적인 좌절과 성공에서 비롯되는 '원초적인' 정서 반응이다. 좌절은 소시오패스에게 분노를 유발할 수 있다. 남을 거꾸러뜨리는 데 성공하는 건 공격적인 감정과 흥분, 환희의 순간으로 느껴지는 격정에 불을 댕기는 일이다. 제나를 속여 병원 잔디밭을 가로지르도록 만든 순간, 도린도 비슷한 기분을 느꼈을 것이다. 그러나 좌절에 따른 분노나 성공의 환희는 대부분 오래 지속되지 않으며, '고등' 감정과는 달리 대뇌피질의 기능을 통해 조정되지 않기 때문에 신경학적으로는 '원초적'이라고 말한다. 진화적으로 가장 오래된 대뇌변연계에서 발생한다는 점에서는 다른 감정들과 차이가 없긴 하지만 말이다.

소시오패시의 비교대상으로 나르시시즘은 특히 흥미롭고 유익하다. 비유하자면 나르시시즘은 반쪽짜리 소시오패시라고 할 수 있다. 그러나 심지어 치료가 필요한 나르시시스트들조차도 죄의식과 슬픔은 물론 절실한 사랑과 열정에 이르는 대부분의 감정들을 다른 사람들만큼 강하게 느낄 수 있다. 결핍된 나머지 반쪽은 다른 사람들이 느끼는 바를 이해하는 능력이다. 나르시시즘은 양심의 결핍이 아니라 다른 사람들의 감정을 느끼고 그에 적절히 반응하는 능력인 공감이 상실된 기능 이상을 말한다. 불쌍한 나르시시스트는 한 치 앞도 보지 못하며, 마치 필스버리 도우보이(Pillsbury Doughboy, 필스버리社의 마스코트로 빵빵하게 부푼 밀가루 반죽 모양을 하고 있다)처럼 외부에서 무언가가 들어왔다가도 언제 그랬냐는 듯 도로 튕겨 나간다. 소시오패스들과 달리 나르시시스트들은 심리적 고통을 자주 겪으며 때로는 심리치료를 찾기도 한다. 도움을 청하는 나르시시스트에게서 드러나지 않은 문제점 중 하나는 공감 능력이 부족한 탓에 자기도 모르게 다른 사람과의 관계를 등지고 당황하며 외로움과 버림받은 기분을 느낀다는 것이다. 그래서 사랑하는 사람들을 그리워하지만 나르시시스트에게는 그들을 되돌아오게 할 능력이 없다. 반면 소시오패스는 사람들에게

이토록 친밀한 배신자

마음을 쓰지 않는다. 유용한 기구를 잃어버리면 아쉬워할지언정 사람들이 멀어지거나 떠나간다고 해도 그리워하지 않는다.

　　소시오패스가 결혼을 한다면 나름의 이유가 있기 때문이지 사랑 때문은 아니다. 그들은 배우자에게도, 자녀에게도, 심지어 반려동물에게도 진정한 사랑을 느끼지 못한다. 임상의와 연구자들은 소시오패스의 고등 감정을 '가사는 알지만 음악은 모르는 상태'라고 표현한다. 그들은 마치 외국어를 배우듯 관찰과 모방, 연습을 통해 감정적으로 보이는 방법을 배워야 한다. 우리가 연습을 통해 외국어 회화를 유창하게 할 수 있는 것처럼 머리가 좋은 소시오패스는 '감정 회화'에 아주 유창해질 수 있다. 사실 이는 프랑스어나 중국어를 배우는 일보다 훨씬 더 쉬워 보인다. 피상적으로나마 인간의 행동을 관찰하거나 소설이나 옛날영화를 볼 수 있는 사람이라면 누구든지 낭만적이거나 관심이 있거나 인자하게 행동하는 법을 배울 수 있다. 그래서 누구든지 "사랑해."라고 말하거나 사랑에 빠진 모습으로 "오! 강아지가 너무 귀여워요."라고 말하는 법을 배울 수 있다. 하지만 그 행동에서 묻어나는 감정은 누구나 경험할 수 있는 것이 아니다. 소시오패스는 절대 경험하지 못한다.

양육의 문제인가?

다른 많은 인간 특성에 관한 연구에서 알 수 있듯이, 유전적 기질과 신경생물학적 차이만으로 한 인간의 운명이 결정되지는 않는다. 조각에 비유하자면, 우리 삶의 재료가 되는 유전자 대리석은 태아일 때부터 존재하지만 태어나고 나면 이 세상이 조각칼을 집어 들고 거세게 쪼아 대기 시작한다. 어떤 재질의 유전자 대리석이건 관계없이 말이다. 유전율 연구에 따르면 생물학만으로는 소시오패시에 대해 기껏해야 절반 정도밖에 설명하지 못한다고 한다. 유전적 요인 외에도 환경적 변수가 양심의 결핍에 영향을 미치기 때문이다. 그러나 그런 영향이 정확히 무엇인지는 아직 다소 불분명하다.

사회적 요인을 생각할 때 가장 먼저 직관적으로 떠오르는 것은 유년기 학대이다. 그렇지 않은 사람도 있지만 유전적·신경학적으로 소시오패시의 기질을 가지고 태어난 사람 중 일부는 유년기에 학대를 당해 결국은 소시오패스가 된다. 학대가 그들의 심리상태뿐만 아니라 이미 문제가 있던 신경학적 기능까지도 악화시키기 때문이다. 잘 알다시피 유년기 학대는 소시오패스적이지 않은 청소년 범죄와 폭력, 성인 우울증, 자살 성향, 해리(解離)와 다양한 의식분열, 거식증, 불안장애, 약물남용 등 다른 수많은 부정적인 결과를 낳기도 한다. 심리학적·사회학적 연구들은 유년기 학대가 끊임없이 정신에 미치는 해악을 여실히 보여 준다.

그러나 소시오패시를 유년기 학대 탓이라고 하기에는 소시오패시의 핵심적인 특성인 양심의 결핍을 유년기 학대와 연결할 만한 근거가 부족하다. 더구나 소시오패스에게서는 우울증이

　　　　　　　　　　　이토록 친밀한 배신자

나 불안증처럼 유년기 학대가 낳는 다른 비극적인 결과가 나타나지 않는다. 반면 누적된 연구 결과에서 유년기 학대를 받은 사람들은 범법자든 아니든 그런 문제로 괴로움을 겪는다.

실제로 비(非)소시오패스에 비해 소시오패스는 유년기의 경험에 *비교적 적은* 영향을 받는다는 증거도 있다.[41] 예를 들어 미국 수감자들을 대상으로 한 로버트 헤어의 진단적·통계적 연구에 따르면, 헤어가 개발한 '사이코패시 점검표'에 따라 사이코패스로 진단을 받은 죄수의 경우 유년기 가정생활의 질적 수준이 범죄 행위를 한 시기에 아무런 영향도 미치지 않은 것으로 나타났다. 사이코패스로 진단된 사람들은 안정적인 가정생활 여부와 상관없이 평균 열네 살에 처음 법정에 섰다. 반면 사이코패스로 진단되지 않은 수감자들 즉, 기본적인 성격 구조가 상대적으로 정상인 죄수들의 경우에는 범죄 행위를 한 시기와 가정생활의 질적 수준 사이에 아주 밀접한 관계가 있었다. 보다 안정적인 유년기를 보낸 사람들은 평균 스물네 살에 처음 법정에 섰고, 어려운 환경에서 자란 사람들은 대략 열다섯 살에 처음 법정에 섰다. 다시 말해, 가난하고 힘든 삶은 예상대로 일반적인 범죄를 길러 내고 촉진하지만 소시오패시들의 범죄는 자체적인 시간표에 따라 스스로 발현된다.

환경적 요소가 소시오패시의 발달에 미치는 영향을 탐구하던 많은 연구자들은 이제 유년기 학대 그 자체보다는 *애착장애*(attachment disorder)라는 개념에 주목하기 시작했다. 정상적인 애착은 우리 뇌 속에 내재된 기능으로, 갓난아이가 주변에 있는 부모나 보호자를 찾도록 만들어 최초의 대인관계를 형성할 수 있게 해 준다. 이 최초의 대인관계는 갓난아이에게 굉장히 의미가 크다. 왜냐하면 아이의 생존에 직결될 뿐만 아니라 어른의 성숙한 뇌 기능을 '활용'하여 아이의 미성숙한 대뇌변연계가 스스로 발달할 수 있는 기회를 만들어 주기 때문이다. 부모의 공감 어린 반응은 아이에게 만족감, 자신감 등 긍정적인 감정을 북돋워 주는 한편, 좌절, 공포 등 부정적인 감정을 완화시켜 준다. 이런 조정 과정을 거치면서 아이는 이 세상이 안전하다는 평온함을 느끼고,[42] 존 보울비(John Bowlby)가 『애착과 상실(Attachment and Loss)』에서 말한 세상 속의 '안전기지(secure base)'가 아이의 내면에 형성된다.

연구에 따르면 영아기의 적절한 애착은[43] 감정적인 자기 조절과 자전적인 기억, 자신의 경험과 기억을 돌아볼 수 있는 능력 등 여러 가지 만족스런 결과를 낳는다. 그중에서 가장 중요한 것은 아마도 계속해서 다른 사람들과 애정 어린 관계를 형성할 수 있도록 해 준다는 점이다. 가장 이른 시기의 애착은 생후 7개월까지 형성되며, 갓난아이들 대부분은 최초의 보호자에게 순조롭게 애착하면서 이런 중요한 능력을 발달시킨다.

애착장애는 영아기의 애착이 방해받는 비극적인 상황을 말한다. 그 원인은 부모에게 심각한 감정장애가 있거나 예전의 고아원처럼 아이가 너무 자주 홀로 방치되는 데 있다. 생후 7개월간 애착이 불가능해 심각한 애착장애를 가지게 된 사람은 다른 사람들과 감정적으로 관계를 형성할 수 없으며 차라리 죽느니만 못한

이토록 친밀한 배신자

운명에 처하고 만다. 19세기와 20세기 초에 위생을 지나치게 강조했던 미국 고아원들에서 있었던 일은 그 극단적인 사례다. 당시 그 고아원들은 감염을 완벽하게 방지하기 위해 절대 아이들과 접촉하지 못하도록 했는데 아이러니하게도 그 아이들은 어이없을 만큼 쉽게 죽고 말았다. 고아원에 있던 아이들 거의 대부분을 죽음으로 몰고 간 병은 '비기질적 성장부진(nonorganic failure to thrive)'이라는 장애로, 당시에는 '쇠약'이라는 의미의 그리스어인 *마라스무스(marasmus)*라고 불렸다. 이후 100년 동안 발달심리학자들과 소아과의사들은 아이를 껴안고 어루만지고 아이에게 말을 거는 행위가 결정적으로 중요하며 그런 행위가 전혀 없을 경우 죽음에 이를 수도 있다는 사실을 알게 되었다.

1990년대 초에 동정심에서 루마니아 고아들을 앞다투어 입양했던 서유럽과 미국의 많은 가정에서는 애착장애가 빚어낸 비탄과 상실을 직접 경험했다. 1989년 루마니아의 공산주의 정권이 몰락하면서⁴⁴ 사이코패스 독재자인 니콜라에 차우셰스쿠(Nicolae Ceauşescu)가 은폐해 왔던 수백여 고아원의 끔찍한 사진들이 세상에 공개되었다. 차우셰스쿠 치하의 루마니아는 연명하기도 힘들 만큼 가난한 나라였는데도 차우셰스쿠는 산아제한을 하지 못하게 했다. 그 결과 수십만 명의 아이들이 굶주림에 시달렸고 거의 10만 명의 고아들이 국영 기관에 수용되었다. 이들 고아원을 통틀어 고아와 직원의 비율은 대략 40대 1이었다. 생활 여건은 말할 수 없이 비위생적이었고 대다수의 아이들은 충분한 음식을 먹을 수 없었으며 영유아들은 거의 보살핌을 받지 못했다.

부유한 외국인들이 이 아이들을 최대한 많이 입양하는 것이 가장 인도주의적인 해법으로 보였다. 좋은 의도를 가진 서유럽과 북미의 가정에서는 루마니아 아이들을 입양하여 건강하게 키우려고 성심을 다했다. 그러나 아이들을 기르면서 진짜 문제들이 드러나기 시작했다. 루마니아 여자아이를 입양한 파리의 한 부부는 생후 10개월 된 그 아이를 도저히 달랠 수 없어서 당황했다.[45] 달래기 위해 안아 주려고 하면 아이는 더욱 크게 울부짖었다. 밴쿠버의 한 부부는 입양한 세 살짜리 아들의 침실에 갔다가 아이가 새끼고양이를 창밖으로 집어던지는 광경을 목격했다. 그리고 텍사스의 어느 부모는 입양한 다섯 살 아들이 온종일 구석만 바라보는 걸 말릴 수 없었으며 이따금 그 아이가 다들 자고 있는 한밤중에 일어나 다른 아이들에게 심한 폭력을 쓴다는 사실을 알게 되었다. 서유럽과 북미는 아이들을 입양하면서 더 이상 살아 있지도 않은 가학적인 루마니아 소시오패스(니콜라에 차우셰스쿠)가 만들어 낸 애착장애의 악몽을 함께 들여오고 만 것이다. 영아기의 애착을 완전히 박탈당한 그 아이들은 대부분 사랑을 알지 못했다.

루마니아의 새 정권은 2001년 6월에 해외입양을 금지시켰다. 그러나 그 이유는 인도주의적인 관심 때문이 아니라 정치·재정적인 문제 때문이었다. 그 당시 유럽연합이 빈곤한 루마니아는 고아 유출로 '아이들을 파는 시장'이 되고 말았으며 정치적으로 옳지 않은 해외입양이 계속되는 한 번영한 15개국 연합에 속할

이토록 친밀한 배신자

자격을 얻지 못할 거라고 선언했던 것이다.

특히 루마니아 고아들의 사례 이후로 심리학자들은 애착 장애가 소시오패시의 환경적인 근본 원인이 아닐까 하고 생각하게 되었다. 유사성은 분명하다. 애착장애로 고통받는 아이들은 충동적이고 냉정하며 때로는 부모, 형제, 친구, 반려동물에게 위험할 정도의 폭력성을 보인다. 그리고 소시오패스와 마찬가지로 절도·파손·방화를 쉽게 저지르고 어릴 적에는 소년원에서, 어른이 된 후에는 감옥에서 많은 시간을 보낸다. 심각한 애착장애를 가진 아이들은 어린 소시오패스에 비길 만큼 무시무시하다.

이런 유사성은 세계 곳곳에서 발견되었다. 스칸디나비아 소아정신의학계에서는[46] 어머니와 아이의 상호관계 결핍이 '조기 감정 좌절(early emotional frustration)'을 유발한다고 여겼다. 그리고 아이가 성장하여 소시오패스적 성격장애가 될 가능성이 평균 이상임을 표시할 때 이 진단명(조기 감정 좌절)을 사용한다. 조기 감정 좌절은 통계적으로 조산, 출생 시 심각한 저체중, 임신 중의 약물남용 등 엄마와 아이의 애착을 더욱 어렵게 만드는 요인들과 관계가 있다.

그런데 이런 연구에는 약간의 사소한 문제들이 존재한다. 임신 중의 약물남용과 같은 요인들은 소시오패스가 된 이유를 쉽게 엄마 탓으로 돌리기 때문에 결국 모든 것을 다시 유전자 문제로 환원시킬 수 있다. 애착장애와 소시오패시의 공통성이 과학적으로 굉장히 흥미롭기는 하지만, 그 둘을 동일시할 수 없는 가장

215   7장_소시오패시의 원인은 무엇인가

주된 이유는 소시오패시의 전형적인 특성과 비교했을 때 애착장애에는 부정할 수 없는 *차이*가 있기 때문이다. 실제로 애착장애를 가진 사람들은 매력적이거나 대인관계에 능수능란한 경우가 거의 없다는 점에서 소시오패스와는 굉장히 다르다. 오히려 그 가엾은 사람들은 대부분 다른 사람에게 다소 불쾌감을 준다. 그렇다고 '정상인 척하려고' 애쓰지도 않기 때문에 외톨이도 많다. 그들의 감정표현은 밋밋하고 매력적이지 않으며 이따금 대놓고 적대적인 모습을 보이는 등 전혀 사람을 매료시킬 수 없는 양극단(兩極端)인 적대적인 무관심과 채울 수 없는 결핍 사이에서 그네를 타는 경우가 많다. 여기에는 소시오패스의 카멜레온 같은 조종과 사기 행각, 웃음 뒤에 감춰진 속임수, 마음을 여는 매력도 없고 가끔 사회적인 소시오패스가 이뤄 내는 물질적인 성공과도 거리가 멀다.

많은 임상의와 부모들이 소시오패스 경향의 아이들은 가족과 따뜻한 관계를 형성하길 거부한다고 말한다. 감정적으로, 신체적으로 가족을 멀리하는 경향을 보이는 것이다. 물론 애착장애를 가진 아이들도 그 점에서는 마찬가지다. 그러나 가여운 애착장애 어린이와는 달리 소시오패스가 가족에게서 멀어지는 이유는 그가 소시오패스로 태어났기 때문이 아니라 소시오패스의 삶을 살아온 *결과*일 가능성이 더 크다.

이상을 요약하면 이렇다. 소시오패시를 만드는 신경생물학적 결손으로 여겨지는 것이 몇 가지 있다. 지금까지 소시오패스를 대상으로 한 연구에서 소시오패스는 대뇌피질 수준에서 감정

이토록 친밀한 배신자

정보 처리 능력에 이상이 있음이 드러났다. 그리고 유전율 연구를 통해 소시오패시의 핵심이 되는 인성 특성을 형성하는 신경생물학적 기반이 50% 정도 유전된다는 추측을 얻을 수 있었다. 나머지 50%의 원인은 훨씬 더 막연하다. 유년기 학대나 애착장애는 소시오패시의 환경적 원인을 설명하기에는 부족해 보인다. 비유전적 요인들이 어떻게 소시오패시를 형성하며 그렇게 효과적인 결과를 만들어 낼 수 있는지는 아직도 대부분 수수께끼다. 신경학적 결함을 가지고 태어난 아이가 장차 소시오패시적인 증상을 드러내게 될지 아닐지를 결정하는 환경적 요인이 무엇인지는 아직 아무도 알지 못한다.

문화의 문제인가?

소시오패시에 영향을 미치는 환경적 요인으로는 자녀 양육의 여러 요인보다 폭넓은 문화적 특성이 더욱 관계 깊다. 실제로 소시오패시의 발생에 대해 특정한 자녀 양육 변수에서 답을 찾던 쪽보다는 문화와의 관련성을 연구한 쪽에서 더욱 큰 결실을 맺었다. 소시오패시는 유년기 학대나 애착장애의 산물이라기보다는 개인의 타고난 신경학적 요인과 개인이 살아가고 있는 사회 사이의 어떤 상호작용으로 나타나는 것일 가능성이 있다.

어떤 사람들은 이런 가설에 분명 실망할 것이다. 임신, 출

7장_소시오패시의 원인은 무엇인가

산, 양육 여건을 대대적으로 바꾸는 것도 작은 일이 아닐 텐데, 전체 문화의 가치와 신념 체계를 변경하는 일은 언제 끝날지도 모르는 훨씬 더 거대한 작업이기 때문이다. 양육 습관은 우리가 살아 있는 동안 애를 쓰면 바로잡을 수 있어 보인다. 그렇기 때문에 그런 양육 습관을 알아내는 정도였다면 아마도 훨씬 더 희망적이겠지만, 바로잡아야 할 대상이 사회라면 그건 너무나 요원하게 느껴진다. 20세기 초 윌리엄 랠프 잉(William Ralph Inge)이 '아이의 성격에 영향을 주는 적당한 때는 아이가 태어나기 100년쯤 전'이라고 한 말을 실감하게 된다.

　　기록을 살펴보면 역사적으로 세계 전역의 온갖 사회에서 다양한 이름의 소시오패스가 늘 존재했다. 심리인류학자인 제인 M. 머피(Jane M. Murphy)는[47] 이누이트족에게 있는 *쿤랑게타*(*kunlangeta*)라는 개념을 기술했다. 이는 '해야 할 바를 알면서도 하지 않는 사람'을 가리킨다. 머피에 따르면 북서 알래스카에서 쿤랑게타는 '거짓말을 반복하고, 속이고, 물건을 훔치며, 사냥하러 나가지도 않고, 다른 남자들이 마을을 비웠을 때 여자들을 성적으로 농락하는 그런 남자에게 붙이는 이름'이다. 이누이트족은 암묵적으로 쿤랑게타를 고칠 방법은 없다고 생각한다. 그래서 전통적으로 이누이트들은 그들에게 사냥을 가자고 한 다음 인적 없는 얼음 낭떠러지에서 밀어 버린다고 한다.

　　어느 시대 어느 장소건 소시오패스는 늘 있었겠지만, 상대적으로 소시오패스가 많지 않은 문화가 분명 존재한다. 흥미롭게도 일부 동아시아 국가들, 그중에서 일본과 중국에서는 상대적으로 소시오패스가 많지 않았다.[48] 대만의 도시와 농촌 지역에서 실시한 연구에 따르면 반사회적 성격장애의 유병률이 전혀 없지는 않았지만 서구 세계의 평균인 4%에 비해 현저하게 낮은 0.03~0.14%인 것으로 나타났다. 걱정스러운 건 미국의 소시오패시 유병률이 점점 더 증가하고 있다는 점이다. 미국국립정신건강연구소(National Institute of Mental Health)의 후원으로 실시한 1991년도 역학권역별연구(Epidemiologic Catchment Area study)[49]는 미국 젊은이들의 반사회적 성격장애 유병률이 15년 사이에 두 배로 증가했다고 보고했다. 이렇게 극적으로 빠른 변화를 유전학이나 신경생물학으로 설명하기란 불가능에 가깝다. 이 결과로 보면 어떤 일정 집단에서 소시오패시가 발생 또는 발생하지 않는 데 문화적 영향이 아주 중요한 역할을 한다는 사실은 틀림없다.

과거 서부 시대의 무법자들부터 오늘날 범법 기업에 이르기까지 미국 사회가 우월을 추구하는 자기우선적 태도를 허용하고 심지어 장려하는 분위기였다는 걸 부정하는 사람은 별로 없을 것이다. 로버트 헤어는 "우리 사회가 '사이코패시 점검표'의 항목 중에서 충동성, 무책임함, 가책의 결여와 같은 특성들을 허용하고 강화하며 때로는 사실상 가치 있다고 여기는 방향으로 움직이고 있다."고 생각을 밝혔다.[50] 헤어의 이런 생각은 개인주의를 중심 가치로 하는 북미 문화가 반사회적 행동을 길러 내는 동시에 그것을 위장하고 있다고 주장하는 이론가들의 견해와 일치한다. 다시 말

7장_소시오패시의 원인은 무엇인가

하면, 중국을 비롯한 보다 집단중심적인 사회에 비해 미국에서는 죄의식 없이 다른 사람을 조종하는 행위와 사회적인 기대 가치가 훨씬 잘 '들어맞는다'고 할 수 있다.

그렇다면 반대로 어떤 문화에서는 친사회적 행동을 장려하는 듯 보이는데 그 이유는 무엇일까? 그 문화는 사람과 감정을 정상적으로 처리할 능력 없이 태어난 사람들, 즉 소시오패스에게 어떻게 긍정적인 영향을 끼칠 수 있었을까? 나는 그 문화의 지배적인 신념 체계가 소시오패스들이 감정적으로 결핍된 부분을 인지적으로 보완하도록 했을 거라고 생각한다. 개인주의와 개인적인 통제를 극도로 강조하는 서구 문화와 달리 동아시아의 많은 문화는 종교적·철학적으로 모든 생물의 상호연관성을 강조한다. 흥미롭게도 이 가치는 양심의 기반이기도 하다. 양심은 상호유대감을 바탕으로 하는 의무감이기 때문이다. 만약 어떤 사람이 상대와의 유대감을 느끼지 못하거나 혹은 신경학적으로 그럴 수 없다면 유대감을 중요하게 여기는 문화에서는 사람들 사이에 지켜야 할 의무를 머리로 이해할 수 있도록 가르쳐 줄 것이다.

물론 이렇게 머리로 이해한 의무감이 강력하게 명령하는 감정인 양심과 똑같을 수는 없다. 그러나 개인주의를 강조하는 사회에 살았더라면 틀림없이 반사회적인 행동을 했을 사람이 친사회적인 행동을 하도록 이끌어 주기에는 충분할 것이다. 비록 그들이 다른 사람과 유대감을 느끼는 기능을 갖진 못했지만 개인을 넘어서는 문화가 그들에게 끊임없이 유대감을 상기시킬 것이다. 반

이토록 친밀한 배신자

면 서구 문화는 자신의 이익을 위해 죄의식 없이 행동하는 능력이 최고라는 소리를 귀에 못이 박히도록 되풀이한다. 그렇기 때문에 서구의 가정은 소시오패스로 타고난 사람을 구제하지 못한다. 사회 전체적으로도 그런 자기중심적인 행동을 옹호하는 목소리가 너무나 많다.

예를 들어 만약 미국인인 스킵이 중국이나 일본에서 태어났더라도 그렇게 개구리를 죽였을까? 그럴 수도 있고 아닐 수도 있다. 스킵의 뇌는 똑같겠지만 스킵 주변 사람들은 모두 생명을 존중해야 한다고 말했을 것이다. 부모든 선생님이든 친구들이든 어쩌면 심지어 텔레비전에 나오는 유명인사까지도 같은 생각이었을 것이다. 물론 스킵의 알맹이는 다르지 않기 때문에 개구리에 대한 존중심이나 개구리를 죽이는 데 대한 죄책감 또는 강한 반감 같은 건 느끼지 않을 게 틀림없지만 그래도 시종일관 계속되는 문화적인 가르침에 개구리 죽이는 일을 삼갔을지도 모른다. 머리가 좋은 스킵은 그 문화에 어떻게 맞춰 살아야 할지를 아주 잘 이해했을 테니까 말이다. 소시오패스들은 사회 그 자체에는 관심이 없지만 그 안에 어우러지길 원하며 또 그래야 한다.

내가 보기에 서구 문화는 스킵 같은 아이에게 작은 동물을 괴롭혀도 되고 그런 다음에도 사람들과 잘 어울려 살 수 있다고 가르치는 것 같다. 유감스럽게도 이것이 우리 사회의 현재 상태에 대한 올바른 평가라고 생각한다.

타고난 전사들

모든 문화를 가로지르는 인간 사회의 전체 맥락에서 배려가 없고 양심이 결핍되는 게 긍정적인, 아니 최소한 유용한 역할을 하는 경우가 있을까? 어떤 관점에서 보면 그런 경우가 한 가지 있다. 희생자가 개구리든 사람이든 관계없이 소시오패스들은 그들을 죽이면서 아무런 괴로움을 느끼지 않기 때문에 뛰어나고 확실한 전사의 자질을 가지고 있다고 할 수 있다. 그리고 거의 모든 사회에서 전쟁은 일어난다.

이런 측면에서 사회가 소시오패스를 만들어 내고 유지한다고 생각할 수도 있다. 국가는 이름 모를 군인부터 역사를 개척한 위대한 정복자에 이르기까지 차가운 피의 살인자를 계속 필요로 하기 때문이다. 소시오패스들은 살인을 하거나 명령할 때 공포를 느끼지도 않고 살인을 저지른 뒤에 죄의식을 느끼지도 않기 때문에 두려움을 모르는 우수한 전사,[51] 저격수, 암살자, 특수요원, 자경단원, 격투전문가가 된다. 보통의 사람들 혹은 군인들은 감정없이 행동할 수 없기 때문에, 누군가 세심하게 관리하지 않는 한 기껏해야 삼류 살인자밖에 되지 못한다. 심지어 어쩔 수 없이 죽여야 하는 경우에도 말이다. 다른 사람의 눈을 바라보면서 침착하게 쏘아 죽일 수 있는 사람은 드물며, 그런 사람은 전쟁에서 값어치가 높다.

마치 천체물리학이 지능을 필요로 하고 예술이 재능을 요구하듯, 기이하게도 어떤 행동은 감정적으로 너무나 황폐해지기 때문에 양심이 없는 게 더 *유리*하다. 데이브 그로스먼 중령은『살인의 심리학』에서 양심 없이 작전을 수행할 수 있는 전사들에 대하여 이렇게 말한다. "소시오패스, 양치기개, 전사, 아니면 영웅, 이름이 뭐가 됐건 그들은 거기에 있고 분명 소수에 불과하다. 위험한 시기가 되면 국가는 그들을 절실하게 필요로 한다."

그러나 바로 그 국가들은 전장에서 냉정한 살인자들에게 영광을 부여한 만큼 국내에서 보이지 않는 대가를 치른다. 죄의식 없이 살인을 하는 데 특별한 소질을 지닌 사람들, 후방에서는 결코 성실하게 일하지 못할 그 사람들은 그 영광의 길에 주목한다. 대부분 눈에 띄진 않지만 자칭 그런 사람들이 평범한 가정에서 우리들과 함께 살아가고 있다. 살인을 찬미하는 행위는 정상적인 양심에 대해 가장 심각하게 침범한 것을 미화하는 짓거리다. 그러나 람보에서 바그다드까지 살인에 대한 찬미는 우리 주류 문화의 변하지 않는 특징이며, 이는 소시오패스의 소시오패스적 성향이 더욱 강해지는 환경적 요소로 작용하고 있다. 그런 마음을 가졌다고 해서 반드시 살인을 저지르는 건 아니겠지만, 다음 장에서 볼 수 있듯이 꼭 살인을 저지를 만한 사람이라야 살인을 하는 것도 아니다.

당신 옆의 소시오패스

어쩌면 우리는 꼭두각시,
사회가 조종하는 끈에 매달린
꼭두각시일지도 모른다.
그러나 적어도 우리는 지각을 지닌,
인식을 지닌 꼭두각시다.
그리고 우리의 인식은 아마도
우리를 해방하는 첫걸음이 될 것이다.

-

스탠리 밀그램(Stanley Milgram)

"누군가와 이야기를 하고 싶었는데, 아버지가 감옥에 있어서 그랬던 것 같아요." 입술이 얇고 예쁘장한 스물두 살의 한나(Hannah)는 내 환자였다. 그녀는 고개를 오른쪽으로 돌려 내 책장을 바라보며 겨우 들릴 만한 소리로 그렇게 말했다. 잠시 후 수줍게 나를 쳐다보더니 되풀이했다. "이야기할 사람이 필요해요. 아버지가 감옥에 있거든요."

겨우 이만큼 말을 하고도 숨이 차는 듯 살짝 숨을 몰아쉰 한나는 다시 조용해졌다.

특히 사람들이 몹시 겁을 먹은 경우에는 판단을 내리거나 유식한 척하지 않으면서 단순히 그 사람의 말을 다른 표현으로 바꿔 가며 대화할 수만 있어도 어느 정도 치료할 수 있다. 나는 깍지 낀 손을 무릎 위에 올린 채 몸을 앞으로 약간 기울였다. 그러고는 둘 사이의 바닥에 깔린 검붉은 빛깔 오리엔탈 카펫으로 시선을 떨구고 있는 한나와 다시 눈을 맞추려고 했다.

나는 조용히 말했다. "아버지가 감옥에 있어요?"

"네." 한나는 천천히 고개를 들며 대답했다. 그때 한나는 마치 내가 텔레파시로 그 정보를 알아내기라도 한 듯 놀란 표정이었다. "사람을 죽였거든요. 그럴 의도는 아니었지만, 아빠가 사람을 죽였어요."

"그래서 지금은 감옥에 있고요?"

"네, 네, 그래요."

한나의 얼굴이 붉어지면서 눈물이 차오르기 시작했다.

아주 조금만 귀담아들어 줘도, 아주 조금만 친절히 대해 줘도 곧바로 그렇게 감정이 북받쳐 오를 수 있다는 사실이 언제나 놀랍다. 내 생각에는 우리가 좀처럼 진심으로 귀담아듣지 않기 때문인 듯하다. 심리학자로 일하면서 누군가가 우리의 얘기를 들어 주거나 우리의 행동을 눈곱만큼이라도 이해해 주는 일이 얼마나 드문지를 매번 깨닫곤 한다. 그리고 우리 각자는 결국 이 세상 어느 누구도 자신을 완벽하게 이해해 줄 수 없다는, 다른 모든 사람들로부터 하나의 불가사의로 남는다는 사실을 알게 된다. 이 깨달음은 대화를 통해 그 사람을 이해해야 하는 내 '듣는 직업'의 아이러니 가운데 하나이다.

"아버지가 감옥에 들어간 지 얼마나 되었나요?" 내가 물었다.

"41일쯤요. 재판이 정말 오래 걸렸는데, 재판 중에는 아버지를 감옥에 가두지 않았어요."

"그래서 누군가와 이야기를 해야겠다고 생각했나요?"

"네. 저는…… 그냥 아주…… 우울해요. 점점 더 우울해지는 것 같아요. 의학전문대학원에 들어가야 하거든요."

"의학전문대학원이요? 이번 9월에요?"

그때는 7월이었다.

"네. 저는 안 갔으면 좋겠어요."

소리 없이 눈물이 흘렀다. 눈물 외에는 스스로도 울고 있다는 사실을 모르는 듯 흐느낌조차 없이 눈물만 흘러내렸다. 끊임

이토록 친밀한 배신자

없이 흐르는 눈물이 한나의 하얀 실크 셔츠로 떨어지면서 반투명한 얼룩이 생겼다. 눈물 말고는 단정한 자세 그대로였다. 고개를 숙이지도 않았다.

나는 그런 태도에 늘 감동한다. 드물 정도로 차분함을 유지하는 한나의 모습에 나는 완전히 매료되고 말았다.

한나는 양쪽 집게손가락으로 곧고 검은 머리칼을 귀 뒤로 쓸어 넘겼다. 머리칼은 윤을 내기라도 한 듯 눈부시게 빛났다. 그녀는 나를 향한 시선을 돌려 창문을 바라보며 물었다. "아버지가 감옥에 있으면 어떤지 아세요?"

"아뇨, 몰라요." 내가 말했다. "아마 당신은 알겠죠."

그리하여 한나는 내게 자신의 이야기를 들려주었다.

한나의 아버지는 보스턴에서 서쪽으로 1600km 떨어진 어느 교외 중산층 지역에 있는 공립고등학교 교장이었다. 그는 천부적으로 사람을 끌어당기는 대단한 호인이었다. 그래서 한나는 아버지를 '스타'라고 표현했다. 학생들과 교사들, 그 고등학교를 둘러싼 작은 지역사회의 거의 모든 사람들이 그녀의 아버지를 사랑했다. 그는 늘 응원 연습과 풋볼 경기를 관전했는데 홈팀의 승패를 매우 중요하게 생각했다.

중서부 농촌에서 나고 자란 그는 '강한 보수적 가치관'을 가지고 있었다. 그는 애국심과 강력한 국방, 그리고 교육과 자기 발전을 신봉했다. 한나는 외동딸이었는데 겨우 기억이 날 듯한 때부터 아버지는 늘 그녀에게 의사가 될 수 있다고 말했다고 한다.

8장_당신 옆의 소시오패스

비록 그녀가 사내아이는 아니지만 원하기만 한다면 어떤 사람이든 될 수 있으며 여자아이도 의사가 될 수 있다고 말이다.

한나는 아버지를 정말 사랑했다. "아버지는 더없이 다정하고 도덕적인 분이에요. 정말 *그래요.*" 한나가 말했다. "재판에 왔던 사람들을 선생님도 보셨어야 해요. 다들 자리에 앉아 아버지를 위해 울고 또 울었어요. 아버지를 정말 안타깝게 여겼지만, 그들이 할 수 있는 일은 아무것도 없었죠. 아시겠어요? 그들이 할 수 있는 일은 아무것도 없었다고요."

살인은 3월의 어느 날 밤에 일어났다. 당시 대학교 2학년이던 한나는 마침 봄방학을 맞아 집에 머물고 있었다. 자정이 조금 지난 무렵, 한나는 집 밖에서 들려오는 아주 시끄러운 소리에 잠을 깼다.

"그게 총소리인 줄은 한참 뒤에야 알았어요." 한나가 말했다.

한나는 졸린 눈으로 자리에서 일어나 주변을 둘러보다가 열려 있는 현관문 바로 안쪽에서 안절부절못하며 울고 있는 어머니를 발견했다. 3월의 공기가 밀려 들어왔다.

"정말 이상한 일이에요. 지금도 눈을 감으면 엄마의 그 모습이 눈에 선해요. 엄마의 목욕가운이 바람에 펄럭거리고 있었어요. 바로 그 순간에 저는 무슨 일이 일어났는지 다 알아차렸던 것 같아요. 아무 말도 듣지 않았는데 말이죠. 저는 무슨 일이 일어났는지 알았고 아버지가 체포될 거란 사실도 알았어요. 다 보였어

이토록 친밀한 배신자

요. 정말 악몽 같은 장면이지 않아요? 모든 게 악몽 같았어요. 그런 일이 실제로 일어났다는 게 믿기지 않아서 얼른 꿈에서 깨었으면 하는 생각만 하고 있었어요. 아직도 이따금 곧 이 악몽에서 깨어나지 않을까 하는 생각이 들어요. 모든 게 정말 끔찍한 꿈 같아요. 그런데 어떻게 얘기도 듣기 전에 저는 모든 걸 알아차렸을까요? 엄마가 그렇게 있었는데…… 마치 과거에 일어났던 일 같았어요. 데자뷔처럼 말이에요. 정말 이상했어요. 아니 어쩌면 아닐지도 몰라요. 지금 떠올리다 보니까 그렇게 보이는 건지도 모르겠어요. 잘 모르겠어요."

한나를 보자마자 어머니는 마치 기차가 다가오는 철로에서 끌어내듯 한나를 잡아채고는 소리쳤다. "밖으로 나가지 마! 밖으로 나가지 마!" 한나는 밖으로 나가지도 않았고 어머니에게 상황을 물어보지도 않았다. 그저 겁먹은 어머니의 품에 안겨 가만히 서 있었다.

"엄마의 그런 모습을 전에는 한 번도 보지 못했어요." 한나가 말했다. "그런데도, 또 같은 말이지만, 마치 이미 경험했던 일인 것만 같았어요. 저는 안에 있는 편이 낫겠다는 걸 알았어요."

얼마 동안이나 그렇게 있었는지 한나는 기억하지 못했지만 시간이 흐르고 마침내 아버지가 활짝 열린 현관문으로 들어와 서로 부둥켜안고 있는 모녀에게 다가왔다.

"아버지는 총을 들고 있지 않았어요. 마당 어딘가에 떨어뜨리고 들어왔어요."

아버지는 잠옷바지만 입은 모습으로 가족 앞에 섰다.

"아버지는 괜찮아 보였어요. 약간 헐떡였지만 겁을 먹거나 한 모습은 아니었어요. 그래서 잠깐, 아주 잠깐, 어쩌면 다 괜찮을지도 모른다는 생각이 들었어요."

이렇게 말하는 한나의 눈에선 다시 눈물이 흐르고 있었다.

"하지만 너무 무서워서 아버지에게 무슨 일이냐고 묻지는 못했어요. 엄마가 아버지에게 물었던 게 기억나요. '그 사람 다쳤어요?' 아버지는 말했어요. '그런 거 같아. 아주 심하게 다친 거 같아. 내 손에 말이야.' 그러자 엄마는 부엌으로 가서 경찰을 불렀어요. 선생님이라도 그렇게 했겠죠?"

"그래요." 내가 말했다. 그것은 결코 반어적인 질문이 아니었다.

한나는 무슨 일이 있었는지 낱낱이 알게 되었다. 한나의 어머니는 늘 잠을 깊이 자지 못했고 그날 밤도 마찬가지였다. 뒤척이던 한나의 어머니는 거실에서 유리 깨지는 소리를 듣고는 잠들어 있던 남편을 깨웠다. 소리는 계속해서 들려왔다. 한나의 아버지는 침입자가 있다고 확신했고 침대에서 일어나 준비했다. 나중에 한나의 어머니가 한 얘기에 따르면, 아버지는 작은 독서등의 희미한 불빛에 의지한 채 침실 벽장에 넣어 두었던 총기상자를 조심스레 꺼내어 안전장치를 풀고 총을 장전했다. 어머니는 그냥 경찰에 알리자고 애원했지만 아버지는 대꾸도 하지 않았다. 그러더니 소리 낮춰 명령조로 말했다. "여기 있어!" 그러고는 거의 아무

　　　　　　　　　　　　이토록 친밀한 배신자

것도 보이지 않는 어둠 속에서 거실로 향했다.

아버지의 기척을 느낀 침입자는 현관을 통해 도망쳤다. 한나의 아버지는 그 뒤를 쫓아가 총을 쏘았고 침입자는 뒤통수에 총을 맞고 즉사했다. 나중에 그의 변호인 가운데 한 명은 이를 '순전히 운으로' 명중시켰다고 표현했다. 그런데 공교롭게도 침입자가 쓰러진 곳은 잔디밭과 경계석 사이의 보도였다. 전문적으로 말하면 한나의 아버지는 거리에서 무장하지 않은 사람을 쏜 셈이 된 것이다.

믿기 어렵지만 이웃사람들은 이상하게도 다들 집 안에서 꼼작하지 않았다.

"주변이 온통 조용했어요. 아주, 아주 조용했어요." 한나가 말했다.

한나의 어머니가 신고한 지 얼마 지나지 않아 경찰이 도착했고 몇 명의 구조대원과 구급차가 그 뒤를 이었다. 결국 한나의 부모는 경찰서로 연행되었다.

"엄마는 마치 제가 다시 어린 여자애가 된 양 이모와 이모부를 불러서 저와 함께 있도록 했어요. 두 분은 전혀 도움이 되지 않았지만요. 좀처럼 흥분을 가라앉히지 못했거든요. 저는 그냥 멍한 상태로 있었던 거 같아요."

다음 날, 그리고 그 다음 주에, 지역 언론이 그 일을 보도하기 시작했다. 충격 사건은 조용한 교외의 중산층 지역에서 일어났고, 총을 쏜 사람은 전과 기록이 없는 평범한 중산층 남자였다.

그는 술에 취하지도 않았고, 약물을 복용하고 있지도 않았다. 죽은 남자는 흉악범이자 약물중독자였으며 총격을 받기 직전에 창문을 통해 집 안으로 침입한 상태였다. 그가 도둑이고 집 안으로 침입했기 때문에 한나의 아버지가 쫓아가 총을 쏘았다는 데 이의를 제기한 사람은 지방 검사 외에는 아무도 없었다.

이 사건은 피해자의 권리와 관련된 문제가 되어 버렸다. 거기에 총기 규제, 범죄 엄단에 관련되는 문제도 얽혀 있었다. 또한 총기를 사용한 자경단원이 얼마나 위험한지를 여실히 보여 주는 사안이기도 했다. 아니 어쩌면 결론적으로 주택 소유자의 권리가 더욱 강화되어야 한다는 사실을 보여 준 사례일 수도 있다. 미국시민자유연맹(American Civil Liberties Union, ACLU)은 길길이 날뛰었고, 미국총기협회(National Rifle Association, NRA)는 한술 더 뜨는 상황이었다.

기나긴 재판과 항소, 그리고 또 한 번의 지루한 재판이 이어졌다. 결국 한나의 아버지는 우발적 살인(voluntary manslaughter)으로 판결받아 최고형인 징역 10년을 선고받았다. 변호인들은 '고작' 2~3년 정도밖에 안 될 거라고 했다.

집 앞 잔디밭에서 강도를 쏜 혐의로 고등학교 교장이 징역 10년을 선고받았다는 소식은 격렬한 감정적인 반응을 불러일으켰고, 각계각층에서 항의가 빗발쳤다. "그 판결은 위헌이다.", "그 판결은 상식과 자연법을 무시했다.", "유죄를 선고받은 남자는 위험한 독단가에 인권침해자이다.", "그는 미국의 영웅이자 가족의 수호자다.", "그는 폭력적인 미치광이다.", "그는 수많은 대의를 위해 희생한 순교자다."

이 모든 일을 겪으면서도 한나는 곤경에 빠진 아버지가 고집한 대로 대학을 다녔고 줄곧 A학점을 받았으며 의학전문대학원에 지원했다. 기적이나 다름없는 일이었다.

"아버지는 그 모든 '멍청한 일' 때문에 제 삶이 망가지는 걸 용납하지 않겠다고 했어요." 아버지가 그런 상태인데도 불구하고 한나는 지원서를 낸 거의 모든 의학전문대학원에 합격했다. 그녀는 말했다. "당시 모든 상황이 제가 합격하도록 도왔어요. 아버지는 그 원인제공자였고요."

이야기를 마친 후, 한나는 자그마한 가죽 핸드백을 뒤져 화장지 한 장을 꺼내 들더니 얼굴과 셔츠의 눈물 자국을 닦아 내기 시작했다. 왼쪽 팔꿈치 바로 옆 탁자에 화장지 상자가 빤히 보이는데도 그녀는 그렇게 했다.

"아시겠지만, 저는 딱히 '치료'가 필요한 건 아니에요. 하지만 전 정말 누군가와 얘기를 하고 싶었어요. 이렇게 우울한 기분으로 학교에 입학하기는 정말 싫거든요. 모르겠어요. 제가 선생님을 만나러 와도 괜찮을까요?"

한나가 들려준 이야기와 태도에 난 감동했다. 한나에게 더없이 공감했고 그러라고 말했다. 한나가 나를 찾아온 이유는 내가 외상 후 스트레스장애를 치료하는 심리치료사라는 신문기사를 보았기 때문이다. 솔직히 그녀가 실제로 내게서 얼마나 많은 도움을 받을 수 있을까 하는 생각이 들었다. 어쨌든 우리는 당분간 일주일에 한 번씩 만나기로 했고 그렇게 한나에게는 이야기 상대가 생겼다. 한나가 최종 선택한 의학전문대학원은 보스턴에 있었고, 어머니의 성화를 못 이긴 한나는 대학을 졸업하자마자 동부로 이사 온 상태였다. 그래서 학기가 시작되기 전에 '자리를 잡고' 고향의 광기에서 벗어날 수 있었다. 한나의 어머니는 남편과 관련된 상황이 딸에게 '부정적'이라고 생각했다. 어쨌든 나는 한나처럼 절제된 표현을 쓰는 사람을 거의 보지 못했고 나를 만나러 와도 좋다고 확실하게 말해 주었다.

한나가 돌아간 후 나는 사무실 안을 1, 2분간 서성거렸다. 키 큰 창문 밖으로 보스턴의 백베이(Back Bay)를 바라보다가, 넓고 어지러운 책상으로 와서 노트를 획획 넘겨 보기도 하고, 또다시 창문으로 걸음을 옮기는 식이었다. 상담을 하는 사람이 많은 이야기를 했지만 전부 다 털어 놓지 않았을 때 나는 종종 이렇게 하곤 한다. 걸음을 걸으면서 나는 '누가, 무엇을, 언제, 어디서'라는 법적이고 정치적인 질문이 아니라 변치 않는 심리학적 질문인 '왜'에 관심을 집중했다.

한나는 왜냐고 묻지 않았다. 예를 들면 "왜 아버지는 총을 쏘았을까요?"라든가 "왜 아버지는 그 남자가 도망가도록 그냥 놔두지 않았을까요?"처럼 말이다. 그 대답이 너무 심란하기 때문에 감정적으로 그런 질문을 감당할 수 없을 듯했다. 그 질문은 그녀와 아버지의 관계를 송두리째 바꿔 버릴지도 모르는 중요한 문제

이토록 친밀한 배신자

였다. 그리고 어쩌면 바로 그것 때문에, 그 위험한 질문에 대한 납득할 만한 답을 찾아 가는 데 도움을 얻고 싶어서 나를 찾았는지도 모르겠다. 한나의 아버지는 순간적인 광분에 사로잡혀 우발적으로 총을 쏘았다가 변호인의 말처럼 '순전히 운으로' 침입자를 죽게 만들었을 수도 있다. 아니면 정말 가족들이 위험에 처했다고 믿어서 보호본능에 사로잡혔을 수도 있다. 아니 어쩌면 이 평범한 중산층 고등학교 교장은 그냥 살인자였을지도 모른다.

여름에 시작된 상담은 한나가 의학전문대학원에 다니기 시작한 가을까지 이어졌고, 한나는 아버지에 관한 이야기를 더 많이 들려주었다. 환자들이 들려주는 이야기 중에는, 본인은 평생에 걸쳐 익숙해져 있어서 정상이라고 믿는 행동과 사건이 내가 보기에는 확실히 비정상적이고 가끔은 경악스러운 행동과 사건일 때가 자주 있다. 한나의 이야기 중에서도 금세 이런 내용이 드러나기 시작했다. 한나는 아버지를 묘사하면서 분명 아주 평범한 이야기를 하고 있다고 믿었지만, 나는 감정적으로 차가운 어떤 사람의 비열하고 남을 조종하려 드는 행동이 머릿속에 그려져 몸을 움츠리고 말았다. 아울러 젊고 똑똑한 한나가 아버지의 본모습을 제대로 보지 못하고 헤매는 이유를 이해할 수 있었다.

나는 한나의 아버지가 예쁜 아내와 공부 잘하는 딸을 인간으로 대하기보다는 트로피처럼 대했고, 그들이 아프거나 어려움을 겪을 때면 완전히 무시하기 일쑤였다는 사실을 알게 되었다. 그러나 한나는 아버지의 냉담한 처사를 다르게 해석했다.

"아버지는 저를 정말로 자랑스러워해요." 한나는 말했다. "아니면 제가 줄곧 그렇게 생각해 왔던지요. 그래서 제가 실수를 하면 아버지는 참지 못했어요. 한번은 4학년 때 담임선생님이 제가 숙제를 안 해 왔다는 짤막한 편지를 보냈어요. 그 후로 2주 동안 아버지는 제게 말을 걸지 않았어요. 2주인지 어떻게 아냐면 작은 달력에다 날짜를 하루하루 표시했거든요. 그 달력 아직도 어디 있을 거예요. 끔찍했죠. 아, 그리고 그 뒤에 있었던 좋은 예도 하나 있어요. 아버지가 *교장*으로 *있던* 그 고등학교에 다닐 때였는데, 뺨에 이 큼직하고 흉한 얼룩이 생겼어요." 한나는 고운 얼굴 위의 한 곳을 가리켰다. "아버지는 사흘간 제게 한 마디도 하지 않았고, 심지어 저를 쳐다보려 하지도 않았어요. 아버지는 그렇게 완벽주의자예요. 아마도 저를 자랑하고 싶은데 뭔가 잘못되면 정말 참지를 못해요. 그럴 때면 전 자괴감을 느꼈어요. 하지만 어느 정도는 이해할 수 있을 것 같아요."

한나는 어머니가 위독해서 거의 3주 동안 입원했던 어린 시절 이야기를 들려주었다. 그녀는 어머니가 폐렴에 걸렸다고 알고 있었지만, "너무 어렸을 때 일이라 잘 기억나진 않아요."라고 말했다. 그 당시 한나는 이모와 함께 어머니를 보러 가곤 했다. 그러나 아버지는 입원 기간 내내 단 한 번도 병원에 가지 않았고 어머니가 집으로 돌아왔을 때는 창백하고 쇠약해진 아내가 '예전의 아름다움을 되찾지 못할까 봐' 화를 내고 전전긍긍했다고 한나는 말했다.

이토록 친밀한 배신자

아름다운 어머니에 대해 한나는 "정말 별로 이야기할 게 없어요. 다정하고 온화한 분이에요. 언제나 저를 잘 돌봐 주셨어요. 특히 제가 어렸을 때는요. 엄마는 정원 가꾸기를 좋아하고 자선 활동 같은 걸 많이 해요. 정말 멋진 여성이에요. 아, 그리고 고등학교 때는 학교 축제의 여왕이었대요. 아버지는 그걸 사람들에게 즐겨 이야기해요."라고 말했다.

나는 아버지의 무심한 행동에 어머니가 어떤 반응을 보였는지 캐물었다. 그러자 한나는 "몰라요. 솔직히 저라면 정말 화낼 만한 일들이 있었지만 엄마는 아무 말도 하지 않았어요. 그냥 묵묵히 자기 할 일만 했어요. 말했다시피 엄마는 다정하고 온화한 여성이에요. 엄마를 아는 사람이면 다 그렇게 말할 거예요. 그래서인지 엄마는 사람들과 부딪치는 일이 정말 없어요. 아버지에게 맞서는 법은 절대로 없죠. 그런 일이 벌어지면 전 아마 놀라서 까무러칠 거예요. 엄마는 완벽한 여성이에요. 굳이 결점이라면 허영기가 있다는 것뿐이에요. 정말 아름다운데 스스로도 그걸 아는 것 같아요. 머리와 몸매 가꾸는 데 많은 시간을 들여요. 말이 되는 소리인지 모르겠지만, 엄마는 그게 자신의 유일한 힘이라 여기는 것 같아요."

한나는 궁금한 듯 나를 바라보았고, 나는 무슨 말인지 안다는 뜻으로 고개를 끄덕였다.

"그리고 그 점에서 보면 아버지는 엄마에게 정말 좋은 사람이에요. 아버지가 어딘가 멀리 갈 때면 엄마에게 꽃을 보내고

8장_당신 옆의 소시오패스

늘 아름답다고 말해 줘요. 제 생각에는 그런 아버지의 행동이 엄마에게는 큰 의미를 지니는 것 같아요."

"아버지가 어머니에게 꽃을 보낸다고요? 아버지가 어딜 가는데요?" 내가 물었다. 나의 질문에 한나는 살짝 평정을 잃은 듯 보였다. 자세를 고쳐 앉고 잠시 아무 말 없이 그대로 앉아 있었다. 그러다가 마침내 이렇게 말했다. "몰라요. 믿기 어려우시겠지만 정말 몰라요. 이따금 아버지는 아주 밤늦게 돌아오거나 일주일 동안 아예 집을 비우기도 했어요. 엄마는 꽃을 받았고요. 그러니까 정말 그건 두 분 사이의 일이었어요. 너무 이상해서 저는 그냥 모른 체했어요."

"아버지가 집에 없는 게 이상했다고요?"

"네, 음…… 제가 느끼기엔 그랬어요. 엄마가 어떻게 생각했는지는 모르겠어요."

"아버지가 어딜 갔는지 뭐 짚이는 데도 없나요?" 어쩌면 내가 조금 지나칠 정도로 한나에게 캐묻고 있는지도 몰랐지만, 그 부분은 아주 중요해 보였다.

"모르겠어요. 저는 늘 그냥 모른 체했어요." 한나는 같은 대답을 반복했다. 그러더니 다시 내 책장을 바라보기 시작했다.

그 다음 주에 나는 아버지가 한나나 어머니에게 신체적인 폭력을 가한 적이 있는지 물었다. 한나의 아버지는 폭력을 휘둘렀을까?

한나는 밝은 표정으로 들떠서 대답했다. "아뇨, 아버지는

이토록 친밀한 배신자

전혀 그런 적이 없어요. 상상도 못할 일이죠. 사실 누가 저흴 때린 다면 아버지는 아마 그 사람을 죽이고 말 거예요."

나는 한나가 자신이 한 말에 스스로 충격을 받을까 봐 잠시 기다렸지만, 그렇지 않은 것 같았다. 자세를 고쳐 앉고 다시 한 번 확인하듯 말했다. "아버지는 우리를 때리지 않았어요. 그런 일은 전혀 없었어요."

그렇게 대답하는 한나의 모습은 이상하다 싶을 만큼 기뻐 보였다. 나는 아버지가 가족에게 신체적인 폭력을 가하지 않았다고 말하는 그녀를 어떤 식으로든 믿고 싶었다. 그러나 25년 동안 외상 후 스트레스장애를 겪고 있는 사람들을 치료해 오면서 나는 신체적 폭력은 사실상 참을 만한 방식 중 하나라는 사실을 알게 되었다.

나는 다른 방식을 시도하기로 했다. "당신이 아버지를 사랑한다는 것도, 그리고 바로 지금 그 사랑을 확고하게 믿어야 한다는 것도 알고 있어요. 하지만 어떤 관계든 나름대로 어려움은 있기 마련이에요. 만약 할 수 있다면 아버지에게서 바꾸고 싶은 건 없나요?"

"그래요, 전적으로 맞아요. 저는 아버지를 확고하게 믿어야 해요. 그리고 아버지는 정말 모두에게 크게 공감받을 만한 사람이에요. 특히 지금……."

그녀는 문득 말을 멈추더니 고개를 뒤로 돌려 내 사무실의 이중 출입문을 바라보았다. 그러고는 다시 고개를 돌려 내 의

도가 무엇인지 살펴보는 듯 나를 한참 바라보다가 마침내 이렇게 말했다. "그래도 바꿀 게 있는지 알고 싶어 하시니까 하는 말인데, 사실 그럴 게 있어요." 겸연쩍은 듯 미소를 짓는 한나의 얼굴은 빨갛게 물들어 있었다.

"그게 뭔가요?" 나는 최대한 담담하게 물었다.

"정말 하찮은 거예요. 음…… 아버지가 가끔 제 친구들한테 관심을 보이곤 했는데 그러면 정말 거슬려요. 아니, 말을 해 놓고 보니 너무 웃기는 소리 같네요. 그렇게까지 거슬릴 일은 아닌 것 같아요. 하지만 정말 거슬려요."

"아버지가 당신 친구들에게 관심을 보인다고요? 무슨 말이죠?"

"중학교 때부터 조금씩요……. 제 친구들 가운데 몇몇은 정말 멋지거든요. 특히 조지아(Georgia)가 그런데……. 어쨌든 아버지가 그런 친구들에게 관심을 보여요. 윙크하고, 만지고, 간지럼을 태워요. 그리고 어떤 때는 제가 생각하기엔 너무 외설적인 말을 할 때도 있어요. '조지아, 오늘은 브래지어 안 했니?' 이런 식으로요. 아마 제가 잘못 들었을 거예요. 어머, 이렇게 말하고 보니 더더욱 멍청한 소리 같네요. 그렇죠? 전혀 거슬릴 이유가 없는 말인데……."

내가 말했다. "나라면 아주 많이 거슬릴 것 같아요."

"그래요?" 그녀는 잠시 기운을 얻는 듯하더니, 이내 축 쳐졌다. "아시다시피 전 아버지가 교장으로 있던 고등학교를 다녔잖

　　　　　　이토록 친밀한 배신자

아요. 그런데 그 학교에서 학부모들이 실제로 그런 주장을 제기했어요. 아버지가 아이들에게 '부적절'하다고요. 제가 들은 것만 해도 최소한 세 번이에요. 한번은 어떤 학부모들이 너무 화가 난 나머지 아이들을 학교에서 데리고 나갔어요. 사람들은 모두 아버지 편을 들었지요. 사람들은 그렇게 훌륭하고 자상한 사람이 학생 한 명을 안아 주거나 했다는 이유로 부당한 짓을 저질렀다고 비난받는 걸 정말 안타까워했어요."

"당신은 어떻게 생각하는데요?"

"모르겠어요. 이걸 인정했다가는 틀림없이 지옥으로 떨어질 수도 있겠지만, 솔직히 모르겠어요. 아마도 아버지가 오해 살 만한 행동을 하는 모습을 많이 봐서 그럴 거예요. 한번 생각해 보세요. 만약 어떤 교장이 복도에서 예쁘장한 열여섯 살 여학생 등 뒤로 다가가 허리를 붙잡았다면 어느 부모가 그 이야기를 듣고 가만히 있겠어요? 아버지는 왜 그걸 이해 못하는지 모르겠어요."

이번에는 내게 동의를 구하지 않았다. 그녀는 책장을 바라보며 아무 말 없이 앉아 있었다.

마침내 한나는 말을 쏟아내기 시작했다. "이건 누구에게도 말한 적이 없는데, 이제 이야기를 할 테니까 저를 나쁘게 생각하지 않았으면 좋겠어요. 한번은 어떤 여자애가 도서관에서 제 옆자리에 앉더니 쪽지를 적기 시작했어요. 같은 고등학교에 다니긴 했지만 저하고 잘 아는 사이는 아니었어요. 그 아이는 미소를 띤 얼굴로 다음과 같이 적어서 제게 내밀었어요. '너희 아버지가 센트럴 고등학교에 대해 내게 뭐라고 말했는지 알아?' 제가 적었죠. '몰라. 뭐라고 했는데?' 그러자 걔가 적었어요. '센트럴 고등학교가 꼭 섹스 매점 같대.' 쪽지의 섹스 매점에는 큰따옴표가 붙어 있었어요. 저는 너무 화가 치밀어서 거의 울음을 터뜨릴 뻔했지만 일단 거기서 나왔어요. 그러고는 그 쪽지를 어찌해야 할지 몰라 우선 주머니에 구겨 넣었다가 집에 오자마자 개수대에서 불태웠어요."

말을 모두 쏟아 낸 다음 한나는 검붉은 오리엔탈 카펫으로 눈길을 떨어뜨렸다.

"그런 일이 있었다니 정말 유감이에요, 한나. 당연히 당황스럽고 가슴이 아팠을 거예요. 그런데 왜 내게 말한다고 해서 내가 당신을 나쁘게 생각할 거라 여겼나요?"

스물두 살보다 훨씬 어리게 들리는 목소리로 그녀가 대답했다. "비밀로 해야 했어요. 그건 신의를 저버리는 일이에요."

나는 한나와 상담을 계속 이어 갔다. 상담 초기에 한나는 고향집에서 어머니가 받고 있던 이상한 전화 메시지에 관해 이야기했다.

"강도가 들었던 날 밤 이후로 우리는 거의 전화를 받을 수 없었어요. 기자들은 물론 이상한 사람들까지 전화를 해 댔거든요. 전화가 너무 많이 걸려 왔어요. 그래서 그때부터 엄마는 늘 자동응답기를 이용했는데, 통화하고 싶은 상대면 전화를 받으면 되니까 괜찮은 것 같아요. 이상한 사람들 메시지는 바로 지워요. 그런데 최근에 이상한 마약중독자의 메시지가 계속 들어와서 엄마가

이토록 친밀한 배신자

엄청 속상해 하세요. 그 메시지들은 이상해요. 보통 괴상한 정도가 아니라 너무너무 이상해요."

"어머니에게서 그 내용을 들었나요?" 내가 물었다.

"약간요. 엄마가 너무 속상해서 전화로 뭐라고 하는데 알아듣기가 어려웠어요. 그런데 요점은 아버지가 마약 같은 걸 취급했다고 뒤집어씌우는 얘기 같더라고요. 터무니없는 소리죠. 하지만 그 소리에 엄마는 정말 애를 태워요. 그들이 집에 있는 어떤 '정보'를 알려 달라고 했대요. 그렇지 않으면 아버지를 해치겠다면서요. 아마도 '정보'에 관해, 그리고 아버지를 해치는 일에 관해 계속 얘기했던 모양이에요. 하지만 집에는 아무것도 없어요. 아버지는 거기에 없다고요. 아버지는 감옥에 있어요."

"어머니는 그 메시지를 경찰에 신고했나요?"

"아니요, 엄마는 아버지를 곤경에 빠뜨리게 될까 봐 두려워해요."

잠시 동안, 나는 이 마지막 말에 적당한 대답을 찾지 못해 침묵하고 있었다. 그러자 한나가 대신 말을 이었다. "알아요, 알아요. 그건 말도 안 되죠."

한나가 의학전문대학원에 들어간 지 1년이 다 되어갈 때까지 그녀의 어머니는 이런 섬뜩하고 이해할 수도 없는 메시지를 10여 차례 받았다. 그러나 한나도, 한나의 어머니도 경찰에 그 메시지를 신고하지 않았다.

5월이 되자 한나는 수감 중인 아버지를 면회하러 가기

로 마음먹었다. 그 면회가 감정적으로 얼마나 힘들지 함께 이야기를 나눴지만 결국 가기로 결정했다. 여행을 앞두고 몇 차례 더 대화를 나누면서 그녀에게 닥칠 수 있는 여러 가지 상황과 수감 중인 아버지를 보고 느낄 수 있는 감정에 대비하려 애썼다. 실제로 벌어진 일은 우리의 모든 준비를 무색하게 만들었다. 돌이켜 보면 한나의 아버지는 자신의 교묘한 술수를 지켜봐 줄 관객이 필요한 때에 이르렀던 것이다. 스킵이 어린 여동생을 호숫가로 꾀어낸 것처럼 말이다. 그것 말고는 한나의 질문에 그녀의 아버지가 그렇게 흔쾌히 대답할 만한 이유를 찾을 수 없었다. 반면에 한나는 아버지에게 터놓고 이야기하겠다고 말한 적이 없었다. 어쩌면 그녀 자신도 그런 의도를 가지고 있었다는 사실을 알지 못했을 것이다. 설령 그녀가 스스로 인식하지 못했더라도 감옥을 방문했을 때 했던 행동을 보고 그녀의 아버지는 충분히 감을 잡을 수 있었을 거라 생각한다.

보스턴으로 돌아온 한나는 나에게 둘이 나눴던 대화를 들려주었다. 한나는 약간 울먹이면서 면회를 하기 위해 감옥으로 들어가는 끔찍하고 불편한 절차를 설명했다. 그러더니 이내 눈물을 말끔히 닦고는 지적이고 초연한 태도로 나머지 이야기를 차분하게 이어 나갔다.

"아버지가 애처롭고 지친 모습일까 봐 몹시 걱정했는데 전혀 그렇지 않았어요. 좋아 보였어요. 그러니까…… *활기차* 보였다고 해도 될지 모르겠네요. 눈빛이 반짝이더라고요. 그런 모습은

이토록 친밀한 배신자

처음 봤어요. 하지만 감옥에서 아버지의 그런 모습을 보게 되리라고는 전혀 예상하지 못했어요. 아버지는 저를 만나 기쁜 모양이었어요. 몇 학년이냐고 묻더군요. 제 생각과 달리 엄마에 대해서는 묻지 않았어요. 저는 미룰 이유가 없다고 생각했고 그래서 아버지에게 물었어요."

한나는 자신이 아버지에게 뭘 물었을지 내가 이미 짐작할 거라는 듯 말했지만 나는 알지 못했다. 내가 물었다. "아버지에게 뭐라고 물었나요?"

"나는 아버지에게 '그 남자가 집에서 찾고 있던 게 뭐냐'고 물었어요. 그러자 아버지는 '남자라니?' 하고 답했죠. 하지만 아버지는 분명 제가 하는 말을 알아듣고 있었어요. 부끄러워하거나 당황하는 기색은 전혀 없었고요. 저는 '아버지가 쏜 남자 말이에요.' 하고 말했죠. 아버지는 눈 하나 깜빡하지 않고 그냥 '아, 그 남자. 그는 어떤 명단을 찾고 있었지. 하지만 찾지 못했어. 내가 장담하마.'라고 답했죠."

그때까지 한나는 나를 바라보지 않은 채 이야기를 하고 있었다. 그러다가 이제는 눈을 맞추고 이렇게 말했다. "스타우트 박사님, 아버지의 표정…… 그건 마치 우리가 뭔가 진짜 *재미있는* 일을 얘기하고 있는 듯한 표정이었어요. 저는 거기서 뛰쳐나가고 싶었지만, 그러지 못했어요."

"당신이 그럴 줄은 미처 몰랐어요. 정말 대단해요."

"끔찍했어요." 한나는 내가 그녀의 행동에 경탄하는 소리를 듣지 못한 듯 이야기를 계속했다. "제가 물었어요. '그럼 아는 사람이었어요?' 그러자 아버지가 대답했죠. '물론 아는 사람이었지. 내가 왜 생판 모르는 사람을 죽이겠니?' 그러고는 웃었어요. 아버지가 *웃었다고요*, 스타우트 박사님."

이야기의 내용과는 사뭇 다르게 한나는 나를 똑바로 쳐다보며 말을 이었다. "그래서 제가 다시 물었죠. '아버지가 마약과 관계 있는 거예요?' 그러자 아버지는 확실한 대답을 피한 채 그저 제가 똑똑하다고만 했어요. 믿어지세요? 저보고 똑똑하다는 거예요." 한나는 믿기지 않는다는 듯 머리를 흔들었고 한동안 말이 없었다.

결국 내가 말을 시켰다. "혹시 다른 것도 물어보았나요?"

"네, 이렇게 물었죠. '그 남자 말고도 또 죽인 사람이 있어요?' 그랬더니 뭐라고 한 줄 아세요?" 다시 한나는 입을 다물었다.

잠시 후 내가 대답했다. "글쎄요, 뭐라고 그랬는데요?"

"이러더군요. '수정 헌법 제5조에 의거해 답변을 거부한다.'고."

그제야 한나는 다시 울음을 터뜨렸고, 이번에는 좀처럼 억누르지 못했다. 아버지가 거기 있기라도 하는 양 갑자기 비통한 슬픔에 잠겼다. 그 모습에 나는 '죽음이야말로 사람을 잃는 가장 자비로운 방법이다.'라는 에머슨(Emerson)의 글을 떠올렸다. 실제로는 더 많은 이야기가 오갔겠지만 한나가 내게 들려준 내용은 이게 전부다.

이토록 친밀한 배신자

한참을 울며 눈물을 다 쏟아내고 나서야 한나는 자신의 안전에 대해 생각하기 시작했다. 화장지를 한 움큼 집어 얼굴을 닦은 후 나를 보며 차분한 목소리로 말했다. "변호사들이 아버지를 꺼내 올 거예요. 저는 어떡해야 하죠?"

나는 용감한 어머니의 심정으로 평소보다 훨씬 더 단호하게 대답했다. "자신을 지켜야죠, 한나."

소시오패스 대처법

소시오패스는 절대 드물지 않으며 우리와 멀리 떨어져 있지도 않다. 그들은 전체 인구에서 상당 비율을 차지한다. 한나의 경험은 특히나 더 가깝고 친밀한 관계인 경우였지만, 서구 세계에 사는 사람이라면 어떤 이유로든 살면서 최소한 한 명의 소시오패스는 만날 수밖에 없다.

양심이 없는 그들은 감정을 우리와 완전히 다른 방식으로 경험하며, 사랑은 물론 인간에 대한 그 어떤 종류의 긍정적인 애착도 경험하지 못한다. 가늠하기조차 어려운 이런 결핍은 결국 삶을 다른 사람을 지배하려는 끝없는 게임으로 전락시킨다. 때로는 한나의 아버지처럼 폭력적인 소시오패스도 있다. 하지만 많은 경우 그들은 사업, 전문직, 정부에 침투하거나 혹은 루크처럼 기생적인 관계로 한 번에 한 사람만 착취하는 방식으로 다른 사람에게

'승리'하기를 선호한다.

현재로서 소시오패시는 '치료 불가능'하며, 심지어 치료를 원하는 소시오패스도 없다. 사실상 어떤 문화, 특히 서구 문화는 소시오패시의 신경생물학적 구조를 재료로 하여 폭력, 살인, 전쟁 도발을 비롯한 반사회적 행동을 활발하게 부추기는 듯하다.

대부분의 사람들은 이런 불쾌하고 불공정하며 섬뜩한 사실을 좀처럼 받아들이지 못한다. 그러나 그 불편한 사실을 우리 세계의 현실적인 일면으로 이해하고 받아들이는 것이 '일상에서 소시오패스에 대처하는 13가지 규칙' 가운데 첫 번째 규칙이다. 나는 한나 같은 환자들, 그리고 자기 자신과 자신이 사랑하는 사람들을 보호하고자 하는 사람들에게 그 13가지 규칙을 알려 준다.

일상에서 소시오패스에 대처하는 13가지 규칙

1. 아무리 싫더라도 양심이 결핍된 사람들이 존재한다는 사실을 반드시 받아들여라.

대개 이들은 살인마처럼 보이지 않으며 우리와 다를 바 없는 모습을 하고 있다.

2. 교육자, 의사, 지도자, 동물애호가, 인도주의자, 부모 등 어떤 사람이 맡은 그 역할에 기대되는 바와 당신의 직감이 서로 상반될 때는 당신의 직감을 따라라.

원하든 원하지 않든 간에 당신은 사람의 행동을 늘 관찰한다. 그리고 당신이 느낀 그대로의 인상은 아무리 경악스럽고 이상할지라도 판단하는 데 큰 도움이 된다. 누가 말해 주지 않더라도 당신 자신은 이미 알고 있다. 훌륭하고 도덕적이란 이름표가 붙었다고 해서 그들에게 양심이 있다는 의미는 아니라는 사실을 말이다.

3. 어떤 종류든 새로운 관계를 고려할 때는 그 사람이 제시하는 주장과 약속, 그가 가진 책임에 관해 '삼세번의 규칙'을 준수하라. 삼세번의 규칙을 개인적인 방침으로 삼으라.

한 번의 거짓말, 한 번의 약속 파기, 한 번의 책임 소홀은 오해일 수 있다. 두 번은 중대한 실수일 것이다. 하지만 세 번의 거짓말은 당신이 거짓말쟁이를 상대하고 있다는 뜻이며, 기만은 양심 없는 행동의 핵심이다. 더 이상 손실 입지 말고 가능한 한 빨리 손을 떼라. 힘들겠지만 나중보다는 지금이 더 쉽고 손실도 더 적다. 삼세번을 어긴 사람에게 당신의 돈이나 작품, 비밀, 애정을 주지 마라. 당신의 값진 선물은 쓰레기가 될 것이다.

4. 권위에 의문을 제기하라.

다시 한 번 말한다. 당신 자신의 직감과 불안을 믿어라. 지배, 폭력, 전쟁처럼 당신의 양심에 위배되는 무언가가 지금 상황에서 결정적인 해결책이라고 주장하는 사람들에 대해서는 특히나 그렇게 해야 한다. 심지어 주변 사람들 모두가 더 이상 권위에 의문을 *제기하지 않는다면* 더욱 그래야 한다. 스탠리 밀그램이 복종에 관해 가르쳐 준 바를 되새겨 보라. 열 명 가운데 적어도 여섯 명은 공식적이어 보이는 권위에 끝까지 맹목적으로 복종하며 비참한 결말을 맞는다.

　　다행인 것은 사회적 지지가 사람들이 권위에 도전할 수 있도록 도와준다는 점이다.[52] 주변 사람들도 권위에 의문을 제기할 수 있도록 그들에게 용기를 북돋워 주라.

5. 아첨인지 의심하라.

　　칭찬, 특히 마음에서 우러나온 칭찬은 아주 좋다. 그러나 *아첨*은 극단적이며 비현실적인 방식으로 우리의 자만심에 호소한다. 아첨이 주는 매력은 거짓이며 거의 대부분 조종하려는 의도가 깔려 있다. 그런 조종은 아무런 해가 없어 보이기도 하고 때로는 해롭게 느껴지기도 한다. 들뜬 자만심 너머로 눈을 돌려 아첨이 아닌지 의심하라.

　　이 '아첨 규칙'은 개인뿐만 아니라 집단과 국가 단위에도 적용된다. 인간의 역사를 통틀어 전쟁을 주장하는 목소리에는 아첨이 섞여 있었다. 이 아첨의 목소리는 자국의 군사력으로 승리할 수 있고, 승리해서 더 좋은 세상을 이룰 수 있다고 속삭인다. 혹여 승리하지 못하더라도 도덕적으로 가상한 업적이며, 인도적인 결과로 정당화될 것이라고. 또한 이전에 유사한 시도도 없었다고. 정의롭고, 크게 감사받을 만한 승리라는 식으로 말이다. 유사 이래 모든 주요한 전쟁은 참전한 양쪽 모두에서 이런 식의 구도가 짜 맞춰졌고 모든 언어에서 *전쟁*이란 단어에 *신성하다*는 형용사를 붙여 쓰길 즐겼다. 모든 나라 사람들이 마침내 이 압도적인 아첨을 꿰뚫어 볼 수 있을 때에야 비로소 인류는 평화를 얻게 될 것이다.

조종자의 아첨에 놀아나는 개인의 행동이 어리석은 것처럼 아첨으로 불타오르는 과장된 애국심은 위험하다.

6. 필요하다면 존경의 개념을 다시 정의하라.

우리는 흔히 두려움을 존경이라고 착각한다. 그래서 두려운 사람일수록 더 존경받을 만한 사람이라 여긴다.

나는 점박이 벵갈고양이 한 마리를 기르고 있다. 고양이의 이름은 '덩치'인데, 걸음마를 하던 딸이 지어 준 것이다. 그 녀석은 새끼일 때도 몸집이 프로레슬러 같았기 때문이다. 이제 다 자란 녀석은 어떤 집에서 기르는 고양이보다 훨씬 더 크다. 덩치의 무시무시한 발톱은 벵갈고양이의 조상인 아시아삵을 닮았지만 성격은 아주 온순하고 평화를 사랑한다. 가끔 들르는 이웃이 자그마한 캘리코고양이를 데려오는데, 확실히 그 캘리코고양이는 포식자다운 강한 매력을 내뿜으려 다른 고양이를 불쾌한 눈빛으로 쏘아본다. 그 고양이가 15m 이내로 다가오기만 하면 덩치는 반토막만 한 캘리코고양이에게 두려움과 존경의 표시로 움찔대며 설설 긴다.

8장_당신 옆의 소시오패스

덩치는 아주 멋진 고양이다. 다정하고 사랑스러우며 내게 너무나 소중하다. 그럼에도 나는 덩치가 캘리코고양이에게 보이는 어떤 반응은 나보다 더욱 원초적이라고 믿고 싶다. 난 두려움을 존경이라고 착각하고 싶지 않다. 그렇게 하면 나는 확실히 피해자가 되고 말기 때문이다. 포식자에게 굴복하는 우리의 동물적 성향을 이겨 낼 수 있도록 우리의 거대한 두뇌를 이용해 보자. 그러면 불안과 두려움에 반응해서 생기는 혼동을 해소할 수 있다. 완벽한 세상이라면 사람들은 강하고 친절하며 도덕적으로 용감한 사람에게만 저절로 반응해서 존경심을 표하게 될 것이다. 당신에게 겁줘서 이익을 얻는 사람은 절대 그런 대상이 아니다.

존경과 두려움을 구별하는 일은 집단과 국가에서 훨씬 더 중요하다. 거물 정치인이든 아니든 범죄, 폭력, 테러리즘의 가능성을 자주 말하며 국민을 위협하고, 그렇게 국민의 두려움을 증폭시켜 지지를 얻는 정치인은 합법적인 지도자이기보다는 성공한 사기꾼일 가능성이 더 크다. 인류 역사에는 이런 사례가 너무나 많다.

7. 게임에 동참하지 말라.

음모는 소시오패스의 도구다. 매혹적인 소시오패스와 경쟁하고 싶은 유혹, 잔꾀로 그를 이기거나 정신을 분석하거나 혹은 그와 즐기려는 유혹에 절대 빠지지 말라. 그렇지 않으면 당신은 그와 같은 수준으로 전락하게 될 뿐만 아니라 당신을 지켜 줄 정말로 중요한 것을 놓치게 된다.

이토록 친밀한 배신자

8. 자신을 소시오패스로부터 보호하는 가장 좋은 방법은 그를 피하고, 어떤 종류의 접촉이나 연락도 거부하는 것이다.

심리학자들은 대개 회피를 잘 권하지 않지만, 이 경우는 분명 예외에 해당한다. 만약 당신이 소시오패스를 발견했다면 그에게 대응하는 정말 효과적이면서 유일한 방법은 당신의 삶에 그를 조금도 받아들이지 않는 것이다. 소시오패스들은 사회적인 계약에서 완전히 벗어난 삶을 살아가기 때문에 그들을 관계나 사회적인 계약에 끌어들이는 것은 위험한 일이다. 당신 자신의 관계와 사회생활에서 그들을 배제하는 일을 시작하라. 그렇게 한다고 해서 누군가의 감정을 상하게 할 일은 없다. 이상한 소리로 들리겠지만, 양심이 있는 척하고 있어도 소시오패스들에게 상처받을 감정 같은 건 없다.

당신이 누군가를 피하는 이유를 가족이나 친구들이 절대 이해하지 못할 수도 있다. 소시오패스를 알아보기는 굉장히 어려우며, 설명하기는 훨씬 더 힘들다. 어쨌든 그를 피하라. 완전히 피할 수 없다면 완전한 회피라는 목표에 최대한 가까워질 수 있는 계획을 세워라.

9. 너무 쉽게 동정하는 당신의 성향에 의문을 제기하라.

존경은 친절하고 도덕적으로 용감한 사람을 위해 남겨 두어야 한다. 또 하나 사회적으로 가치 있는 반응인 동정은 아무런 죄가 없음에도 정말 고통받거나 불행에 빠진 사람들을 위해 남겨

255

두어야 한다. 만약 계속해서 피해를 주는 사람인데도 자꾸 동정하게 되다거나 적극적으로 동정을 구하는 바람에 동정하게 된다면 그 사람은 확실히 소시오패스일 것이다.

이와 관련하여 나는 어떤 상황에서도 *예의 바르게* 행동하고 싶어 하는 당신의 욕구에 스스로 심각하게 이의를 제기해 보길 권한다. 우리 문화의 정상적인 성인들은 늘 반사적으로 '교양 있는' 태도를 취하려 하기 때문에 누가 우리를 분노하게 하거나 거짓말을 반복하거나 배신할 때조차 예의 바르게 행동하려고 애쓴다. 소시오패스들은 우리의 이런 정중함을 십분 이용한다.

두려워하지 말고 냉정하게 상황을 직시하라.

10. 구제할 수 없는 사람을 구제하려고 애쓰지 말라.

또 한 번의 기회는 양심을 지닌 사람들에게 온다. 만약 당신이 양심 없는 사람을 대하고 있다면 눈 딱 감고 손 떼는 방법을 알아 두라.

다소 실망스러울 수도 있겠지만 어떤 면에서 우리 대부분이 배워야 할 중요한 인생의 교훈이 있다. 아무리 좋은 의도라도 우리는 다른 사람의 성격 구조나 행동을 제어할 수 없다는 것이다. 이 인생의 진실을 배우고, 당신을 제어하려는 소시오패스의 야망에 빠져들지 않도록 하라.

누군가를 제어하려는 것이 아니라 단지 사람들을 돕고 싶다면 진정 도움이 필요한 사람만 도와라. 양심이 없는 소시오패스는 여기에 해당하지 않는다는 걸 아마 당신도 알게 될 것이다.

어떤 식으로든 소시오패스의 행동은 당신의 잘못이 아니며, 또한 사명도 아니다. *당신의* 사명은 당신 자신의 삶이다.

11. 동정심이든 다른 이유든 간에, 소시오패스가 자신의 본성을 숨기는 일을 절대 돕지 말라.

눈물을 글썽이고 괴로움에 이를 악물며 "제발 말하지 말아 줘요."라고 간청하는 행동은 도둑, 아동학대자, 소시오패스들이 흔히 쓰는 전형적인 수법이다. 이 사이렌의 노래에 귀 기울이지 말라. 그들의 비밀을 지켜 주기보다는 다른 사람에게 경고하는 것이 더욱 마땅한 일이다.

양심 없는 사람은 당신이 그에게 '신세 졌다'고 주장할 수 있다. 그럴 때는 이 말을 떠올려라. "당신이 내게 신세 졌어."라는 말이 수천 년 전부터 지금까지 이어져 온 소시오패스들의 기본 노선이다. "당신이 내게 신세 졌어."라는 말이 설득력 있게 느껴지기 쉽지만, 사실은 전혀 그렇지 않다. 귀담아 듣지 말라. 마찬가지로 "당신도 나와 똑같아."라는 식의 말도 무시하라. 당신은 그렇지 않다.

12. 당신의 정신을 지켜라.

양심 없는 사람, 혹은 그런 부류의 사람들 때문에 인류가 실패작이라고 생각하지 말라. 대부분의 인간은 *분명* 양심을 지니고 있다. 대부분의 인간은 사랑할 수 있는 존재다.

257

13. 잘 사는 것이 최선의 복수다.

한나, 그 후의 이야기

나는 지금도 가끔 한나를 만난다.

그녀의 아버지는 가석방되었지만, 지난 6년간 한나는 아버지를 본 적도, 심지어 이야기를 나눈 적도 없다. 한나가 느끼는 상실감도, 그런 마음을 느꼈던 이유도 상상할 수 없는 슬픔의 근원이 되어 여전히 그녀에게 남아 있다.

한나의 어머니와 아버지는 이제 이혼한 상태다. 아버지가 폭력적인 범죄를 저질렀기 때문이 아니라 열아홉인 옛 제자와 함께 침대에 있는 장면을 어머니가 목격했기 때문이다. 사실 지금도 한나의 어머니를 비롯한 많은 사람들은 한나의 아버지가 폭력적인 범죄 활동을 했다는 걸 인정하지 못한다.

한나는 총명함과 강인함을 증명하듯 의학전문대학원을 우등으로 졸업했다. 그러나 의사가 되는 것은 아버지의 소원이었지 자신의 꿈이 아니었단 사실을 곧 깨달았다. 한나의 아버지는 한나가 의사가 되는 것을 최고의 명예라고 여겼다.

많은 어려움을 겪었지만 한나는 여전히 사랑스럽고 믿을 만한 사람들에게 친밀감을 느끼며 천연덕스러운 유머감각도 잃지 않았다. 예를 들면 한나는 의학을 그만두면서 "첫째, 해를 끼치지

이토록 친밀한 배신자

말라."라는 의사 선서가 그녀의 아버지에게는 전혀 해당되지 않는 다는 사실을 깨달았다며 능청을 떨었다.

한나는 몇몇 법과대학원에 지원해서 합격했고, 권익 옹호 와 인권에 대한 전문 과정이 있는 학교에 다니기로 결정했다.

양심은 어디에서 왔는가

홀로 떨어져 독립적으로 살아가고,
모든 면에서 개별적 개체로
명명되고 규정된, 어떤 동물이
뭐 하러 다른 누군가를 돕기 위해
자신의 목숨을 버리길 선택하겠는가?
–

루이스 토머스(Lewis Thomas)

'자연이 피로 물든 이빨과 발톱'이라는 시의 한 구절이 정말이라면[53] 왜 모든 인간이 하나의 아버지 같은 살인자는 아닌 걸까? 가벼운 범법 행위는 물론, 심지어 살인이 더 이로울 때조차도 왜 우리는 살인하지 말라고 명령하는 제7감에 따라 움직일까? 도둑질하거나 거짓말하거나 남에게 상처를 주었을 때 우리가 죄책감을 느끼는 이유는 무엇일까?

앞에서 우리는 소시오패시를 만드는 원인이 무엇인지 살펴보았다. 이제 그와 한쌍인 이 질문을 던질 차례다. 무엇이 양심을 만드는가? 어떤 면에서 이 질문은 그저 수평적인 한쌍의 질문 중 하나라기보다는 실제로 더 유용한 질문이다. 그리고 더 답하기 힘든 질문이기도 하다. 다윈이 1859년에 『종의 기원(The Origin of Species)』을 출간한 이래, 인간을 포함한 모든 생물이 자연선택의 법칙에 따라 진화해 왔다는 생각을 바탕으로 많은 과학이론이 정립되었다. '정글의 법칙(the law of the jungle)'으로 더 잘 알려진 그 법칙에 따르면, 생존과 번식을 향상시키는, 그래서 자신의 유전 요소를 더욱 지속시킬 수 있는 특성은 그 개체군에 그대로 보존되는 경향이 있다. 그래서 수많은 세대를 거치는 동안 여러 상황과 다양한 서식지에서 생존에 도움을 준 어떤 신체적인 특성이나 행동 성향은 세월이 지나 점차 그 종의 기본 유전자 설계도의 일부가 될 가능성이 있다.

자연선택의 법칙에 따라 호랑이에게는 발톱이 있고 카멜레온은 색깔을 바꾸고 쥐는 툭 터진 공간을 기피한다. 그리고 주머니쥐는 죽은 체하고 유인원은 큰 두뇌를 가지고 있다. 그런 특성을 가진 개체가 그렇지 않은 동료 개체보다 더 오래 생존하고, 결과적으로 더 많은 새끼를 낳기 때문이다. 그리고 자연적인 무기나 위장술, 생존 확률을 높여 주는 불안, 연기 능력, 우월한 지능을 가지고 태어난 그들의 새끼는 그렇지 않은 그들의 친구보다 더 오래 생존하고 더 자주 번식한다.

그러나 도덕과는 완전히 무관한 이 정글의 법칙을 따른다면, 포식자인 우리 인간에게 강력한 도덕관념이 들어오고 제약이 따르는 게 어떤 이익이 있을까? 예를 들어 지나치게 양심적인 거대한 상어를 한번 상상해 보라. 그 상어가 얼마나 오래 살 수 있을까? 그렇다면 과연 인간 양심의 진화론적 기원은 무엇일까?

평범하지 않은 이 질문을 다르게 표현해 보자. 한정된 자원을 가진 작고 외딴 섬에 소수의 사람들이 갇히게 되었다고 상상해 보라. 장기적으로 볼 때 정직하고 도덕적인 사람과 스킵처럼 무자비한 사람 중 누가 더 오래 살아남을 수 있을까? 아니면 친절하고 이해심 많은 재키 루벤스타인과 도린 리틀필드 중에서는? 시드니 혹은 자신에게만 열중하는 루크라면? 또한 한나와 한나의 아버지의 경우에는? 소시오패시가 적어도 일부분은 유전된다는 전제 하에 그 섬에 원래 살고 있던 몇몇 사람들과 생존자들이 함께 아이를 낳고 수많은 세대가 흐른다고 가정해 보자. 그렇다면 결국 그 섬 주민은 대부분 양심이 없는 소시오패스이지 않을까? 그러면 그 소시오패스 주민들은 아무 생각 없이 그 섬의 자원

이토록 친밀한 배신자

을 완전히 고갈시키고 멸망하지 않을까? 반대로 상황이 그러한데도 양심을 지닌 사람들이 계속해서 일부 남아 있다면 자연세계의 무엇이 그들의 도덕관념을 유지할 수 있도록 해 준 걸까?

진화론에 맞서는, 이 불가능해 보이는 도전적인 질문 때문에 박물학자, 사회생물학자, 비교심리학자, 철학자들은 인간을 비롯한 여러 동물들의 이타성이 어디에서 기원하는가에 대해 오랫동안 관심을 기울여 왔다. 고등동물의 행동을 주의 깊게 관찰할 때면 이기적 생존주의와 강한 사회적 관심이라고 하는, 도저히 양립할 수 없어 보이는 두 측면을 언제나 동시에 마주하게 된다. 물론 이런 현상은 인간에게서 가장 극단적으로 나타난다. 우리는 죽기 살기로 경쟁을 하고, 아이들에게도 경쟁하라고 가르친다. 전쟁과 대량살상무기에 돈을 쓰기도 한다. 그러면서도 각종 재단과 사회복지 프로그램, 노숙자 쉼터에 기금을 제공하며, 경쟁하라고 가르친 바로 그 아이들에게 친절하라고 가르치려 애쓴다.

인류 중에는 나폴레옹도 있었고 테레사 수녀도 있었다. 그러나 근본주의적 진화론에 따르면, 테레사 수녀는 절대로 태어나지 않았어야 한다. 자비나 선악의 개념은 정글의 법칙과 아무런 관계가 없어 보이는 것들이기 때문이다. 도대체 어떻게 된 일일까? 데이비드 파피뉴(David Papineau)는 「뉴욕타임스」의 서평에서 매트 리들리(Matt Ridley)의 『이타적 유전자(The Origins of Virtue)』에 대해 이런 질문을 했다. "만약 우리 선조들이 아프리카 사바나에서 먹을거리를 찾아다니던 시절에 늘 착한 사람들이 꼴찌를 차지

했다면, 왜 지금 우리는 도덕성을 그렇게 자연스럽게 받아들이는 걸까?"

동물들 가운데 오직 인간만 이타적인 건 절대 아니다. 포식자를 발견한 톰슨가젤은 '튕기듯이' 눈에 띄게 껑충껑충 뛰어오른다. 그러면 자신의 생존 가능성은 낮아지지만 무리가 달아날 가능성은 높아진다. 침팬지는 고기를, 가끔은 가장 귀중한 과일까지도 나눠 먹는다. 심리생물학자인 프란스 드 발(Frans de Waal)에 따르면,[54] 시체를 발견한 갈까마귀는 자신이 늑대의 눈에 띌 수 있는 위험을 감수하면서 그 값진 정보를 큰 소리로 무리에게 알린다.

생존의 문제에는 확실히 개체와 무리(공동체) 사이에 이익이 충돌될 수 있으며, 진화심리학자들이 말하는 '이타적 행동'의 기원에 관한 논쟁은 대개 진화의 *선택 단위*(unit of selection)를 중심으로 이루어져 왔다. 자연선택은 오직 생존할 개체들만 '선택'할까 아니면 집단의 단위에서도 똑같이 다른 개체군보다 특정 개체군을 선호하는 식으로 선택을 할까?

만약 '적자생존'이 오직 개체만을 선택 단위로 한다면 이타성의 진화를 설명하기란 거의 불가능하다. 무자비한 스킵, 도런, 루크, 한나의 아버지가 외딴 섬에서 살아남을 확률이 우리보다 확실히 높은 것처럼 말이다. 그러나 만약 선택 단위가 집단 전체가 된다면 이타성은 어느 정도 설명이 가능하다. 아주 간단히 말해, 서로 협동하고 돌봐주는 개체들로 이루어진 집단이, 오로지 서로 경쟁하고 상대방을 무시하는 개체들의 집단보다 *집단의 차원에서*

이토록 친밀한 배신자

생존할 가능성이 높다. 생존이라는 면에서 성공적인 집단은 일등을 놓고 다투는 개인들이 모인 집단보다는 어느 정도는 개인을 무시하고 집단 전체가 한 몸처럼 움직이는 집단일 것이다.

집단선택은 진화론자들 사이에서 극도의 논란을 불러일으켰다. 집단선택이 우리의 진짜 본성에 대해 암시하는 모든 내용 역시 이 논란의 대상이었다. 이런 논란은 진화론 자체가 아직도 진화중임을 보여 준다. 초기의 집단선택 이론들은 경고 행동을 하는 포유동물, 무리에게 먹이를 알리는 새, 관대한 영장동물처럼 처음부터 이타적인 개체들이 결집한 집단이 존재했으며 그 집단에 대해 집단선택이 이루어졌다고 가정했다. 이타주의자들의 집단이 어느 날 하늘에서 뚝 떨어졌다고 하는 이 어설픈 가정은 많은 학자들의 심기를 거슬렀고 결국 과학적인 근거가 부족하다는 비난의 꼬리표를 달게 되었다.

1966년에 시카고대학교 교수인 조지 C. 윌리엄스(George C. Williams)는[55] 『적응과 자연선택(Adaptation and Natural Selection)』을 출간했는데, 현재 이 책은 이 분야의 고전이 되었다. 이 책에서 윌리엄스 교수는 이론적으로 가능하긴 하지만 실제 집단선택이 이루어질 가능성은 낮다고 주장했다. 그는 자연선택의 근본 단위는 *개체도 집단도 아니며,* 진정한 선택 단위는 유전자 자체라고 말했다. 무성생식을 하는 유기체와 달리, 유성생식을 하는 동물들은 유전자를 유일한 단위로 삼아 상당 시간에 걸쳐 자기 자신을 거의 정확하게 복제한다. 아이들이 그 부모와 똑같은 복사물은 아니지만 유전자는 부모를 상당히 정확하게 *복제한 상태이다.* 그래서 윌리엄스는 유전자야말로 자연선택이 효과적으로 이용할 수 있는 유일한 단위임에 틀림없다고 주장했다. 즉, '적자생존'은 가장 적합한 개체나 집단의 생존이 아니라 가장 적합한 유전자, 정확히 말하면 그 유전자 속에 암호화된 정보의 생존이라는 의미다. 윌리엄스가 보기에 개체와 집단은 단지 유전 정보를 담기 위한 일시적인 환경을 제공할 뿐이었다.

그로부터 10년이 지난 1976년에[56] 리처드 도킨스(Richard Dawkins)는 『이기적 유전자(The Selfish Gene)』에서 윌리엄스의 유전자 중심의 이론과 생물학자 해밀턴(Hamilton)의 *혈연선택*이라는 개념[57]을 확장했다. 혈연선택은 유전자 수준의 '이기주의'를 통해 역설적으로 개체 수준에서 일어나는 이타적인 행동의 진화를 설명하는 다소 생소한 개념으로, 이해하기 위해서는 얼마간의 설명이 필요하다.

혈연선택은 개체가 자신의 생존과 번식 가능성을 지킬 뿐만 아니라 자신과 유전적인 구성의 일부분을 공유하는 다른 개체들 즉, 혈연관계에 있는 개체들의 생존과 번식 가능성을 함께 지킨다면 그 개체의 유전자 설계도를 구성하는 조각들이 더욱 잘 보존될 수 있다는 의미이다. 그런 면에서 생물학적으로는 그 유전자 조각들이야말로 '불멸'이라고 할 수도 있겠다. 개체가 자신의 혈족을 아끼고 보호하면 그들의 생존과 번식률이 높아지고, 혈족끼리는 많은 유전자를 공유하기 때문에 향후 세대에서 그 개체의 유

이토록 친밀한 배신자

전자가 수적으로 늘어날 것이다.

물론 '이기적인 유전자'라는 표현이 DNA가 자신의 욕망에 맞춰 스스로 생각하고 느낀다는 의미는 아니다. 도킨스가 비유적으로 말한 '이기적인 유전자'라는 표현은 유전자 풀(gene pool, 한 생물 집단의 모든 개체들이 갖고 있는 유전자 집합)에 있는 동일한 유전자들의 생존을 극대화하는 방식으로, 개체들이 생각하고 느끼고 행동하도록 하는 유전자가 어떤 종의 특성을 결정짓는다는 의미이다. 개체들의 그런 생각, 느낌, 행동들이 그 개체 자신에게 긍정적이든 부정적이든, 심지어 치명적이든 상관없이 말이다. 예를 들어 만약 내 뇌가 나에게 감정적인 애착 형성을 허용한다면, 그리고 내가 사촌들에게 온정을 느껴서 내가 가진 과일을 그들과 나눈다면, 비록 내 개인의 생명은 단축될지 몰라도 사촌들이 내 유전자의 일부를 공유하고 있기 때문에 평균적으로 내 유전자가 그 개체군 내에서 지속될 가능성은 사실상 몇 배로 늘어난다. 그리고 사촌들의 생명을 연장함으로써 유전자 풀에 기증한 유전자에는 나에게 감정적인 애착을 갖도록 만든 유전자도 포함될 가능성이 높다.

다시 말하면 감정적인 애착을 갖도록 만드는 유전자는 개체의 편안한 삶이나 지속적인 생존에는 신경 쓰지 않고 자기 자신의 증가를 촉진하려고만 드는 존재이기 때문에 '이기적'이라고 할 수 있다. 새뮤얼 버틀러(Samuel Butler)가 말한 '달걀에게 닭은 다른 달걀을 만드는 수단일 뿐'이라는 유명한 구절처럼 말이다.

9장_양심은 어디에서 왔는가

많은 진화론자들은 우리가 부모, 형제, 자녀와 유전적 보체(補體)를 가장 많이 공유하기 때문에 혈연선택의 개념에서 먼 친척이나 모르는 사람보다 부모, 형제, 자녀에게 더욱 헌신적일 수 있다고 설명한다. 또한 혈연선택은 왜 우리가 자신의 에너지와 생존 자원을 소모하면서까지 자녀를 양육하고 보호하는지도 설명해 준다. 이런 관점에서 보면 *양심*은 이제 막 스스로 걸음을 뗀 별도의 유전물질 꾸러미들을 우리가 무시하지 못하도록 유전적으로 설계된 기능이다.

그렇다면 앞서 말한 먼 친척이나 모르는 사람을 향한 양심은 유전적으로 어떻게 설계된 걸까? 유전자 중심적인 진화론자들은 그런 사람들의 자연선택이 분업, 친구 사귀기, 협동, 갈등 해소와 같은 비(非)제로섬(윈-윈) 행동 즉, '상호 이타주의'에 따르도록 만드는 유전자를 선호했기 때문이라고 설명한다. 그런 행동들은 감사, 연민, 양심 등의 감정을 매개로 하기 때문에 유전자의 자연선택에서도 당연히 그런 감정들이 유리했을 거라는 뜻이다.

그러나 집단선택이라는 개념이 되살아나면서, 다른 진화론자들, 특히 데이비드 슬론 윌슨(David Sloan Wilson)과 스티븐 제이 굴드(Stephen Jay Gould)는 단지 유전자 중심이 아니라 더욱 많은 수준에서 진화가 일어났을지도 모른다는 점을 고려해야 한다고 생물학과 행동과학에 요구해 왔다. 박물학자인 굴드는 고생물학의 증거를 재검토함으로써[58] 자연선택이 유전자부터 개체, 집단, 심지어 종에 이르는 다양한 수준에서 작용한다고 주장한다. 아울

이토록 친밀한 배신자

러 글로벌하거나 그에 맞먹는 재앙 같은 어떤 힘이 진화 과정에 상당한 영향을 미쳤으며 다시 그럴지도 모른다고 주장한다. 굴드가 말한 그 힘의 작용은 자연선택보다는 느리지만 까마득한 시간을 통한 진화보다는 더 빠른 정도이다.

다양한 수준의 자연선택들은 서로 부딪치기 쉬운데, 특히 양심처럼 이타적인 행동과 감정에서 더욱 그렇다. 유전자와 집단에게는 양심이 유리하고 그래서 자연선택의 지지를 얻을 수 있다. 그러나 개체의 수준에서는 양심의 결핍이 때로는 생존에 훨씬 더 적합할 수 있다. 이런 식으로 자연은 다수의 우리가 꾸준히 양심을 기르도록 하는 한편, 다른 수준에서는 감정적인 애착과 양심의 신경생물학적 기반 없이 잘 살아가는 소수의 개체도 계속 지지할 것이다.

진화론자인 데이비드 슬론 윌슨은 "집단 수준의 조직에 헌신해서 성공하는 행동과 그 조직을 방해해서 성공하는 행동을 구별하는 아주 지적이고 실용적인 근거가 있다. 그것은 바로 '이타적'과 '이기적', '도덕적'과 '비도덕적'이라는 말이 일상생활에서 무엇을 가리키는가이다."라고 했다.[59] 윌슨의 이 말은 당황스러운 동시에 너무나 친숙한 두 가지를 보여 준다. 즉, 갈등을 최소화하고 필요할 때는 서로 나누며 사랑하는 사람들과 함께 살아가고자 하는 생각과 감정을 가진 다수와 갈등을 통해 번영하고 삶은 이기기 위한 끊임없는 경쟁일 뿐이라 여기는 소수 말이다.

그리고 가장 환원주의적인 생물학의 수준에서도 선악의

271

투쟁은 인류보다 더 오랜 역사를 가지고 있다. 그 투쟁은 우리에게서 결말에 이를 가능성이 높으며, 그 궁극적인 해결은 인류가 세상에 던진 크나큰 도전, 그중에서도 소시오패시의 문제에 우리가 어떻게 대응하는지에 달려 있다. 우리가 이제 막 이해하기 시작한 방식으로 보자면 자연선택은 인간 개체군에서 얼마간의 이타주의를 선호해 왔으며, 작고 고요한 양심의 목소리에 따라 긍정적인 의도로 서로 사랑하고 결속하는 능력을 지닌 인간 종이 형성될 수 있도록 도와주었다. 적어도 우리 중에서 96%는 본래 그런 사람들이다. 나머지 4%가 야기한 인간 종의 생존 문제가 어떤 결말을 맺을지는 아직 알 수 없다.

하인츠(Heinz)의 딜레마

이제 진화심리학에서 발달심리학으로 전환해서 양심이 아이들에게서 어떻게 발달하는가라는 흥미로운 질문을 살펴보자. 다른 정신적인 능력이 발달하면서 아이들의 마음에서 양심이 저절로 꽃피는 걸까 아니면 아이들이 삶을 경험하면서 가족, 사회, 문화의 가르침을 받아 도덕관념을 습득하고 조정하는 걸까?

지금까지 감정의 하나인 양심에 대해 이런 식의 연구는 없었지만, 양심의 지적인 협력자인 *도덕 추론*에 대해 알려진 내용으로부터 많은 것을 알 수 있다. 도덕 추론은 양심을 따르면서 양

이토록 친밀한 배신자

심이 할 일을 결정하는 데 도움을 주는 사고 과정이다. 노력한다면 우리는 말, 개념, 원칙으로 도덕 추론을 표현할 수도 있다.

차를 몰고 가던 조는 양심의 고통을 느끼는 동시에 도덕 추론에 빠져들었고, 중요한 업무회의에 참석해야 할지, 아니면 집으로 돌아가 리복에게 먹이를 주어야 할지를 열심히 생각했다. 알다시피 *양심*은 리복에 대한 감정적인 애착을 바탕으로 하는 조의 의무감이었다. *도덕 추론*은 조가 그 의무의 정확한 내용과 의무를 완수할 방법을 결정하는 과정이었다. 예를 들면 리복이 얼마나 배가 고플까, 갈증으로 죽을 수도 있을까, 회의와 리복 중에서 어느 쪽이 더 중요하지, 옳은 일은 무엇일까 같은 사고들이 그 과정에 속할 것이다.

도덕 추론의 내용은 개에게 먹이를 줄지 말지부터 핵미사일의 발사 여부에 이르기까지 굉장히 다양하다. 우리 스스로에게 도덕적·윤리적 질문을 던지는 이 보편적인 능력은 과연 어디에서 오는 걸까?

도덕 추론에 관한 체계적인 연구는 1930년대에 스위스 심리학자인 장 피아제(Jean Piaget)[60]가 시작했다. 피아제는 그의 가장 영향력 있는 업적 중 하나인 『어린이의 도덕 판단(The Moral Judgment of the Child)』에서 권위, 거짓말, 도둑질, 정의의 개념에 대한 아이들의 관점을 분석했다. 피아제는 우선 다양한 나이의 아이들이 규칙을 어떻게 생각하고 놀이를 하는지, 그리고 도덕적 딜레마를 어떻게 해석하는지를 관찰해서 상세하게 기록하는 것부터 시작했다. 심리학적·철학적인 면에서 인간은 점진적인 방식으로 발달한다고 믿었던 피아제는 '구조적' 접근법을 사용했다. 그는 사람의 인지 발달이 이전 단계를 발판으로 다음 단계로 넘어가며 이런 발달 과정은 모든 아이들에게서 동일한 순서로 진행된다고 생각했다.

　　피아제는 도덕 발달을 두 개의 일반적인 단계로 설명했다. 첫 번째 단계는 '구속의 도덕(morality of constraint)' 또는 '도덕적 실재론(moral realism)'이다. 이 단계에 있는 아이들은 규칙을 바꿀 수 없는 것으로 여기기 때문에 규칙을 잘 따른다. 흑과 백으로 추론하는 이 단계의 아이들은 어떤 행동이 절대적으로 옳거나 절대적으로 틀리며, 잘못된 행동을 했다가 발각된 사람은 처벌을 피하지 못할 것이라고 믿는다. 피아제는 이런 기대를 '긴박한 정의(imminent justice)'라고 불렀다. 두 번째 단계는 '협동의 도덕(morality of cooperation)' 또는 '상호성(reciprocity)'이다. 이 단계에 있는 아이들은 규칙은 상대적인 것으로, 상황에 따라 변경될 수 있다고 생각하며 사람들의 의도를 감안해서 정의의 개념을 규정한다. 좀 더 나이가 많은 아이들은 자신의 관점을 '분산'시켜 자기중심적인 면을 줄일 수 있으며, 도덕 규칙을 개인 차원에서 나쁜 결과를 방지하기 위한 것이라기보다는 사회의 기능에 중요한 요소라고 이해한다.

　　피아제의 전통을 따르면서 미국 철학자 존 듀이(John Dewey)의 연구에서 영향을 받은 심리학자이자 교육자인 로렌스 콜버그(Lawrence Kohlberg)[61]는 1960년대 후반에 하버드대학교 도덕교육센터에서 도덕 판단에 관한 연구를 시작했다. 콜버그의 포부는 도덕 발달의 보편적인 단계가 진짜로 존재하는지 밝히는 것이었다.

콜버그의 이론은 미국·대만·멕시코·터키·유카탄에 살고 있는 여섯 살에서 열여섯 살 소년들을 대상으로 실시한 인터뷰를 바탕으로 하고 있다. 인터뷰 과정에서 열 가지의 이야기를 들려주었는데, 각각의 이야기에는 도덕적 딜레마가 포함되어 있다. 그중에서 가장 유명한 것은 거의 40년 전에 지어진 짤막한 이야기로, 제약회사와 약 처방 비용을 둘러싼 오늘날의 논란을 확실히 떠오르게 만드는 내용이었다. 그 이야기는 하인츠의 딜레마로, 간략하게 적으면 다음과 같다.

하인츠의 아내는 희귀한 암으로 죽어 가고 있었다. 의사들은 하인츠 마을에 사는 한 약사가 최근에 발견한 라듐 화합물이 아내를 구할 수 있다고 말했다. 그 약은 성분부터 워낙 비싼 데다가, 약사가 매겨 놓은 값이 제조 비용의 열 배나 되었다. 약사는 200달러를 주고 라듐을 구입해 아주 적은 양을 2000달러에 팔았다. 하인츠가 닥치는 대로 아는 사람들을 찾아가 돈을 빌려 달라고 부탁해 보지만 결국 1000달러밖에 구하지 못한다. 결국에는 약사에게 찾아가 그 약을 먹지 못하면 아내가 죽으니 약을 싸게 팔거나 약값을 나중에 받을 수 없냐고 사정한다. 그러나 약사는 "안 돼요. 내가 이 약을 발견했고, 나는 이 약으로 돈을 벌 거요."라고 대답한다. 절망에 빠진 하인츠는 약국의 창고를 부수고 들어가 약을 훔친다.

하인츠는 그렇게 해야만 했나?

콜버그는 "하인츠는 그렇게 해야만 했나?"라는 질문에 대해 아이들이 '예' 또는 '아니요'로 하는 대답이 아니라 그 대답 이면에 아이들이 하는 추론에 관심이 있었다. 인터뷰 결과를 바탕으로 콜버그는 아이들이 덜 발달된 자기이익을 쫓는 단계부터, 더 발달된 원칙을 지키는 행동으로 발전해 나가는 하나의 보편적인 경로를 따르며, 그 경로는 도덕 발달의 세 가지의 수준으로 기술할 수 있다고 말했다. 도덕 발달의 세 가지 수준은 발달할수록 점점 더 복잡하고 추상적인 사고 유형이 필요하고, 아이가 인지적으로 성숙함에 따라 각 단계는 이전 단계를 대체한다.

콜버그의 도덕 발달 이론에 따르면, 일곱 살부터 열 살에 이르는 아이들은 '전인습적 단계(preconventional level)'에서 추론하는데, 여기서 아이들은 오직 받게 될 처벌과 보상에 근거해 어른의 권위를 받아들이고 규칙을 따른다. 콜버그는 아이들의 전인습적 추론이 본질적으로 '전도덕적(premoral)'이라고 생각했다. 하인츠의 딜레마에 대한 가장 전형적인 '전도덕적' 대답은 이런 식이다. "아니요. 하인츠는 그러지 말았어야 해요. 그렇게 하면 벌을 받을 테니까요." 이제 열 살이 된 아이들은 '인습적 단계(conventional level)'의 도덕적 추론으로 옮겨 가는데, 이때의 아이들은 다

이토록 친밀한 배신자

른 사람들의 의견을 따르고 그 의견에 순응하려는 태도를 보인다. 이 수준에서 권위를 따르는 행위는 즉각적인 보상이나 처벌 또는 상위 원칙과 관계없이 그 자체로 가치 있는 일이다. 콜버그는 아이가 열세 살 정도 되면 대부분의 질문에 인습적 단계의 답을 한다고 생각했다. 하인츠의 도둑질에 대한 인습적 추론은 이런 식이다. "아니요. 하인츠는 약을 훔치지 말았어야 해요. 도둑질은 법을 어기는 짓이에요. 그건 누구나 알아요."

콜버그는 소수의 사람들은 청년기의 어느 때에 인습적 단계를 넘어 가장 높은 세 번째 단계인 '후인습적 단계(postconventional level)'로 발전한다고 여겼다. 이 단계의 아이들은 다른 사람의 동의를 얻기보다는 추상적인 도덕 원칙을 정립하고 이를 바탕으로 자신의 양심을 충족시키는 쪽으로 행동한다. 후인습적 단계에서는 도덕 추론이 확고한 사회 규칙을 뛰어넘기도 하고, 한 개인이 이해한 규칙이 다른 사람의 규칙과 어떤 식으로든 충돌하는 일도 자주 생긴다. 그의 추론은 자유, 존엄, 정의, 생명 존중과 같은 유동적이고 추상적인 개념에 영향을 받는다. 하인츠의 사례에 있어서도 후인습적 단계에서 추론하는 사람이라면 인간의 생명이 돈보다 귀중하며 생명의 신성함은 도둑질에 관한 사회 규칙을 넘어서는 도덕 법칙이라고 주장할 가능성이 높다. 아마 "그래요. 어려운 문제네요. 하지만 약사가 돈을 이유로 생명을 살릴 수 있는 약을 내어 주지 않으니 하인츠로서는 충분히 훔칠 만해요."라고 대답할 것이다.

9장_양심은 어디에서 왔는가

콜버그는 대부분의 사람들이 어른이 되더라도 결코 완전한 후인습적 도덕 추론에 이르지 못한다고 생각했다. 연구 과정에서 좀 더 나이가 많은 소년과 청년들을 대상으로 인터뷰를 실시했는데 명백하게 세 번째 단계의 응답을 한 사람은 전체의 10%에도 미치지 못했기 때문이다. 덧붙이자면 나는 왜 대중들이 부유한 제약회사에 대해 크게 분노하지 않는지, 그 이상한 현상을 설명하는데 콜버그의 이런 견해가 도움이 된다고 생각한다. 물론 콜버그의 주장이 맞는다면 말이다. 아마도 우리 대부분, 특히 미국인들은 "내가 발견한 약이고, 나는 이 약으로 돈을 벌 거요."라는 약사의 소유권 주장을 대체로 받아들이는 듯하다. 상황의 어떤 다른 측면보다도 소유권을 존중하는 것은 인습적 도덕 추론에 해당한다. 적어도 북미에서 성장한 사람들의 경우에는 그렇다.

성(Gender)과 문화

콜버그의 도덕 발달 체계는 그 최고 수준에서조차 어떤 요인을 무시하고 말았다. 그것은 바로 하인츠와 아내의 관계다. 이는 확실히 보다 개인적이며, 어쩌면 보편적인 생명 존중에 관한 가장 진보한 이해보다 절실하다고도 할 수 있다.

그렇다면 콜버그의 연구 설계 전반에서 가장 주요한 결함이라고 할 만한 것은 무엇일까? 그것은 애초에 그 도덕적인 질문

이토록 친밀한 배신자

을 오직 소년들에게만 했다는 점이다. 명석한 사회과학자인 콜버그는 어쩌다가 인류의 절반을 간과하고 말았다.

1982년에 캐럴 길리건(Carol Gilligan)[62]은 자신의 혁신적인 책 『다른 목소리로: 심리학 이론과 여성의 발달(In a Different Voice: Psychological Theory and Women's Development)』에서 이 점을 다루었다. 콜버그의 제자인 길리건 역시 도덕 발달의 보편적인 단계 이론을 발전시키는 데 관심을 기울였지만, 콜버그가 제안했던 도덕 수준의 제한적인 내용에는 전혀 동의하지 않았다. 길리건은, 콜버그가 만들어 낸 도덕 추론 모델은 '정의의 윤리(ethic of justice)'에 근거를 두고 있으며, 구체적이든 추상적이든 상관없이 오직 '규칙'에만 골몰하고 있다고 말했다. 길리건은 콜버그가 남성들만 조사대상으로 삼았기 때문에 오직 '정의의 윤리'만을 도출해 냈으며, 여성을 대상으로 인터뷰를 실시했더라면 전혀 다른 사상 체계가 나왔을 거라 생각했다. 그래서 삶의 중대한 결정을 하고 있는 여성들을 대상으로 인터뷰를 실시했고, 그 결과 여성들은 '규칙'을 숙고하기보다는 돌봐야 할 무언가에 대해 더 많이 생각하고 있음을 알게 되었다. 이를 바탕으로 길리건은 여성들이 남성의 '정의의 윤리'가 아니라 '배려의 윤리'에 따라 도덕 추론을 해 나간다고 단언했다. 왜냐하면 소녀들은 어머니와 감정을 나누고, 주로 사람들 사이의 반응이 강조되는 가족 내에서 경험을 쌓아 가기 때문이다.

길리건은 어느 관점도 우월하다고 할 수는 없으며 두 가지 윤리는 서로 다른 두 가지 목소리가 존재한다는 사실을 알려 줄 뿐이라고 설득력 있게 주장했다. 남성은 사회적·개인적 규칙에 대한 애착을 이야기하고, 여성은 사람들에 대한 애착을 이야기한다. 길리건은 여성의 도덕 발달이 단지 인지능력의 변화에만 기반을 두는 게 아니라 자신과 사회적 환경을 지각하는 방식이 성숙해 나가는 변화에도 뿌리를 두고 있다고 말했다.

여성의 후인습적 판단에 하인츠의 딜레마를 맡긴다면 결과는 하인츠와 아내의 관계가 중요하다고 말할 것이며, 또한 살릴 수 있는데도 그냥 죽게 내버려 둔 그 약사의 주장은 부도덕하다고 단언할 가능성이 높다. 길리건은 여성의 후인습적 추론이 자신이나 남에게 해를 끼치지 않는다는 가치에 집중한다고 확신했다. 이런 가치는 보편적인 생명 존중 같은 원칙보다 더욱 구체적이고 관계적이며, 여러 가지 면에서 더욱더 까다롭다고 할 수 있다.

캐럴 길리건 덕분에 이제 심리학자들과 교육자들은 도덕 추론에 한 가지 차원만 있는 것은 아니며 사람들의 도덕 발달이 처음 생각한 것보다 훨씬 더 복잡한 방식으로 이루어진다는 점을 이해할 수 있게 되었다. 지난 20년 동안 진행된 새로운 연구들[63]을 통해 여성과 남성 모두 도덕 추론에서 '배려의 윤리'와 '정의의 윤리'를 함께 사용할 수 있다는 사실이 밝혀졌다. 이 두 가지 목소리는 한데 어우러져 복합적인 합창을 이루며, 성별에 의한 차이는 모든 여성과 모든 남성을 명확하게 가르기 어려울 만큼 복잡하다.

우리는 이제 전 세계의 모든 인간에게 적용되는 보편적인

이토록 친밀한 배신자

도덕 발달 단계가 존재하지 않는다는 사실을 안다. 이는 남성과 여성으로 나눈다고 하더라도 마찬가지다. 도덕의 영역에도 문화 상대주의가 존재한다. 그리고 도덕 추론에 정의와 배려라고 하는 두 가지 차원이 있다고 할 수 있다면 세 가지, 백 가지 혹은 그 이상의 차원도 가능하지 않겠는가? 도덕 추론의 관점은 인간의 상황과 가치, 자녀의 양육 방식과 마찬가지로 굉장히 다양할 수도 있을 것이다.

예일대학교의 조앤 밀러(Joan Miller)와 데이비드 버소프 (David Bersoff)는 도덕 판단에서 맥락과 문화가 얼마나 중요한지를 설명했다.[66] 밀러와 버소프는 코네티컷주 뉴헤이번의 미국 어린이 및 어른들을 인도 남부 마이소르의 힌두교 어린이 및 어른들과 비교하는 연구를 진행했다. 그들은 인도의 힌두교 문화가 인간의 상호의존성을 중요하게 교육하는 반면, 미국 문화는 극도로 개인주의적 성향을 독려하는 경향이 있다고 지적했다. 미국 문화는 소년과 소녀 모두에게 자율과 개인적인 성취를 강조하지만, 힌두교 문화는 다른 사람들과의 변치 않는 관계, 그리고 자신의 포부보다는 자신이 속한 집단의 목표를 우선시하는 가치관을 강조한다.

도덕 발달에 관한 밀러와 버소프의 연구에 따르면, 대인관계의 의무를 개인의 의사결정에 달린 문제로 보는 미국인들과는 반대로, 힌두교도인 인도인들은 사회적으로 강제할 수 있는 도덕적 의무로 간주하는 경향이 있다고 한다. 예를 들어 부모가 더 이상 돌볼 수 없게 된 다운증후군 환자인 누나를 자신이 돌봐야

9장_양심은 어디에서 왔는가

할지 말지를 결정해야 하는 상황에 놓여 있다고 가정해 보자. 그럴 경우 미국인은 이것이 도덕적 의미를 담고 있는 문제임에도 불구하고 선택의 문제라고 생각하는 반면, 힌두교도인 인도인은 이를 타협할 수 없는 도덕 명령(다르마, dharma)으로 받아들이고 필요하다면 가족이 나서서 그 의무를 지키도록 압박할 것이다. 게다가 인도인들은 대인관계의 의무를 어쨌든 개인들이 해야만 하는 당연한 일이라고 여긴다. 하지만 미국인들은 사회적 기대와 개인의 바람이 늘 부딪치기 일쑤이기 때문에 그 사이에서 어떻게든 균형을 잡아야 한다고 생각한다.

신념과 조기 교육에서 나타나는 이런 차이는 아주 크며, 도덕 추론에서 상당한 문화적 다양성을 만들어 낸다. 밀러와 버소프에 따르면, 힌두교도인 인도인들은 남녀에 상관없이 '의무 중심의 관점'에 따라 도덕 판단의 차원을 발달시키며, 그렇게 형성된 도덕 판단은 '정의의 윤리'와도 다르고 '배려의 윤리'와도 다르다고 한다. 밀러와 버소프는 '연구 결과를 해석해 보면, 미국 문화와 인도 힌두교 문화에서는 질적으로 서로 다른 유형의 대인관계에 대한 도덕 규칙이 발달하며 이는 강조하는 바가 다른 각각의 문화에서 서로 다르게 형성된 자아관이 반영된 결과'라고 결론 내렸다.

하지만 다양한 문화로부터 여러 형태의 도덕 판단 과정이 생겨난다 하더라도, 결국에는 문제의 핵심에 가까운, 더 심오하고 변하지 않는 무언가가 존재한다. 이 확고부동한 심리학적 요소는 도덕적 힘 사이에서 서로 타협할 수 없는 충돌이 생겼을 때 나타

이토록 친밀한 배신자

나는 우리의 감각이다. 전반적으로 선과 악을 인생의 이중성으로 바라보는 인식은 완전히 보편적인 것으로 보인다.[65] 이 사실은 최소한 사회과학자들에게는 놀라운 일이다. 선과 악의 대립은 시대와 문화를 초월하는 인간의 이야기이며, 문화나 성별에 상관없이 누구라도 선악의 대립이라고 하는 이 보편적인 도덕 투쟁의 배경을 쉽게 알아챈다. 나는 인도 남부 출신의 여성이라도 선과 악이라고 하는 분리된 도덕적 영역에 대해 이 근본적인 감각을 가지고 있을 거라 기대하고, 그 인도 여성도 내가 그러하기를 기대할 것이다. 예를 들어 가난하고 절망에 빠진 하인츠를 생각해 본다면, 그가 자신의 딜레마를 어떻게 해결해야 하는가에 관한 판단과는 별개로, 문화를 넘어서는 보편적인 합의 즉, 사랑하는 사람에게 헌신하는 하인츠는 애초에 도덕적으로 고귀한 존재이며 이기적인 약사의 행동은 부당하다고 인식할 것이다.

우리는 도덕 추론의 지적 과정을 통해 도덕적 딜레마를 고찰하고 구체적으로 해야 할 일을 결정한다. 하지만 이 도덕 추론의 과정 자체에는 지구 전체를 아우르는 일관성이 존재하지 않는다. 그렇다면 선악의 도덕 투쟁에 대한 우리의 감정적인 반응에는 통일성이 있을까? 차이와 경계를 뛰어넘어 의지할 수 있으며, 거의 보편적이라 할 수 있는 제7감에는 통일성이 있을까?

만약 그렇다면 그것은 어떻게 느껴질까?

9장_양심은 어디에서 왔는가

양심의 본질, 보편적 유대

　내가 양심의 기원에 관한 이 장의 마지막 부분을 쓰기 시작하는 지금은 2003년 9월 11일 아침이다. 보통 나는 조용한 분위기에서 일하기를 좋아하지만, 오늘 아침에는 옆방에 텔레비전을 켜 놓았다. 예전 세계무역센터 빌딩이 있던 자리에서 유명을 달리한 사람들의 이름을 하나씩 차례대로 읽어 내려가는 아이들의 목소리를 듣기 위해서다. 오늘 아침 일찍, 나는 딸아이를 학교에 데려다주었다. 2년 전 9월 11일 아침에도 마찬가지였다. 차이라면 2년 전에는 아이를 학교에 데려다주었다가 다시 집으로 데려오는 사이에 온 세상이 변했다는 점이다.

　그 뒤로 2년이나 흘렀지만, 아직도 감정의 홍수가 밀려드는 걸 느낀다. 재난을 겪으면서 사람들은 다양한 형태의 예상하지 못한 반응을 보이는데, 내가 가장 놀랐던 것 중 하나는 어린 시절부터 내가 알아 왔던 사람들, 아주 잠시라도 내게 중요했던 사람들, 내가 애정을 느꼈던 사람들 모두와 나 자신이 서로 연결되어 있다는 느낌을 홀연히 아주 또렷하게 느꼈던 경험이다. 2001년 9월 11일 이후, 나는 지난 수년 내지 수십 년간 만나거나 생각조차 하지 않았던 사람들을 기억해 냈다. 그들의 얼굴이 너무너무 또렷하게 떠올랐다. 시간이 너무 많이 흘렀기 때문에 나는 그들 대부분이 어디에 사는지도 몰랐다. 그래도 그 사람들 모두에게 전화를 걸어 안부를 묻고 싶었다. 오래전 노스캐롤라이나에서 고등학

　이토록 친밀한 배신자

교 다닐 때 작문 선생님, 대학교 시절의 룸메이트, 필라델피아에 살 때 알았던 마음씨 좋은 식료품점 사장님, 그 사람들은 모두 괜찮을까? 나는 할 수 있는 데까지 전화를 걸었다. 아무도 내 전화를 이상하게 여기지 않았다. 우리는 그저 서로의 안부를 확인할 뿐이었다.

도덕 추론은 우리가 도덕적 딜레마를 처리할 때 생각하는 방식이다. 이 도덕 추론은 결코 일관되지도 보편적이지도 않다. 도덕 추론은 시대와 성별에 따라 변한다. 그리고 문화에 따라서도 달라진다. 지역이나 심지어 한집에서도 서로 다를 수 있다. 예를 들어 테러리즘에 우리가 어떻게 해야 하는가라는 문제에 대한 내 생각은 내 이웃의 생각과는 약간 다를 것이며, 바다 건너 다른 대륙에 사는 사람과는 확실히 다를 것이다. 그러나 다른 인간에 대한 깊은 애착이라고 하는 한 가지만은 우리 대부분에게 마치 기적처럼 동일하게 존재한다. 예외인 경우도 약간은 있겠지만 말이다. 감정적인 애착은 우리의 몸과 두뇌를 이루는 분자 하나하나에 깃들어 있는 우리의 일부이며 때때로 우리는 아주 강렬하게 그 감정적인 애착을 다시금 떠올린다. 유전자에서부터 우리의 문화, 신념, 종교 전체로 소용돌이치듯 우리 모두가 하나라는 이해는 조용한 속삭임처럼 그렇게 드리워진다. 기원이 어찌되었건, 이것이 바로 양심의 본질이다.

왜 양심이 더 훌륭한가

행복은 당신의 생각과
당신의 말과 당신의 행동이
조화를 이룰 때 찾아온다.

–

마하트마 간디(Mahatma Gandhi)

만약 당신이 양심에서 완전히 자유로울 수 있다면, 그래서 도덕적 가책이나 죄의식이 전혀 없다면, 당신은 과연 무엇을 하며 살아갈 것 같은가?

내가 이렇게 물어보면 사람들은 흔히 "와우!"나 "이런!" 같은 감탄사를 내뱉고는 잘 알아들을 수 없는 외국어로 질문을 받은 사람처럼 입을 다물고 얼굴을 찌푸린 채 고민한다. 그러고는 자신의 삶에서 양심이 지닌 권위에 당황한 듯 빙긋이 웃으며 "뭘 할지는 잘 모르겠지만, 지금 하고 있는 일은 분명 아닐 거예요."라는 식으로 대답한다.

특히 상상력이 풍부한 어떤 사람은 "와우!"와 잠깐의 침묵 다음에 킬킬거리며 "아마 저는 작은 나라의 독재자가 되어 있을 거예요."라고 대답했다. 그 말을 하면서 그는 지금껏 자신이 추구해 왔던, 그리고 사회적으로 가치 있는 직업과 경력보다 독재자가 되는 게 더 현명하고 대단하다고 여기는 듯 보였다.

양심이 없는 쪽이 더 현명할까? 그리고 더 행복할까? 알다시피 온 국민이 소시오패스이거나 구성원 모두가 자기 생각만 하는 그런 집단이라면 세상은 결국 곤경에 빠지고 말 것이다. 그러나 현실적으로 개인적인 수준에서 바라본다면 양심의 제약을 벗어 버리는 쪽이 더 행복하고 잘 살게 될까? 확실히 그런 경우가 있는 것 같다. 정직하지 못한 사람들이 힘 있는 자리를 차지하고 부도덕한 기업가들이 개인 해변과 요트를 사들이는 반면, 우리는 책임감 있게 일하고 '합당한' 자동차 할부금을 내고 있으니 말이다. 그러나 그 문제의 진실은 어떨까? 심리학적인 관점에서 본다면 소시오패스가 정말로 우리보다 더 나은 삶을 살까 아니면 어쨌든 양심을 지니는 게 더 행복한 운명일까?

아이러니하게도 공리주의적인 방식에서는 우리가 애초부터 자연에 의해 사회적이고 공유하는 존재가 되도록 선택되었으며 우리 뇌에는 감정적인 상호연결성과 양심이 이미 들어 있다고 본다. 정확히는 아주 소수를 제외하면 우리 모두가 그 길을 걸어왔다. 이 길 대신 다른 방식으로 똑같이 효율적인 선택을 해서 이익을 얻어 온 그 소수는 인류에게 아무런 감정을 느끼지 않는 악당으로 진화했고, 감정적인 면에서 단절된 그들의 뇌는 철저하게 이기적인 계획을 만들어 냈다. 21세기의 관점으로 판단하고 심리학의 눈으로 바라보았을 때, 사회적 양심을 지닌 사람과 소시오패스라는 이 오래된 두 분파 중에서 어느 쪽이 더 잘 살고 있다고 말할 수 있을까?

이긴 듯 보이지만 지는 삶

양심에 전혀 구애받지 않는 사람들이 잠시나마 부와 권력을 얻는 경우가 때때로 있다는 것을 부정하기는 어렵다. 인류의 역사는 그 첫 줄부터 최근에 이르기까지 무력 침략자, 정복자, 약탈 귀족, 제국 건설자 들이 이룩한 엄청난 성공 스토리로 채워져 있다. 그런 사람들은 죽은 지 너무 오래되었거나 대단한 특권층이기 때문에 임상심리학자가 선호하는 방식으로 공식적인 평가를 내리기는 힘들다. 하지만 잘 알려진 그들의 행적을 바탕으로 생각해 본다면 그들 가운데 상당수는 양심이 없는 사람일 가능성이 있다. 다시 말하면 비록 반사회성 척도에서 그들이 몇 점인지 확인할 수는 없어도, 그들 가운데 일부는 소시오패스다.

설상가상으로, 잔인한 정복자들과 제국 건설자들은 대개 그 시대 사람들에게 경외의 대상이며 살아 있는 동안 전 인류의 롤 모델인 경우가 많다. 13세기의 수많은 몽골 소년은 틀림없이 결코 굴하지 않는 칭기즈 칸의 이야기를 들으며 잠자리에 들었을 것이다. 그렇다면 오늘날 우리가 아이들에게 들려주는 현대의 훌륭한 영웅 가운데 누가 무자비한 이기심에서 동기를 얻은 사람으로 역사에 기록될지 궁금해진다.

성적(性的) 정복에도 양심의 결핍이 관여하는 경우가 많다. 이 점을 폭군 칭기즈 칸의 자손들을 예로 들어 살펴보면, 그 맏아들인 주치는 정복한 마을에서 가장 아름다운 여인들을 골라잡는 장자(長子)의 권리를 이용하여 40명의 아들을 두었다고 한다. 그 마을의 다른 사람들은 보통 자신의 아들들과 함께 학살됐다. 칭기즈 칸의 여러 손자 중 한 명이자 원나라를 세운 쿠빌라이 칸은 22명의 적자를 두었으며, 매년 30명의 처녀를 후궁으로 삼았다. 내가 이 글을 쓰고 있는 현재, 예전 몽골제국 지역에 살고 있는 남자들의 거의 8%,[66] 즉 1600만 명이 사실상 동일한 Y염색체를 가지고 있다. 유전학자들은 이 상황을 칭기즈 칸이 13세기에 저지른 학살과 강간의 유산이라고 생각한다.

칭기즈 칸은 다른 소시오패스 폭군과는 달리 횡사하거나 수치스러운 죽음을 맞지 않았고, 대신 1227년에 사냥을 나갔다가 말에서 떨어졌다. 그러나 학살과 대량 강간을 저지른 대부분의 악인들은 결국 자살하거나 격분한 추종자의 손에 살해되었다. 칼리굴라(Caligula)는 자신의 근위병 가운데 한 명에게 암살당했다. 히틀러(Hitler)는 권총을 입에 물고 자살한 것으로 알려져 있으며, 그의 시신은 디젤유로 불태워졌다고 한다. 무솔리니(Mussolini)는 총에 맞은 뒤 시신이 광장에 거꾸로 매달리는 신세가 되었다. 루마니아의 니콜라에 차우셰스쿠와 그의 아내 엘레나는 1989년 크리스마스에 총살을 당했다. 캄보디아의 폴 포트는 예전의 동지들에게 붙잡혀 자그마한 오두막에 갇혀 있다 죽었으며, 그의 시신은 쓰레기와 고무타이어 더미에 묻힌 채 불태워졌다.

전 세계적인 거물급 소시오패스의 삶은 거의 불행하게 막을 내리며, 이런 경향은 보다 작은 지역의 소시오패스라고 해서 별반 다르지 않았다. 결국 소시오패시는 그 크기에 상관없이 지는 게임인 듯하다. 예를 들어 한나의 아버지는 소중했던 모든 것을 잃고 말았다. 쉰 살에 이르러 그는 마약 게임에 한자리 끼려다가 직장과 사회적 지위, 아름다운 아내, 사랑스런 딸을 잃었고, 결국 다른 하찮은 범죄자의 총에 맞아 죽을 가능성이 크다. 시드니의 전 남편인 루크 역시 아내, 아들, 심지어 수영장까지 모든 소중

이토록 친밀한 배신자

한 것을 잃었다. '위대한' 스킵은 자신이 너무나 완벽하고 똑똑해서 증권거래위원회 따위에 무너질 리 없다고 섣불리 자부하지만 증권거래위원회가 본격적으로 달려들면 그가 완벽하지도 똑똑하지도 않다는 사실이 밝혀질 것이다. 도린 리틀필드 '박사'는 진짜 박사학위를 받을 수 있을 만큼 충분히 똑똑하지만, 그 대신 가짜 박사 행세를 하느라 점점 더 구석진 곳으로 옮겨 다니면서 자신이 부러워하는 번듯한 사람들을 상대로 다시 지루한 게임을 벌일 것이다. 그 게임은 아마 그녀가 더 이상 숨을 곳이 없을 때가 되어서야 비로소 끝을 맺을 것이다. 쉰 살쯤 되면 계속된 떠돌이 생활과 끝없는 탐욕 덕분에 은행계좌는 바닥을 보이고 얼굴은 지쳐 버린 일흔 살 노인처럼 변할 것이다.

이런 지루한 결말을 적자면 한도 끝도 없다. 흔히 생각하는 것과는 달리 양심 없는 행동은 결국 삶에서 좋은 것들을 정당한 몫 이상으로 가져다주지 않는다. 거꾸로 말하면, 미심쩍은 누군가가 진짜 소시오패스인지 아닌지를 판단할 수 있는 방법 중 하나는 그 사람의 삶이 끝날 때까지 진득하게 기다리면서 과연 그가 몰락하는지를 지켜보는 것이라고 말할 수도 있다. 그는 당신이 너무나 갖고 싶어 하던 것을 실제로 가졌는가 아니면 대신 쓸쓸하고 쇠잔하며 따분한 모습인가? 힘 있는 사람이 어떻게 그런 식으로 몰락했나 싶어서 놀라운가?

우리가 전쟁과 점령, 대량학살을 기록한 이래로, 역사가들은 종종 부도덕하고 파멸적인 유형의 악당이 인류에 반복적으로 나타나는 것 같다고 말해 왔다. 한 사람의 악당을 벗어났나 싶으면 곧 지구상 다른 어딘가에 또 다른 악당이 나타난다. 집단유전학의 관점에서 보자면, 그 말이 어느 정도 맞는 것 같다. 우리는 그런 사람을 이해하지 못할 뿐더러 그들의 심리가 너무나 낯설게 느껴져서 그들이 이해할 수 없는 방식으로 인류에 해를 입히기 전까지는 그들을 알아보거나 막지 못할 때가 많다. 하지만 간디는 경탄과 안도의 목소리로 "그들은 결국 예외 없이 몰락한다. 언제나 그것을 잊지 마라!"라고 지적했다.

보다 작은 규모에서도 똑같은 현상이 일어난다. 양심이 없지만 그리 대단치 않은 사람들은 가정과 지역사회에 고통을 안겨 주지만 결국에는 자기파괴적인 경향을 보인다. 앞에서 우리가 설정했던 가상의 무인도에 이런 소시오패스들이 살게 된다면 짧은 기간 동안은 일부 사람들을 능가할 만큼 오래 살아남고 어쩌면 유전자도 어느 정도 퍼트릴 수 있다. 하지만 결국 그들은 거꾸로 매달릴 것이다.

결론적으로 실패로 끝나고 마는 이유는 부분적으로나마 무솔리니나 폴 포트 같은 악명 높은 폭군들이 분노한 전(前) 추종자의 손에 살해되고 찢긴 사례에 분명하게 드러난다. 만약 당신이 많은 사람들을 탄압하고 빼앗고 살해하고 강간한다면 결국 그들 가운데 일부가 들고일어나서 당신에게 복수할 것이다. 훨씬 극적이지 않은 도린 리틀필드의 이야기에서도 이를 확인할 수 있다. 그녀는 승산 없는 게임을 계속하다가 마침내 사람을 잘못 건드리

이토록 친밀한 배신자

고 말았다. 한편 장기적으로 봤을 때 양심 없는 삶이 결국 실패하고 마는 부차적인 이유는 사람들의 분노가 아니라 소시오패시 특유의 심리에서 기인한다.

그 첫 번째는 평범하고 단순한 지루함이다.

소시오패스, 결국에는

지루함이 무엇인지는 우리 모두 알고 있다. 하지만 정상적인 어른이라면 대부분 지루함을 별로 경험하지 않는다. 우리는 압박받고 재촉받으며 걱정을 달고 살지만, 순전히 지루함을 느끼는 경우는 별로 없다. 어찌 보면 그 압박과 재촉, 걱정이 그렇게 만드는 건지도 모르겠다. 처리해야 할 일이 전혀 없는 시간은 지루하다기보다는 보통 짧은 휴식으로 느껴진다. 순전한 지루함이 어떤지 제대로 이해하려면 어린 시절의 느낌을 돌이켜 봐야 한다. 아이들과 청소년들은 자주 지루함을 느끼고, 그 지루함을 참기 어려워한다. 아이들은 정상적인 발달을 위해 끊임없는 자극과 모험, 새로운 지식 습득이 필요하다. 하지만 차를 오래 타야 하는 장거리 여행, 집 안에만 있어야 하는 비 오는 오후, 강의실에서의 따분한 수업에 그들은 지루함을 느낀다. 어린 시절의 지루함은 만성 두통이나 지독한 갈증처럼 굉장히 고통스러울 수 있다. 심지어 어떤 아이들은 고래고래 소리를 지르거나 벽에 물건을 집어던지고

　　　　10장_왜 양심이 더 훌륭한가

싫어 할 정도로 힘들어 한다. 극도의 지루함은 확실히 고통스럽다.

　　다행스럽게도 어른들은 끊임없는 자극을 필요로 하지 않는다. 스트레스를 받긴 하지만 우리는 대체로 자극이 너무 지나치거나 적지 않도록 적절하게 조절하면서 살아간다. 그러나 소시오패스는 그렇지 않다. 그들은 늘 더 많은 자극을 원한다. 흥분에 중독*되었다*거나 위험에 *중독되었다*는 것처럼 *중독되었다*는 표현을 쓰는 사람들도 있다. 그런 중독이 생기는 이유는 감정적인 생활이야말로 부족한 자극을 지속적으로 해결해 줄 수 있는 가장 좋은, 어쩌면 유일한 치료제이기 때문이다. 그래서 많은 심리학 교과서에서는 *환기*와 *감정적 반응*이라는 용어를 거의 호환해서 사용한다. 우리는 다른 사람들과 의미 있는 관계를 맺고 의견을 주고받으며 동고동락하면서 자극을 받지만, 소시오패스에게는 이런 감정적인 생활이 없다. 그들은 보통 사람들이 서로 부대끼며 살아가는 과정에서 때때로 느끼는 괴로움이나 흥분, 진정한 애착에서 오는 감정적 환기를 전혀 경험하지 못한다.

　　전기 충격과 소음을 이용한 실험실의 연구[67]에서 소시오패스들은 불안감이나 학습된 공포와 함께 생기는 생리적인 반응인 발한, 두근거림 등을 보통 사람에 비해 훨씬 덜 느끼는 것으로 나타났다. 소시오패스들은 오직 이기기 위한 게임에서만 적절한 자극을 느끼며, 그런 게임조차도 아주 빠르게 낡고 진부해진다. 마치 약물처럼 그 게임은 더 크고 더 강하게 반복되어야 하며 소시오패스들 각자가 가진 자질과 재능에 따라서는 그렇게 할 수 없

　　　　　　　　　　　　　　　　　이토록 친밀한 배신자

을 때도 있다. 그래서 소시오패스에게 지루함의 고통은 사라지지 않고 늘 계속된다.

지루함은 소시오패스들이 알코올과 약물을 남용하도록 만드는 원인이 되기도 한다. 그 화학물질들로 잠시나마 지루함을 희석하려 들기 때문이다. 1990년에 「미국의학협회저널(Journal of American Medical Association)」에 발표된 한 주요 공존질환(共存疾患, 주된 질환과 함께 가지고 있는 질환) 연구[68]에서는 소시오패스들의 75%가 알코올에 의존하며 50%가 그 밖의 약물을 남용하는 것으로 추산되었다. 일상적인 의미로는 소시오패스의 상당수가 중독자로, 비유하자면 위험에 중독되어 있다고 할 수 있다. '절정의 경험'과 위험이 따르는 약물 문화는 여러 형태로 그들을 유혹하며 다수의 소시오패스들은 약물 문화에서 가장 편안함을 느낀다.

1993년 「미국정신의학저널(American Journal of Psychiatry)」에 발표된 또 다른 연구[69]에서는 보통의 정맥 주사 방식의 약물남용자 중 8%만 HIV 양성이었지만, 반사회적 인격장애로 진단을 받은 동일한 약물남용자 중에서는 18%가 HIV 양성임을 밝혀냈다. 소시오패스들에게서 HIV 감염의 교차비(OR, odds ratio)가 더 높은 이유는 아마도 그들에게 위험을 즐기는 성향이 더 많기 때문일 것이다.

이 통계 자료를 보면 내가 1장에서 제기했던 질문이 다시 떠오른다. 양심의 결핍은 어떤 적응 상태인가 아니면 정신장애인가? 정신장애의 한 조작적 정의(사회 조사를 할 때 사물 또는 현상을 객

관적이고 경험적으로, 보통은 수량화할 수 있는 내용으로 기술하는 정의)는 그 사람의 건강과 지적 수준이라면 할 수 있을 만한 기능을 심각하고 비정상적으로 제한하여 실질적인 '삶의 붕괴'를 야기하는 어떤 심리 상태를 말한다. 상식적으로 말하면 심각한 우울증, 만성불안, 망상증 등의 정신장애가 *존재*한다면 처참한 '삶의 붕괴'가 일어나기 쉽다는 의미다. 그렇다면 우리가 엄격한 도덕적 특성이라 생각하는 무언가의 *부재*, 즉 양심의 결핍은 어떨까? 알다시피 소시오패스가 치료를 받으려 하는 경우는 거의 없는데, 그렇다면 그들은 '삶의 붕괴'로 고통을 겪을까?

이를 이해하기 위해 먼저 소시오패스의 삶에서 의미 있는 것 즉, 승리와 지배를 고려하면서 다음의 이상한 질문을 곰곰이 생각해 보자. 왜 소시오패스들 전부가 높은 지위에 있지는 않은가? 그들의 뚜렷한 동기와 양심의 결핍에 따른 행동의 자유를 생각한다면 그들은 모두 막강한 국가 지도자나 국제적인 CEO, 아니면 최소한 고위 전문가나 작은 나라의 독재가가 되어야 한다. 그런데 왜 그들이 항상 승리하지는 *못하는* 걸까?

대답은 간단하다. 왜냐하면 그들은 이길 수 없기 때문이다. 그들 대부분은 유명하지 않은 사람들이며, 그들이 이길 수 있는 사람은 자신의 어린 자식이나 무기력한 배우자, 또는 소수의 종업원이나 동료들밖에 없다. 상당수는 한나의 아버지처럼 감옥에 있지도 않으며, 직업이나 목숨이 위험에 처한 상태도 아니다. 스킵처럼 굉장히 부유한 사람은 아주 드물고, 유명인사는 훨씬 드

이토록 친밀한 배신자

물다. 대부분은 세상에 별다른 자취를 남기지 못한 채 인생의 내리막길을 걸으며, 중년 말미에는 기력을 완전히 잃어버린다. 일시적으로는 그들이 우리가 가진 것을 빼앗고 우리를 괴롭힐 수 있지만, 그들은 사실상 실패한 인생이다.

심리학자의 관점에서 보면, 그들 중 심지어 존경받는 지위에 있거나 유명한 사람들마저도 실패한 인생이기는 매한가지다. 우리 대부분은 서로 사랑하고 고귀한 가치에 따라 살아가며 자기 자신에 대한 만족감을 통해 행복을 얻는다. 그러나 소시오패스들은 사랑을 하지도 못하고 고귀한 가치를 *가지지*도 않으며 스스로 만족감을 느끼는 경우도 절대로 없다. 그들에게는 사랑도, 도덕도 없으며 만성적인 지루함만 있을 뿐이다. 심지어 부와 권력을 얻은 소수들조차도 별반 다를 바가 없다.

그들이 불편함을 느끼는 것에는 지루함 말고도 몇 가지가 더 있다. 소시오패스는 절대적인 자기집착으로 인해 몸의 미세한 통증과 경련, 머리와 가슴을 스쳐가는 모든 감각을 전부 알고 느끼며, 빈대에서 리신에 이르기까지 TV와 라디오에서 흘러나오는 건강과 관련된 모든 정보에 귀 기울인다. 오직 자기 자신에 대해서만 관심과 의식을 집중하기 때문에 소시오패스들은 이따금 심각한 불안신경증이 오히려 덜 심각해 보일 만큼 건강염려증으로 엄청나게 고생한다.[70] 종이에 베이는 것도 큰일이며, 구순포진으로 입술에 물집이 생기는 일은 종말의 시작이다.

소시오패스 중에서 자기 몸을 지나치게 걱정하는 건강염

10장_왜 양심이 더 훌륭한가

려증으로 가장 유명한 역사적 사례는 아돌프 히틀러이다.[71] 그는 평생 암이 생길까 전전긍긍하며 두려워했다. 히틀러는 암을 예방하고 다른 수많은 상상의 병을 치료하기 위해 주치의인 시어도어 모렐(Theodore Morell) 박사가 특별히 제조한 치료약을 복용했다. 그런데 그 약에는 환각을 일으키는 독성 성분이 종종 들어 있었고, 그렇게 서서히 중독된 히틀러는 실제로 병을 얻었다. 이 때문에 눈에 띌 정도로 오른손을 떨게 되었고, 결국 1944년 중반에는 사진 촬영을 하지 않게 되었다.

때때로 소시오패스들은 해야 할 일을 피하기 위해 건강염려증을 이용하기도 한다. 어느 순간 괜찮다가도 결제를 하거나 일자리를 찾거나 친구의 이사를 도와야 할 시간이 되면 갑자기 가슴이 아프다거나 다리를 절뚝거리기 시작한다. 이런 상상의 의학적 우려와 도덕적 결핍은 종종 특별 대우를 얻기도 한다. 마치 사람들로 가득한 방에서 마지막 의자를 차지하는 것처럼 말이다.

꾸준한 노력과 밀려드는 업무를 기피하는 건 당연한 일이지만 이렇게 편안함만 찾는 태도는 현실 세계에서 스스로 성공을 심각하게 가로막는 짓이다. 소시오패스들은 매일 아침 일어나 긴 시간 동안 일을 한다는 생각은 거의 하지 않는다. 그들은 직장일이나 장기적인 목표와 계획을 매일 꾸준하게 하기보다는 쉬운 계획이나 단발성 거래, 큰 건수 터트리기를 더 좋아한다. 심지어 그들이 차지한 고위직조차도 자세히 들여다보면 실제 얼마만큼 일을 하는지 불분명하거나 다른 사람들을 조종하여 실무를 떠맡길 수

이토록 친밀한 배신자

있는 그런 자리다. 그런 자리에 앉아 있는 똑똑한 소시오패스는 간혹 눈에 띄는 성과를 내거나 잡담을 나누며 호감을 사거나 위협을 통해 상황을 유지해 나갈 수 있다. 그는 부재한(자리에 없는) 감독관이나 '레인메이커(rainmaker, 회사에 큰 이익을 가져다주는 사람)', 가치를 매길 수 없을 정도로 '극도로 예민한 천재'인 척 행동한다. 또한 잦은 휴가와 실제로 뭘 하는지 알 수 없는 안식 기간을 요구한다. 열과 성을 다해 일하고 지겨움을 견디며 세부 사항을 점검하는 꾸준한 노동은 지속적인 성공의 참된 열쇠지만, 그들에겐 너무 무거운 의무일 뿐이다.

안타깝게도 특별한 능력과 재주를 타고난 소시오패스에게도 역시 스스로를 제한하는 요인이 동일하게 적용된다. 미술이나 음악, 또는 다른 창의적인 활동을 계발하고 촉진시키려면 강력한 실천 의지와 꾸준한 노력이 필요한데, 소시오패스에게 이를 기대하기란 거의 불가능하다. 잠깐 노력해서 어쩌다 운 좋게 성공할지는 몰라도, 장기간 노력해야 하는 예술이라면 성공은 날아간다. 결국 양심 없는 그들은 다른 사람에게나 자신의 재능에게나 동일한 관계를 형성한다. 양쪽 모두 돌보지 않는 것이다.

아울러 소시오패스는 거의 언제나 혼자만의 길을 걷는데, 때로는 잠깐 효과를 보기도 하지만 장기적으로는 별로 그렇지 못하다. 그들은 언제나 자신의 이익만 쫓는 분명한 목적을 가지고 있기 때문에 형편없는 팀플레이어가 된다. 소시오패시는 자신만을 생각할 뿐이다. 다른 사람이나 집단을 대할 때는 거짓말과 아첨을

10장_왜 양심이 더 훌륭한가

하고 공포를 불어넣으며 자기 잇속을 챙기려 든다. 성공을 추구하는 데 있어서 이런 방법은 진정한 관계, 리더십, 협동보다 훨씬 약하고 길게 가지도 못한다. 꾸준히 다함께 노력해야 이룰 수 있는 목표는 그들의 배타적인 이기심 때문에 대부분 실패하고 만다. 악명 높은 폭군들이 이런 길을 걷다가 결국 실패를 맞이했는데도 여전히 수많은 소시오패스 고용주들, 동료들, 배우자들은 이 길을 걷고 있다.

　　소시오패스처럼 다른 사람을 조종하는 짜릿함에 빠져들면 자신을 제외한 모든 것은 빛을 잃고 결과적으로 '삶의 붕괴'를 맞게 된다. 이 삶의 붕괴는 심각한 우울증, 만성불안, 망상증 및 다른 정신질환에서 오는 것과는 조금 다르지만, 그로 인한 제약은 비슷하게 심각하다. 감정적으로 파산한 소시오패스들은 진정한 감성 지능을 영원히 잃어버린다. 그리하여 인간 세상을 살아가는 데 꼭 필요한 지침인 다른 사람의 방식을 이해하는 능력마저 상실한다. 다른 사람을 깎아내려야 자신의 권력이 커진다고 믿는 도린처럼, 사회와 그 규칙에서 영원히 자유롭다고 착각한 스킵처럼, '자신의 국민'으로 이루어진 성난 민중들의 저항에 당황하며 패배한 독재자처럼, 양심이 없는 사람은 아무리 똑똑해도 대부분 근시안적이고 놀라울 정도로 단순하며 결국에는 지루함이나 재정 파탄, 총탄에 쓰러진다.

　이토록 친밀한 배신자

극단적으로 풍부한 양심

양심을 갖고자 절실히 원하는 이유가 소시오패스의 이런 자기파괴적인 면모 때문은 아니다. 그보다는 양심의 포장지에 싸인 우리의 내면, 오직 내면으로만 전해지는 심오하고 아름다운 선물이야말로 양심을 가졌을 때 가장 좋은 점이다. 마치 영혼이 우리 몸과 함께 묶여 있듯이 *사랑할 수 있는 능력*은 양심과 함께 묶여 우리에게 온다. 양심은 사랑이 구체화되어 인간이라는 생물에게 불어넣어진 것이다. 사랑은 우리의 뇌 가운데에 있으면서 사랑하는 사람들이 우리의 관심과 도움, 심지어 희생을 원할 때조차도 기꺼이 감정적인 반응을 나타낸다. 이미 살펴보았듯이 사랑할 수 없는 사람은 진정한 양심을 가질 수 없다. 왜냐하면 양심은 다른 사람에 대한 감정적인 애착을 바탕으로 하는 의무감이기 때문이다. 이제 이 심리 방정식을 뒤집어 보자. 그러면 양심이 없는 사람은 결코 진실한 사랑을 할 수 없다는 말이 된다. 사랑에서 이 중요한 의무감을 빼고 나면 남는 것은 얄팍한 소유 의지뿐이며, 그것은 더 이상 사랑이라 할 수 없다.

우리 역사에서 특히 어둡고 난폭한 한 시기가 시작된 2001년 9월 11일 직후, 내 친구이자 심리학자인 버니는 편해 보이는 비양심보다는 양심을 선택하겠지만 그 이유를 정확히 설명하지는 못하겠다고 주저 없이 나에게 말했다. 나는 버니의 직관적인 선택이 양심과 사랑하는 능력 사이의 밀접한 관계 때문이라고 생각한다. 그리고 만약 세상의 모든 권력, 명예, 돈과 자신의 아이들을 사랑하는 특권 중에서 한쪽을 고르라고 한다면 버니는 기꺼이 아이들을 사랑하는 특권을 고를 거라 믿는다. 물론 버니가 좋은 사람이자 훌륭한 심리학자이며 실제로 사람들을 행복하게 만드는 것이 무엇인지 알고 있기 때문이기도 하다.

　　한쪽에는 소유하고 지배하려는 의지가 있고, 다른 한쪽에는 사랑이 있다. 왜 양심을 선택하는지 그 이유를 설명하지 못한다 하더라도 심리학자인 버니는 결국 사랑을 선택했고 내가 보기에 이런 선택은 전혀 놀라운 일이 아니다. 지배는 잠깐의 짜릿한 경험일 순 있어도 사람을 행복하게 해 줄 수는 없다. 그러나 사랑은 사람을 행복하게 만든다.

　　그런데 양심이 *너무 지나친* 경우도 있지 않을까? 양심 때문에 행복해지기는커녕 양심에 짓눌려 심각한 우울증에 빠질 수도 있다고 말한 심리학자들도 있지 않은가?

　　그럴 수도, 그렇지 않을 수도 있다. 프로이드는 너무 적극적인 초자아는 우울증이나 심지어 자살을 유발할 수도 있다고 말했다. 그러나 유아기의 경험으로부터 내면화된, 불평하고 혼내는 목소리인 초자아는 양심이 아니다. 심리학자들이 '불건전한 수치심'이라고 부르는 것 역시 마찬가지다. 어린 시절의 부정적인 메시지를 통해 주입된 불합리한 믿음인 불건전한 수치심은 나쁜 짓을 저지른 데 대한 반작용이라는 점에서 진정한 수치심이 아니다. 약간의 불건전한 수치심조차 지나치게 과하다고 할 수 있지만, 불건전한 수치심은 결코 정상적인 양심이 아니다. 정상적인 양심은 의무감이지 무가치하고 참담한 느낌이 아니기 때문이다. 너무 지나친 양심은 유해하다는 현대 심리학자의 표현은 용어상의 부주의함을 드러낸 것일 뿐이다. 그들은 양심이 아니라 불건전한 수치심이나 우리를 강력하게 억압하는 초자아를 말하고 있는 것이다.

우리의 제7감인 양심은 전혀 다른 현상이다. 양심은 사랑에 기초한 의무감이다. 그렇다면 극단적인 양심은 정신을 쇠퇴시키는가 아니면 향상시키는가?

지나친 양심이 정신에 미치는 영향을 이해하기 위해 양심의 감각이 유달리 강력하게 발달한 사람들의 삶과 행복 수준을 살펴보도록 하자. 우리에게 저마다 생각하는 도덕적 영웅을 말해 보라 하면 아마 역사적이거나 유명한 인물부터 도덕적 열의로 감동을 준 지인들까지 거론할 것이다. 래드클리프대학교 헨리 머레이 연구센터(Henry Murray Research Center)의 앤 콜비(Anne Colby)와 브라운대학교 교육학과의 윌리엄 데이먼(William Damon)은 도덕적 열의로 가득한 사람들에 대한 체계적인 연구[72]에서 그들 나름의 기준에 따라 사람들을 선별했다. 콜비와 데이먼은 현재 우리에게 결핍되어 있는 도덕적 리더십을 고려해서 '도덕적 모범들'이라고 생각되는 스물세 명을 선별했다. 그렇게 선택된 남자 열한 명과 여자 열두 명은 도덕적 열의를 가지고 시민권과 시민 자유, 빈곤과 기아 퇴치, 종교의 자유, 환경 보호, 평화를 비롯한 여러 영역에서 현저히 기여한 사람들이다. 그들은 다양한 인종, 종교, 사회·

경제적 지위, 구체적인 목표를 가지고 있었는데 한 가지 공통점이 있었다. 그것은 바로 유난히 강력한 양심이다. 그들은 인류의 복지가 자신들의 책임이라고 느끼는 '지나치게 발달된' 양심을 가지고 있었다. 심리학자의 관점에서 본다면 그들은 감정적·정신적인 면에서 우리가 지금까지 논해 온 소시오패스와는 정반대의 사람들이었다.

콜비와 데이먼이 선택한 '도덕적 모범들' 중에는 이런 사람들이 있었다. 버지니아 포스터 더(Virginia Foster Durr)는 전형적인 남부 미녀에서 시민권 운동가로 변신했고 감옥에서 걸어 나오는 로자 파크스(Rosa Parks)와 처음 포옹을 나눈 사람이다. 또 수지 발라데즈(Suzie Valadez)는 여러 해 동안 시우다드후아레스에서 수천 명의 멕시코 빈민들에게 음식, 의복, 의료를 제공했다. 전(前) 하버포드칼리지 총장 잭 콜먼(Jack Coleman)은 안식 기간 동안 힘든 일을 하는 노동자, 청소부, 노숙자로 생활하여 '블루칼라 안식 기간'으로 널리 알려진 사람이며, 사업가 커벨 브랜드(Cabell Brand)는 버지니아주 로어노크에서 '빈곤 퇴치를 위한 총체적 행동(Total Action Against Poverty)'을 창설하는 데 헌신했다. 미시간주 디트로이트에서 노인과 빈민, 미혼모, 성매매 여성, 학대받은 아이들을 돕는 데 일생을 바친 '끝없는 사명(Perpetual Mission)'의 창립자 찰스제타 워들스 (Charleszetta Waddles) 등도 이에 포함되어 있었다.

연구자들은 자서전과 들려오는 이야기를 연구하고 스물세 명의 모범들과 그 동료들을 대상으로 일일이 심층 인터뷰를 실

이토록 친밀한 배신자

시했다. 그 자료를 기록한 책『배려하는 사람들: 도덕적 열의를 지닌 오늘날의 삶(Some Do Care: Contemporary Lives of Moral Commitment)』에서는 극단적인 양심을 가진 사람들의 두드러진 공통점 세 가지를 들고 있다. 저자들이 명명한 그 공통된 특징은 '① 확실성, ② 긍정성, ③ 자기 자신과 도덕적 목표의 통합'이다. '확실성'은 옳다고 여기는 바에 대해 특출날 정도로 명료하고 그 믿음에 따라 행동해야 한다는 개인적인 의무감이 흔들리지 않는 것이다. '긍정성'은 삶에 대한 긍정적인 태도, 놀라울 만큼 일을 즐기는 모습, 힘든 데다 심지어 위험하기까지 한 상황에서도 잃지 않는 낙천적인 마음가짐을 말한다. '자기 자신과 도덕적 목표의 통합'은 자신의 정체성과 도덕적 입장을 통합하고 도덕적 목표와 개인적 목표가 뚜렷하게 동일함을 의미한다.

그들에게 있어 '통합'이란 양심이 단순히 길을 안내하는 불빛이 아니라 *그들 자신*임을 의미한다. 인터뷰 과정에서 모범들 가운데 한 사람인 커벨 브랜드는 개인 정체성에 대한 자신의 생각을 설명하면서 "내가 누구인가는 내가 무엇을 할 수 있고, 매일 매 순간 무엇을 어떻게 느끼는가 하는 것이다. …… 내가 누구인가와 내가 하려는 것, 내가 하고 있는 것을 따로 떼어 놓고 생각하기는 힘들다."고 말했다.

콜비와 데이먼은 '자기 자신과 도덕적 목표의 통합'이 가장 중요한 발견이며, 이는 양심과 그 효과를 이해하는 데 결정적으로 중요하다고 생각했다. 양심이 충분히 강해지면 분명 인간의 정신을 독특하고 유익한 방식으로 통합하며, 극단적인 양심은 '삶의 붕괴'를 불러오기보다는 삶의 만족감을 뚜렷하게 높여 준다는 것이다. 콜비와 데이먼은 "우리의 모범들이 개인적인 성공을 위해 필요로 한 것은 자신의 도덕적 사명을 생산적으로 추구하는 일뿐이었기 때문에 일신의 가난으로 마음이 흔들리는 일은 전혀 없었다."고 말한다. 양심과 이익은 서로 부딪치는 관계라 여기는 우리의 문화적 경향은 전혀 개의치 않는 듯, 콜비와 데이먼의 모범들은 '자신의 행복과 이익을 도덕적 용어로 새롭게 정의했고, 거의 예외 없이 굉장히 행복하고 만족했다.' 다른 사람들에 대한 모범들의 특별한 의무감은 그들을 고생시키거나 속이기는커녕 오히려 그들을 행복하게 해 주었다.

　서로를 향한 우리의 의무감인 양심은 우리가 가정과 전세계에서 더불어 살아갈 수 있게 해 준다. 양심은 우리가 의미 있는 삶을 살 수 있도록 도와주며, 허울뿐인 무의미한 경쟁에 빠지지 않도록 막아 준다. 아주 큰 양심은 개인의 욕구와 도덕적 의무, 그리고 마음속의 정체성을 통합하여 올바른 행동과 *우리 자신*이 일치하도록 해 준다. 그 때문에 극단적인 양심은 우리가 행복으로 나아가는 길을 열어 주는 딱 맞는 열쇠인 것 같다.

　내가 해 줄 수 있는 최고의 심리학적 조언은 이렇다. 세상을 돌아보며 무슨 일이 일어나고 있고 누가 '승리'하고 있는지를 살펴보다가 '나도 양심이 좀 없었으면……' 하고 바라는 일은 절대로 하지 말라. 더 많이 가질 수 있기를 바라라.

　　　　　　　　　　　　　　　이토록 친밀한 배신자

당신의 운명을 기뻐하라.

양심이 있으면 당신은 하고 싶은 대로 하거나 성공을 위해 필요한 행동만 하는 게 불가능할지도 모른다. 그래서 다른 사람들에게 커다란 경제적·정치적 권력을 휘두르는 일은 결코 없을 수도 있다. 또 대중에게 존경받거나 두려움의 대상이 될 수도 없을 것이다. 반대로 당신의 꿈을 완전히 저버리게 만드는 양심의 고뇌 때문에 괴로워할지도 모른다. 당신의 아이들이 잘 자라기를 바라는 마음 때문에 누군가에게 기대고 싶은 유혹을 물리치면서 평생 힘들게 일해야 할 수도 있다. 때때로 소시오패스의 덫에 걸리기도 하고 양심의 가책 때문에 자신에게 피해를 준 사람에게 제대로 복수하지 못할 수도 있다. 그리고 물론 작은 나라의 독재자가 될 일은 결단코 없을 것이다.

하지만 당신은 침대에 잠들어 있는 아이들을 바라보며 견딜 수 없이 밀려오는 경외와 감사의 마음을 느끼게 될 것이다. 세상을 떠난 사람들을 오랫동안 생생하게 기억할 수도 있으며 진정한 친구들도 생길 것이다. 거짓되고 위험을 즐기는, 양심이 없는 소수들과 달리, 양심을 가지고 있는 당신은 다른 사람들과 부대끼며 온정과 위안, 분노, 혼란, 압박, 때로는 즐거움이 충만한 삶을 살아갈 것이다. 그리고 세상에서 가장 큰 위험을 무릅쓸 기회 즉, 사랑할 기회를 얻게 될 것이다.

양심은 진정 자연이 우리에게 주는 유리한 약속이다. 양심의 가치는 거대한 인류의 역사 속에서 이미 증명되었으며, 다음

장에서 살펴볼 수 있듯이 친구, 이웃과 더불어 일상을 살아가는 우리에게도 아주 소중하다. 이제 틸리(Tillie)라는 이름의 어느 불행하고 소시오패스적인 여성과 그 이웃들의 하루를 따라가 보자. 양심이 일상의 경험을 얼마나 값지게 만드는지 배울 수 있을 것이다. 물론 틸리는 절대 그럴 수 없겠지만 말이다.

마멋의 마술

벌 떼에게 좋지 않다면
벌에게도 좋지 않다.

–

마르쿠스 아우렐리우스(Marcus Aurelius)

틸리는 인격이론가인 시어도어 밀런이 '무례한 사이코패스'라고 부를 만한 사람이다.[73] 그녀는 소시오패스적이지만 유감스럽게도 소시오패스들이 통상 갖고 있는 매력과 수완을 갖지 못했다. 밀런의 말을 빌리자면 그녀는 '공공연하게 아무에게나 시비나 싸움을 걸 듯이 행동하고, 사람이든 물건이든 가리지 않고 불평하고 폭력을 행사할 수 있다고 여기는' 사람이다. 틸리의 독특한 재능은 아주 작고 미세한 갈등의 목소리를 격렬한 말다툼으로 키우는 것이다. 그녀는 전혀 존재하지 않던 적의와 반감을 만들어내는 데 탁월하며, 평소에 점잖고 평화적인 사람들을 도발하는 데 도가 터 있었다.

틸리는 자신의 세계에서 언제나 옳았기에, 자신 이외의 모든 존재는 나쁘다고 간주하고 그 적들을 저지하고 무너뜨리면서 독선적인 즐거움을 느낀다. 틸리의 사명은 세상을 바로잡는 것으로, 주저하지 않고 양심 없이 그 부름에 응한다. 그녀는 사명을 수행하고 있는 자신을 사람들이 제대로 평가하지 못한다고 여기며 그렇기에 그들을 향해 벌이는 자신의 행동을 더욱 정당화한다.

오늘 아침 틸리는 뒤뜰에서 마멋 한 마리를 발견했다. 일광욕실에서 지켜보니 그 마멋은 풀밭에 엉덩이를 깔고 앉아서는 마치 틸리의 집을 조사하듯 그 작고 똘똘한 얼굴을 이리저리 돌려대고 있었다. 그 모습을 좀 더 자세히 보기 위해 틸리가 문을 열자, 그 녀석은 잠깐 멈칫하더니 이내 뒤뚱거리며 잔디밭 가장자리 땅속으로 사라졌다. 그런데 그곳은 캐서린(Catherine)과 프레드(Fred)

가 사는 이웃집 뜰과 만나는 곳이다.

틸리는 머릿속으로 그 구멍의 위치를 짐작해 보고는 테라스에 나와 섰다. 푸른색 체크무늬 실내복을 입은 백발의 일흔 살 할머니 틸리는 정말 친절하고 현명한 노부인처럼 보였다. 만약 누군가 잔디밭 너머를 관심 있게 쳐다보는 틸리의 모습을 보았다면 움직임이나 뚱뚱한 하체가 마멋을 닮았다고 했을지도 모른다.

반대편에서 틸리의 집과 이웃하고 있는 언덕 위의 집에는 그레타(Greta)와 제리(Jerry)가 살고 있는데, 그들도 마침 일광욕실에서 아침을 먹다가 틸리를 보게 되었다. 거리가 멀어서 마멋까지는 보지 못했지만 파란색과 흰색이 섞인 옷을 입고 가만히 서 있는 틸리의 모습은 알아볼 수 있었다.

지역 백화점의 관리자인 서른다섯 살의 그레타가 건축업자인 남편 제리에게 말한다. "저 기분 나쁜 여자가 제발 이사 좀 갔으면 좋겠어. 저 여자가 여기 이사 온 지 얼마나 됐지?"

"15개월." 제리가 대답한다.

그레타는 쓴웃음을 짓는다. "하긴 그게 무슨 상관이야. 누군가가 떠났으면 좋겠다고 바라면 안 되는 줄 알지만, 저 여자는 정말 너무너무 *못됐어*. 사람들을 통제하려고 해. 저러고도 어떻게 아무렇지도 않은지 모르겠어."

제리가 한숨을 내쉬며 말한다. "어쩌면 우리가 돈을 줘서 내보낼 수 있을지도 몰라."

막 웃으려던 그레타는 제리의 그 말이 농담이 아님을 깨달

이토록 친밀한 배신자

는다. 문득 평소에 좀처럼 화를 내지 않는 남편도 자신만큼이나 틸리를 경멸한다는 사실을 알아차린다. 그레타는 오싹해지는 기분과 함께 약간의 죄책감도 느낀다. 그러고는 뜨거운 커피를 조금 더 마시기 위해 부엌으로 들어간다.

그레타가 돌아왔을 때도 제리는 여전히 테라스에 나와 있는 틸리를 지켜보고 있다. 제리가 말한다. "아니야. 우린 정말 저 여자를 내보내겠다고 돈을 줄 형편은 못 돼. 어쩌면 자기가 그냥 이사를 나갈지도 몰라. 당신이 저 여자처럼 모든 이웃에게 미움을 받는 처지라면 이사 가고 싶지 않겠어?"

그레타가 지적한다. "그런데 말이지, 나는 저 여자가 어딜 가든 이런 반응을 얻을 거라고 장담해."

"그래, 그렇겠지. 그런데 전에는 어디에 살았대?"

"몰라." 그레타가 대답한다. 제리가 자기 마음을 알아주자 그레타는 기분이 약간 풀리기 시작한다. "들어 봐. 지난주에 틸리가 나한테 전화해서 더 이상 벽난로에 불을 때지 말라는 거야. 나무 연기에 알레르기가 있다나. 몰랐지?"

"*뭐라고?* 그런 얘기 안 했잖아! 무슨 말도 안 되는 소리야!" 제리가 주먹을 불끈 쥐고는 다시 말을 잇는다. "아니 말도 안 되는 소리가 아니라 완전 개수작이군. 오늘 밤 그 벽난로에 불을 때자고. 출근하기 전에 장작부터 좀 더 갖다 놔야겠어."

"하지만 오늘은 날씨가 아주 포근할 거 같은데."

"상관없어."

그 소리에 그레타가 웃음을 터트린다. "우리가 지금 어떻게 보이는지 알아?"

제리가 아내를 멋쩍게 바라보더니 이내 입꼬리가 올라간다. 제리는 주먹을 풀고 손가락을 몇 번 접었다 폈다 하며 긴장을 푼다.

그레타와 제리의 집에서 길 건너편으로 아래쪽 세 번째 집에는 서니(Sunny)라는 나이 든 미망인이 살고 있다. 비록 테라스에 서 있는 틸리의 모습을 실제로 볼 수는 없지만, 바로 그 순간 서니도 틸리가 얼마나 못된 인간인지 생각하고 있다. 어제 서니는 자기 집 앞에 주차를 했는데 길거리에 주차했다는 이유로 틸리가 경찰을 불렀다. 남편이 세상을 떠난 10년 전부터 서니는 줄곧 길거리와 자기 집 사이의 넓은 공간에 차를 세웠다. 진입로에서 길거리로 나가려면 후진을 해야 하는데 그렇게 하기가 무서웠기 때문이다. 신고를 받고 출동한 젊은 경찰관은 서니에게 차를 진입로로 집어넣으라고 지시했다. 그 경찰관은 여러 차례 사과를 하면서도 틸리의 말이 옳다고 했다. 길거리에 주차하는 건 위법이었다. 서니는 아직 아침도 먹지 못했는데 혼자서 차를 후진해서 나가야 한다는 생각에 벌써부터 오늘 식료품점에 갈 일이 걱정이다. 울음이 쏟아질 것 같았다. 차를 틸리 집 근처에 세운 것도 아닌데!

길 건너편에서 서니가 슬퍼하고 있을 때, 테라스에 서 있던 틸리는 마멋이 곧바로 다시 나오지는 않을 거라고 판단했다. 틸리는 집 안으로 들어갔고 이제 아침을 먹고 있는 그레타와 제리

316

의 눈에는 더 이상 틸리가 보이지 않는다. 그레타와 제리가 남은 커피를 마저 마시며 다른 이야기를 나누려 할 때 틸리는 부엌에서 수화기를 집어 들고 옆집의 캐서린에게 전화를 건다.

캐서린은 6학년을 가르친다. 스물두 살 때부터 학생들을 가르쳐 온 캐서린은 이제 예순 번째 생일을 앞두고 있다. 은퇴해야 한다고 생각하고는 있지만, 그 생각만 하면 슬퍼진다. 그녀에겐 가르치는 일과 아이들이 전부이며, 정말 일을 그만두고 싶지 않다. 이미 은퇴한 일곱 살 연상의 남편 프레드는 그 마음을 잘 이해해 준다.

프레드는 늘 이렇게 말한다. "당신만 준비되면 나는 집에서 빈둥거리면서 이것저것 고치며 살고 싶어." 그러고는 둘이 함께 웃는다. 프레드는 전구 하나 제대로 갈아 끼울 줄 모른다. 1년 전 마지못해 자리에서 물러나기까지 프레드는 지역 신문사의 편집자였다. 선량하고 조용하며 독서를 좋아하는 프레드는 자신의 일을 사랑했다. 그래서 독자들이 좋아하는 '당신이 알아야 할 사람'이라는 제목의 칼럼에 지금도 기고를 하고 있다.

전화벨이 울리던 그때, 프레드는 거실에서 책을 읽고 있고, 캐서린은 부엌에서 일찌감치 출근 준비를 하고 있었다. 이렇게 이른 시간에 울리는 날카로운 전화벨 소리에 캐서린은 소스라치게 놀라며 재빨리 수화기를 집어 든다.

"여보세요?"

"캐서린." 틸리가 화난 듯이 딱 잘라 말한다.

"예, 전데요, 틸리? 틸리, 이런, 지금 아침 일곱 시잖아요. 당신 괜찮아요?"

"네, 괜찮아요. 방금 뜰에서 마멋을 봤는데, 당신이 알고 싶어 할 것 같아서요."

"뭐라고요? 마멋요?"

"네. 뒷마당 쪽이요. 당신 집과 내 집 사이에서요."

"음, 그거…… 재밌네요. 틀림없이 귀여웠겠죠, 그렇죠?"

"그렇겠죠. 하여간 지금 바쁘다는 건 알지만, 이 사실을 알려 줘야 한다고 생각해서요. 나중에 이야기할 시간이 있겠죠. 잘 있어요."

"어, 그래요. 나중에 얘기해요. 그럼 들어가요, 틸리."

캐서린이 당황한 모습으로 전화를 끊자 프레드가 묻는 소리가 들린다. "누구야?"

캐서린은 거실로 걸어가 책을 들고 앉아 있는 프레드에게 대답한다. "틸리였어."

"어? 무슨 일인데?" 프레드가 눈을 치켜뜨며 말한다.

"뒷마당에서 마멋을 봤다고 그러네."

"그걸 왜 당신한테 얘기하는데?"

캐서린은 천천히 고개를 가로저으며 말한다. "전혀 모르겠어."

"으, 틸리!" 이렇게 말하며 프레드는 조롱하듯 거수경례를 한다.

이토록 친밀한 배신자

아침 일과를 마칠 때쯤 캐서린은 당황스럽고 약간은 불안한 기분이다. 틸리는 언제나 뒤로 어떤 꿍꿍이를 감추고 있고, 결국에는 남을 통제하고 기분 나쁘게 만들기 일쑤였기 때문이다. 하지만 왜 마멋을 들먹이는지 도무지 이해되질 않는다. 마멋을 없애고 싶어 하나? 허락을 얻으려고 돌려서 말하는 건가? 캐서린과 프레드는 이 집에서 30년 동안이나 살아왔지만, 마당에서 마멋을 본 적은 한 번도 없었다. 정말 희한한 일이다.

막 출근하려는데 다시 전화벨이 울린다. 캐서린은 또 틸리겠지 했는데 이번에는 상냥하고 말씨가 고운 서니였다. 서니는 울먹이는 목소리로 틸리 때문에 자동차를 진입로에 들여놓게 되었는데, 후진으로 차를 뺄 수가 없어서 지금 발이 묶여 있다고 한다. 그러면서 좀 도와줄 수 없냐고, 캐서린과 프레드가 오늘 상점에 좀 데려다줄 수 없는지 묻는다. 틸리의 그런 수작을 듣자 캐서린은 피가 거꾸로 솟구치는 듯했지만, 차분한 목소리로 프레드가 데려다줄 테니 걱정하지 말라고 말한다. 그리고 프레드가 경찰서장을 잘 아니까, 서니의 주차 공간 문제를 어떻게든 조치해 줄 수 있을지도 모른다고 생각한다.

하루 종일 수업을 하느라 캐서린은 틸리에 대해서는 잊어버린다. 하지만 4시 30분쯤 집으로 돌아오자 아침 일찍 걸려 왔던 전화가 떠오르며 다시 불안해진다. 원래는 저녁 먹기 전에 낮잠을 한숨 잘 생각이었지만, 침대에 앉자 갑자기 더 불안해져 창가로 다가간다. 침실이 2층에 있어서 자기 뒷마당은 물론 틸리네 마당까지 훤하게 내려다보인다. 그동안 계절에 맞지 않게 날씨가 따뜻했던 덕분에 프레드가 마당 가장자리에 심은 개나리가 꽃을 피우고, 울타리를 따라 아직 앙상한 회갈색 나무들이 줄지어 있었다.

그리고 틸리가 있었다. 이상하게도 그녀는 자기 집 잔디밭 한가운데에 서 있다. 틸리는 여전히 푸른색 체크무늬 실내복 차림이다. 거기에 마치 정원을 가꾸러 나온 귀부인처럼 챙이 넓은 밀짚모자를 쓰고 있다. 하지만 틸리는 절대 정원을 가꾸지 않는다.

캐서린이 침실 창문에서 보니 틸리는 무언가 찾는 듯 뜰을 둘러보다가 이내 한쪽으로 성큼성큼 걸어간다. 그러고는 몸을 굽혀 땅에서 어떤 물체를 힘겹게 들어 올린다. 캐서린이 보기에는 작은 수박만 한 하얀 돌덩이 같다. 더 집중해서 바라보니 그건 정말 확실히 돌덩이다. 한눈에 봐도 그 돌덩이는 틸리가 들기에는 너무 무거워 보인다. 그러나 틸리는 아주 힘들어 보이는 구부정한 자세로 돌덩이를 품에 안고는 프레드가 심어 놓은 개나리 쪽으로 뒤뚱거리며 걸어간다.

그 순간 캐서린의 머릿속에는 "뒷마당 쪽이요. 당신 집과 내 집 사이에서요."라는 틸리의 말이 울려 퍼지고, 캐서린은 틸리가 지금 무얼 하려는지 정확히 알아챈다. 마멋의 굴! 틸리는 그 돌덩이로 아침에 말했던 그 마멋의 굴을 틀어막으려는 것이다.

캐서린은 오싹해진다. 마치 살인을 목격하고 있는 것처럼 아찔한 충격에 휩싸인다. 어떻게든 해야겠지만, 틸리는 도무지 대화가 되지 않는 사람이다. 스스로 인정하고 싶진 않지만, 사실 캐

이토록 친밀한 배신자

서린은 표현할 수 없는 어떤 이유 때문에 틸리가 무섭다. 왜 대단 치도 않은 일흔 살 할머니 때문에 캐서린은 두려움에 떨까?

그리고 틸리는 지금 캐서린이 집에서 지켜보고 있으리란 사실을 어떻게 알았을까? 알고 저러는 걸까?

캐서린은 침실에서 창문과 오래된 떡갈나무 화장대 사이를 왔다 갔다 하기 시작한다. 틸리가 개나리 바로 너머의 작은 버드나무 두 그루 중간쯤에 돌덩이를 떨어뜨리는 모습을 지켜본 캐서린은 그 위치를 머릿속에 잘 새겨 둔다. 그러고는 화장대로 걸어가 고풍스런 거울에 비친 자기 모습을 바라본다. 틸리가 옷에 묻은 흙을 털어 내고 다시 잔디밭을 가로질러 테라스로 돌아가는 내내, 캐서린은 거울 속에 비친 자신의 눈을 응시한다. 머릿속에서는 그 작고 불쌍한 동물에 대한 걱정이 맴돈다. 그렇게 갇히면 어떻게 될까?

마침내 캐서린은 결심한다. 프레드에게 이 얘길 하면 틀림없이 도와줄 거라 생각한다. 옛 친구들을 만나러 신문사에 갔던 프레드가 집으로 돌아오자, 캐서린은 프레드에게 틸리가 한 짓을 들려준다. 프레드는 말한다. "틸리에게는 그야말로 일석이조였군."

"무슨 말이야?"

"당신하고 그 작은 마멋을 둘 다 잡았잖아."

"아, 그렇네. 정말 그렇네. 그렇지?" 캐서린이 시무룩하게 말한다.

"그런 듯해. 내가 가서 따지는 건 정말 원하지 않는 거야?"

"그래, 그 여자는 또 그럴 텐데 뭐. 나는 그 마멋을 돕고 싶어. 같이 갈 거야?"

"나한테 선택권이 있나?"

캐서린이 웃으며 그를 껴안는다. "아니."

평소처럼 저녁 식사를 마친 그들은 밖이 완전히 어두워지는 9시까지 기다린다. 프레드는 손전등을 가져가자고 했지만 캐서린은 손전등이 틸리의 눈에 띌 거라 생각한다.

"그러면 우리가 마멋을 풀어 준 줄 알고 내일 또 덮어 버릴 거야."

"그래도 굴을 찾으려면 뭔가 가져가야 해."

"그렇긴 해. 펜라이트는 어때?"

어둠에 넘어지지 않으려고 아주 천천히 뜰을 가로지르기 시작한다. 프레드가 앞장서고 캐서린이 그 뒤를 따른다. 캐서린은 균형을 잃지 않으려고 마치 몽유병자처럼 팔을 앞으로 내밀고 따라간다. 잔디밭 끄트머리에 도착한 두 사람은 개나리 덤불을 따라 나아간다. 덤불 끝에서 캐서린은 칠흑 같은 어둠 속으로 한 발짝 더 들어가서는 놀란 어린애처럼 얼굴은 뒤로 뺀 채 손으로 더듬어 가며 버드나무를 찾는다.

나뭇가지가 손에 잡히자 캐서린은 안도의 한숨을 내쉬고는 속삭인다. "됐어, 프레드. 펜라이트 켜 봐."

프레드가 주머니에서 펜라이트를 꺼내 땅바닥 가까이에 대고 켠다. 몇 분 뒤, 그들은 멜론 크기의 돌덩이를 찾아낸다. 어두

이토록 친밀한 배신자

운 흙에 비해 매끈하고 하얀 돌덩이라 예상보다 쉽게 찾을 수 있었다. 캐서린은 숨을 내쉬고는 흘러내린 머리카락을 왼쪽 귀 뒤로 넘긴다. 둘이서 함께 돌을 들어 올리자, 작고 통통한 마멋 한 마리가 드나들 만한 구멍이 드러난다.

캐서린은 그 구멍에 펜라이트를 비춰 마멋이 있는지 보고 싶었지만 마멋이 겁을 먹을 수도 있다는 생각에 그만두기로 한다. 캐서린과 프레드는 팔짱을 끼고 웃음을 참으며 집으로 돌아간다.

틸리는 그들을 보지 못한다. 캐서린과 프레드가 임무를 끝내고 돌아갈 무렵에는 평소처럼 이미 몇 시간째 부루퉁한 채 술을 마시는 중이기 때문이다. 거실 소파에 앉아 고급 위스키를 연거푸 들이키면서 틸리는 삶의 지루함과 끊임없이 처리해야 하는 멍청이들을 잊어버리려 애쓴다. 이날 저녁이 평소와 다르다는 걸 알려 주는 건 주변에 잔뜩 쌓여 있는 이삿짐뿐이다.

술에 취해 몽롱한 중에도 틸리는 **집 팝니다**라는 표지를 내걸지 않길 정말 잘했다며 스스로를 기특해 한다. 틸리는 그 바보들이 깜짝 놀라서 입이 딱 벌어질 거라 생각한다.

쓸모없는 부동산중개인은 틸리에게 표지를 내걸지 않은 건 어리석은 짓이며 더 비싼 값을 치르겠다는 사람을 기다리라는 소리를 계속했다. 이번 구매자가 제시한 가격은 틸리가 구입한 가격보다도 낮다. 그러나 틸리는 기다릴 수가 없다. 기다리는 건 딱 질색이기 때문이다. 그녀는 멋진 순간을 맞을 것이며, 그 순간은 바로 내일 아침이다. 내일 아침이면 이 끔찍한 동네의 모든 사람들이 자신의 이사 소식에 놀라 자빠질 거라 확신한다. 중개인은 비밀 유지가 왜 중요한지 전혀 이해하지 못하지만, 그런 얼간이가 하는 말은 귀담아들을 이유가 없다. 전에도 틸리는 이사를 빨리 가고 싶어 손해를 본 적이 있다. 하지만 원래 그런 거라고 생각한다. 아주 당연한 일이라는 듯이 말이다. 틸리는 자신의 말에 귀 기울이지 않는 사람들과는 이웃으로 살아갈 수 없다. 그러니 그들에게 작별의 한 방을 날리는 것이 그녀에겐 너무너무 중요하다.

틸리는 돌아가신 아버지의 신탁기금으로 지금까지 생계를 꾸려 왔다. 남들에게는 "은퇴했다."고 말하지만 사실 한 번도 직장을 다닌 적이 없다. 어렸을 적에 잠깐 수채화를 그리기는 했지만 그림을 팔지는 못했다. 더 큰 집을 사고 싶어도 그녀의 어머니가 계속 붙들고 있는 탓에 나머지 돈에 손을 대지 못하고 있다. 어머니는 거의 백 살에 가까운데도 아직 죽지 않았다. 본래 그녀는 더 부유한 생활을 누려야 하건만 어쩔 수 없이 이 끔찍한 중산층 이웃들 사이에 끼여 있는 셈이다. 틸리는 정기적으로 어머니를 찾아간다. 유언장에서 이름이 지워지면 안 되기 때문이다. 몸져누운 그 노파를 볼 때면 새장 속에서 꺽꺽대는 털 빠진 잉꼬가 떠오른다. 말을 하겠다고 드는 모습이 아주 가관이다.

솔직히 틸리는 아주 재미있다 싶은 일이 하나도 없다. 그 설치동물을 질식시키는 것도 몇 분간만 즐거웠다. 틸리는 그 광경을 캐서린이 지켜봤으면 좋겠다고 생각한다. 그 모습을 봤다면 캐서린은 아마 뇌졸중을 일으켰을 테니. 하지만 계획은 거기서 끝

324

났고 달리 할 일이 없었다. 주변의 모든 사람들이 어떻게 그렇게 매일같이 일을 하면서 평생을 분주하게 보내는지 틸리는 전혀 이해하지 못한다. 아마 그들의 뇌는 완두콩 크기밖에 안될 게 틀림없다.

틸리는 다시 한 잔을 따라 단숨에 들이킨다. 쓰지 않는 벽난로 위쪽으로 그녀가 20대에 그린 그림 한 점이 아직 포장되지 않은 채 걸려 있다. 하지만 그 그림은 색깔이 너무 바래서 조명이 밝지 않은 거실에서는 무슨 그림인지 거의 알아볼 수 없다. 소파에 구부정하게 앉아서 그 그림을 바라보며 틸리는 수십 년 전에 서 있었던 그 해변을 어렴풋이 떠올린다. 그러자 매일 밤 고대하는, 자그마한 별들이 들어찬 밤하늘이 그녀의 눈앞에 펼쳐진다. 그 별을 떠올리며 틸리는 정신을 잃는다.

다음 날 아침, 토요일이다. 날씨는 약간 더 선선하고 하늘에는 구름 한 점 없다.

길 건너편에서 서니가 창문의 레이스 커튼을 열어젖힌다. 창으로 빛이 쏟아져 들어오고 그녀는 당연히 있어야 할 곳에 주차되어 있는 차를 흐뭇하게 바라본다. 앞으로도 서니는 길가에 주차할 것이다. 프레드가 어제 점심 식사 후에 경찰서장에게 이야기해서 모든 일을 다 해결해 줬다. 서니는 '자유'를 한껏 들이마시며 프레드와 캐서린에게 무얼 해 줄지 생각한다. 빵이나 과자를 구워 줄까? 그들이 얼마나 좋아할지 상상하자 훨씬 더 즐거워진다.

언덕 위 집에서는 그레타가 주말 휴무 날이라 제리와 함

11장_마멋의 마술

께 늦잠을 잔다. 천천히 일어난 그들은 커피를 마시러 일광욕실로 간다. 그때 틸리의 집 앞에 서 있는 대형 이사트럭을 발견한다.

"저게 지금 내가 생각하는 그 상황 맞지?" 제리가 트럭을 응시하며 묻는다. "아니면 우리가 아직 꿈을 꾸고 있는 건가?"

"꿈을 꾸는 게 틀림없어." 그레타도 트럭을 바라보며 말한다. "나는 전혀 몰랐어. 혹시 당신은 무슨 낌새라도 알아챘어?"

"아니."

바로 그때, 작업복 차림의 두 남자가 소파를 맞들고 틸리의 집에서 나온다. 그레타와 제리는 마주보며 웃기 시작한다. 너무 자지러지게 웃다가 제리는 그만 커피를 쏟고 만다.

그레타가 제리에게 묻는다. "왜 틸리가 이사 간다는 말을 하지 않았을까?"

"그녀가 하는 일에 무슨 이유가 있나? 그런 건 중요하지 않아. 안 그래? 정말 믿기지 않는군."

그레타는 잠깐 생각에 잠기더니 이렇게 말한다. "그녀가 몇 살인 것 같아?"

"몰라. 젊지는 않지."

"아이가 있는지 궁금하네. 당신이 틸리의 *자식*이라면 어떨 거 같아?"

"엄청 괴롭겠지. 만약 당신이 *그녀*라면 어떤 기분일까?"

"그러니까, 당신은 우리가 틸리를 불쌍히 여겨야 한다는 거야?" 그레타가 묻는다.

이토록 친밀한 배신자

제리는 싱긋 웃으며 손사래를 친다. "글쎄. 모르겠네. 하지만 이왕 불쌍히 여길 거면 아침이나 먹으면서 하자고. 스트루델 어때?"

"좋지!" 그레타가 입맛을 다시며 대답한다. 그녀는 커피잔을 집어 들고 파이를 먹으러 부엌으로 향한다.

틸리의 옆집에 사는 캐서린과 프레드도 그 광경을 보고는 왜 **집 팝니다**라는 표지도, 이사 간다는 말도 없었는지 의아해 한다. 프레드는 눈동자를 이리저리 굴리고 캐서린은 고개를 가로젓는다. 그때 전화가 울린다. 딸 내외가 2주 뒤에 네 살배기 케이티(Katie)를 데리고 온다는 얘기를 전한다. 너무 기쁜 나머지 캐서린은 틸리의 이사 따위는 까맣게 잊어버린다.

두 시간이 지나고 트럭이 틸리의 집을 빠져 나갈 무렵, 그 광경을 지켜보는 사람은 아무도 없다. 온 동네가 다시 고요해진다.

캐서린과 프레드의 뒷마당, 개나리 덤불의 또 다른 끝 쪽에서 그 마멋이 기어 나온다. 마멋은 두 번째 구멍 앞에서 짧은 뒷다리를 쭉 뻗어 최대한 꼿꼿이 선다. 햇빛에 검은 눈을 반짝이며 첫 번째 구멍 가까이에 놓여 있는 희고 큰 돌덩이를 물끄러미 건너다본다. 뒤이어 틸리의 텅 빈 집을 올려다보더니 마지막으로 바로 앞의 부드러운 흙에서 자라나는 민들레에 눈길이 머문다. 또 한 마리의 마멋이 구멍을 통해 모습을 드러낸다. 처음 나온 녀석보다는 몸집이 좀 더 작다. 마멋 두 마리는 나란히 앉아 새로 돋은 줄기들을 느긋하게 뜯어먹고는 나무 사이로 유유히 사라진다.

11장_마멋의 마술

가장 순수한 양심

자신은 배불리 먹으면서 이웃은
굶주리도록 내버려 두는 사람은
진짜 무슬림이 아니다.

–

무하마드(Muhammad)

온 세상을 얻고도 제 영혼을
잃는다면 무슨 소용이겠느냐?

–

예수(Jesus)

원자 쪼갤 줄은 알면서
마음속에 사랑이 없는 사람은
그저 괴물일 뿐이다.

–

크리슈나무르티(Krishnamurti)

어쨌든 양심이 없는 삶은 실패한 삶이다. 우리가 매일 일을 하고, 굳이 의식하지 않아도 자연스럽게 주고받으며, 평범한 데서 즐거움을 느낀다 할지라도 사랑을 하고 양심을 지녔다는 점에서 우리는 정말 운이 좋은 사람들이다.

대개 양심은 바로 그렇다. 애쓰지 않아도 자연스럽게 우러나오며 평범한 일상에서 늘 우리와 함께한다. 팡파르도 없고 대부분 눈에 띄지도 않지만 주위의 모든 사람들, 사물들과 우리가 매일 주고받는 정상적이고 자발적인 상호작용에 작은 의미를 갖도록 해 준다. 마멋을 풀어 주려고 나서면서 캐서린과 프레드가 무슨 고결한 원칙 같은 걸 생각하지는 않았을 것이다. 사실 그 마멋은 애초에 갇힌 것도 아니지만 말이다. 하여간 캐서린과 프레드는 경건하거나 용감하지도 않았고 아주 효율적이지도 않았다. 절대 합리적이었다고 말할 수도 없다. 다만 그들은 마멋을 돕고자 애쓰는 것이 옳다고 생각했고 그렇게 함으로써 *기분이 좋아졌을* 따름이다. 말하자면 그 돌덩이를 옮기는 일은 '불편하지만 그들에게 유익했다.'

지난 수 세기 동안 서구 문화에서는 양심을 바라보는 시각에 많은 진전이 있었다. 신이 내린 옳고 그름의 불변적인 지식이라는 관점에서 출발하여 프로이드의 처벌적인 초자아 개념을 거쳐 사람들 사이의 정상적이고 긍정적인 상호연결성에 바탕을 둔다고 이해하게 되었다. 양심이 감정적인 애착을 바탕으로 하는 의무감이라고 이해하게 되면서 양심은 순수하게 심리학적인 개념

　　　　　　12장_가장 순수한 양심

으로 발전했다. 그러나 이런 철학적 관점에서 다시 초기의 신학적 개념까지 크게 돌이켜 본다면, 양심은 심리학과 영성(spirituality)이 만나는 접점이며 심리학의 권고와 주요한 종교적·영적 전통에서 오는 가르침이 얽혀 있는 문제이다. 놀랍게도 행동과학, 진화심리학, 모든 전통 신학들, 심지어 극단적인 물질주의와 신비주의까지도 강한 양심을 지니는 것이 훨씬 유리하며 그렇지 않을 경우에는 집단이든 개인이든 재앙을 면키 어렵다는 데 동의한다.

심리학자들은 우리가 다른 사람의 행복에 어느 정도 책임감을 느낄 때 우리의 행동이 자연스럽게 혹은 '자아동질적(ego-syntonic)'으로 느껴지고 삶의 만족도 높아진다고 말한다. 성서는 "받는 것보다 주는 것에 더욱 큰 축복이 깃든다."라고 간단하게 말한다. 나는 심리학자로서, 끝없이 누군가를 지배하고자 하는 쓸데없는 집착은 양심의 결핍에서 생겨나며 이는 현실의 삶을 파괴할 뿐만 아니라 결국은 파멸을 맞이할 거라고 말할 수 있다. 부처는 이렇게 말한다. "지금의 우리는 모두 우리가 생각해 온 바의 결과다. 악한 생각으로 말하거나 행동하면 고통이 뒤따르고, 순수한 생각으로 말하거나 행동하면 행복이 뒤따른다. 자신의 그림자가 절대 사라지지 않는 것처럼 말이다."

앤 콜비와 윌리엄 데이먼은 예외적인 양심을 가진 사람들에 관한 심리학적 연구에서 "우리 모범들의 삶에서 볼 수 있듯이 낙천적인 마음가짐, 사랑, 기쁨을 비롯한 어떤 긍정적인 성향이 …… 도덕성과 밀접하게 연결된다."고 말한다. 부처 또한 "인생이라는 미로를 안전하게 걸어가려면 등불이 되어 줄 지혜와 길잡이가 되어 줄 덕성이 필요하다."라는 말로 이에 동의하고 있다.

　　그리고 당연히 황금률(Golden Rule)은 존재한다. 그 법칙은 바로 인류의 가장 오래된 상호성의 윤리를 말하며 이는 아마도 역사상 가장 간명하게 실천할 수 있는 도덕철학일 것이다. 공자가 말한 "자신이 원치 않는 것은 남에게도 주지 말라."는 훨씬 더 오래된 중국 격언을 기록한 것일 뿐이며, "남들이 너희에게 해 주기를 바라는 대로 그들에게 해 주어라."라는 예수의 말 역시 "너희가 싫어하는 짓은 동료에게도 하지 마라. 이것이 율법이며, 나머지는 모두 덧붙이는 말일 뿐이다."라는 유서 깊은 유대 격언의 가르침을 언급한 것이다. 인도의 고대 서사시인 『마하바라타(Mahabharata)』는 힌두교도들에게 "자신에게 고통이 될 짓은 남에게도 하지 마라. 이것이 다르마(Dharma, 法)의 대요다."라고 말한다. 토착 전통들 역시 마찬가지다. 나이지리아의 요루바족(Yoruba)은 "뾰족한 막대기로 어린 새를 찌르려는 자는 먼저 자신에게 그리하여 얼마나 아픈지를 느껴 봐야 한다."고 말하며, 라코타족(Lakota)의 종교 지도자인 블랙 엘크(Black Elk)는 "모든 것이 우리 동족이다. 우리가 어떤 것에게 하는 모든 행동은 모두 우리 자신에게 하는 행동이다. 진실로 우리 모두는 하나다."라고 가르쳤다.

　　극히 일부에 불과하지만 도덕적 상호성을 따르지 않는 종교들이 여전히 존재하며, 그 종교들의 섬뜩한 본성에 비한다면 고대 황금률의 도덕적 온기는 훨씬 매력적이다. 예를 들어 전에는

'창조주의세계교회(World Church of the Creator)'라고 불렸던 호전적 반유대주의·반기독교주의 집단인 '창조성운동(Creativity Movement)'은 '백인종'에 대한 애정과 여타 인종에 대한 혐오를 바탕으로 하는 종교다. 그 교의에 따르면, '백인'이 아닌 모든 사람은 곧 '쓰레기 인종들(mud races)' 가운데 하나라고 규정한다. 창조성운동의 핵심적인 도덕 원칙은 "백인종에게 좋은 것이 최고의 미덕이고, 백인종에게 나쁜 것이 극도의 죄악이다."이다. 아니나 다를까 창조성운동의 장기적인 목표는 '백인종'이 세계를 지배하는 것이다.

반면 대부분의 종교와 영적 전통은 황금률과 함께 블랙 엘크의 "진실로 우리 모두는 하나다."와 비슷한 형태의 믿음을 지지한다. 다른 종교에 비해 단일성(oneness)을 더욱 근본적인 교의로 삼는 종교도 있다. 예를 들면 유대-기독교 전통은 이웃을 사랑하라고 가르치지만, 동양 신비주의는 개성 즉, 자아(ego)는 원래 환각에 불과하며 우리는 신(神)이나 서로에게서 따로 떨어진 존재가 아니기 때문에 영적인 의미에서 우리 모두는 우리 *이웃*이라고 가르친다. 베트남 불교의 큰 스승인 틱낫한(Thich Nhat Hanh)[74]은 『내딛는 걸음마다 평화(Peace Is Every Step)』에서, 동양 사고의 이런 측면을 서양 사람들에게 설명하면서 우리는 '서로 연결되어 있다(inter-are)'고 말했다. 우리는 우주의 모든 사람·사물과 피할 수 없는 상호불가분의 관계로 밀접하게 연결되어 있기 때문에 개인적인 재물과 권력을 쫓는 이기적이고 헛된 행동을 하지 말아야 한다.

그만큼 뚜렷하진 않지만 유대-기독교 전통의 일부에도

이토록 친밀한 배신자

단일성에 대한 믿음이 존재한다. 1939년에 세계 정복을 하려는 시도가 다시 한 번 유럽을 뒤흔들자 유대인 신학자이자 철학자인 마르틴 부버(Martin Buber)[75]가 텔아비브에서 열린 전국팔레스타인교사회의(National Conference of Palestinian Teachers)에 나와 연설을 했다. 그는 연설 마지막 부분에서 "어느 시대의 어떤 지옥 같은 날에도 그러했듯이, 지금 이 끔찍한 일로 벌어진 지옥 위로 솟아오르는 것은 영혼의 날갯짓과 창조적인 말뿐입니다. 그러나 일체성(unity)을 깨달은 사람이라면 영원토록 감춰지지 않는, 빛나는 진리를 또한 바라보고 알아챌 것입니다. 사람이 자신의 일체성으로 되돌아가도록 돕는 교육자는 그 사람이 다시금 하느님과 대면하도록 돕는 것입니다."라고 말했다.

그 어떤 전통에서든, 서로가 연결되어 있는 존재 즉, 함께 존재함(interbeing)이라는 인식에 중점을 둔 영적 실천에는 심리적으로 흥미로운 부대 효과가 있다. 그 효과는 그런 영적 실천을 헌신적으로 실천한 사람들이 외부 상황과는 거의 무관하게 세속적인 행복을 상당히 얻는다는 것이다. 심리학자인 다니엘 골먼(Daniel Goleman)과 달라이 라마(Dalai Lama)[76]의 공동 작품인 『파괴적인 감정들: 달라이 라마와의 과학적 대화(Destructive Emotions: A Scientific Dialogue with the Dalai Lama)』에서 골먼은 "다른 사람의 행복을 걱정하는 바로 그 행동이 자기 자신에게 더욱 큰 행복을 가져다주는 듯하다."고 말한다. 최근 몇 년 사이에 점점 더 많은 과학자들이 비슷한 얘기를 해 왔다. 2002년에 달라이 라마가 참석했던 과학과

12장_가장 순수한 양심

정신에 관한 어느 회의에서 오스트레일리아의 저명한 신경생물학자인 잭 페티그루(Jack Pettigrew)는 "다람살라(Dharamsala, 티베트 망명정부가 들어서 있는 인도의 도시)로 가는 길에 한겨울의 안개를 뚫고 올라가 눈부신 햇빛이 비치는 곳으로 나오면서 정말 천국으로 가는 듯한 기분을 느낍니다. 그러고 나서 곧바로 눈길을 잡아끄는 것은 행복한 웃음을 띤 티베트인들의 얼굴입니다. 가진 것도 별로 없고 혹독한 수탈을 겪었는데도 그들은 행복합니다. 어째서 행복한 걸까요?"라고 물었다.

달라이 라마는 스스로 이 질문에 어떻게 과학적으로 답을 할 수 있을지 깊은 흥미를 느꼈다. 뿐만 아니라 독실한 티베트 불교 명상가들이 깨달은 애정 어린 인식 즉, 서로가 연결되어 있는 존재라는 인식에서 나오는 따뜻한 마음을 어떻게 세상에 널리 퍼트릴 수 있을까 하는 문제에도 깊은 관심을 가지고 있다. 결국 달라이 라마는 과학자들과 불교학자들이 서로 대화하는 일련의 국제 대담을 시작했으며, 2003년 대담은 콜로라도 정신생활연구소(Mind and Life Institute in Colorado)와 매사추세츠공과대학 맥거번 연구소(McGovern Institute of the Massachusetts Institute of Technology)의 공동 후원으로 이루어졌다. 과학자들과 불교학자들 모두 정신의 파괴적인 상태야말로 사람들이 겪는 갈등과 고통의 근원이라고 생각을 모았다. 달라이 라마는 이 대담을 통해 정신의 파괴적인 상태에 대한 실용적인 해법을 찾고자 했다.

사람들 사이의 유대감에 기초한 의무감이 없는 사람들 즉,

이토록 친밀한 배신자

심리학자인 나라면 소시오패스라고 부를 사람들에 대한 달라이 라마의 표현은 매우 흥미로웠다. 달라이 라마는 그들을 '잘 발달된 삶을 갖추지 못한 사람들'이라고 불렀다. 더 자세하게 말하면, 달라이 라마는 세계무역센터 테러에 관해 "기술은 좋은 것이지만, 잘 발달된 삶을 갖추지 못한 사람들의 손에 쥐어진 기술은 재앙을 불러올 수 있다."고 말했다.[7]

신경심리학에서는 잘 발달된 삶을 갖추는 능력이 뇌에 있는 특정 부위의 회색질(灰色質, grey matter)에 의해 촉진되거나 제한된다고 주장한다. 이런 주장을 전제로 한다면, 이 불교적인 소시오패시의 개념은 종교와 신경심리학이 만나는 가장 흥미로운 지점을 잘 드러낸다. 아마도 소시오패시는 신체적인 결함이 아니라 감정적인 결핍이 어떤 결과를 만들어 내는지를 가르쳐 주는 삶의 교훈일 것이다. 다시 말하면 보통 사람이 아주 아름답다거나 팔다리가 없거나 찢어지게 가난하다는 게 정말 어떤 건지 절대 알 수 없는 것처럼, 양심이 없는 사람은 남을 사랑하거나 배려하며 산다는 것이 어떤 건지 전혀 알지 못한다. 여기에 바로 아이러니가 존재한다. 남을 사랑하거나 배려하는 마음이 있다는 업보가 우리에게 소시오패스를 불쌍하게 여기도록 해 주기 때문이다. 업보를 믿든 믿지 않든 간에 말이다.

심리학이 따뜻한 동정과 우리가 하나라는 단일성의 가치를 인정하긴 했지만 동정과 단일성을 얻을 수 있는 직접적인 방법을 연구한 심리학자는 지금까지 아무도 없었다. 그 결과, 양심을

12장_가장 순수한 양심

더욱 고양시킨다는 면에서 소시오패스는 물론 건전한 사람들마저도 곤경에 빠트리고 말았다. 심리학자들은 삶을 더 만족스럽게 꾸릴 수 있는 방법[78]으로 어린이에게는 도덕 교육을, 어른에게는 기부와 자원봉사를 점점 더 많이 권하고 있다. 하지만 전통적으로는 '사람 사이의 경계를 강화'한다거나 '적극성 훈련' 같은 시도에 훨씬 더 많은 관심을 기울여 왔다. 이런 점에서 심리학과 영성의 차이를 엿볼 수 있는데, 그 차이를 보면서 인도 고대 우화에 나오는 굶주린 여행자가 떠올랐다.[79] 작자 미상의 이 이야기는 아서 레네한(Arther Lenehan)이 채집한 이야기들로 엮은 책에 나온다. 1994년에 출간된 이 책은 아이러니하게도 '도서출판 경제학(The Economics Press)'에서 나왔다.

산악 지대를 여행하던 한 현명한 여자가 개울에서 보석을 발견했다. 다음 날 그녀는 굶주린 여행자를 만났고, 가방을 열어 음식을 나눠 주었다. 굶주린 여행자가 보석을 보고는 그걸 달라고 했다. 그녀는 조금도 주저하지 않고 그렇게 했다. 여행자는 자신에게 온 행운을 기뻐하며 떠났다. 그 보석이면 평생 걱정 없이 살 수 있을 것 같았다. 그런데 그가 며칠 뒤에 돌아와서 그 돌을 여자에게 돌려주었다.
여행자가 말했다. "내내 생각했어요. 그 돌이 얼마나 값진지 알지만, 당신이 훨씬 더 귀중한 무엇을 내게 줄 수 있을 것 같아 돌려드립니다. 그 돌을 선뜻 제게 내어 줄 수 있게 해 준

이토록 친밀한 배신자

당신 안의 그 무엇을 제게 주세요."

현명하고 행복한 티베트 불교도들, 그리고 달라이 라마를 보면 확실히 콜비와 데이먼이 연구한 극단적인 양심의 모범들이 떠오른다. 예를 들면 멕시코 빈민들에게 음식을 제공한 수지 발라데즈나 힘든 일을 하는 노동자, 청소부, 노숙자로 생활하면서 유대감과 동정심을 기르고자 노력했던 전(前) 하버포드칼리지 총장 잭 콜먼 같은 사람들 말이다. 불교 승려들과 심리학적 모범들은 모두 강한 양심에서 온 깨달음이 삶을 개선하고 사람들을 행복하게 해 준다는 걸 보여 준다. 어떤 인지 전략도 이런 행복을 낳을 수 없으며, 일시적인 실패는 세상의 탓이고 장기적인 성공은 자신의 덕이라는 식으로 생각을 재조정한다고 해서 이런 행복을 얻을 리 만무하다. 콜비와 데이먼은 도덕적 모범들 대부분이 세상의 현 상태와 그런 세상을 변화시키기엔 부족한 자신의 능력을 확실히 알고 있는 현실주의자들이라고 말한다. 그러나 특출난 양심 덕분에 그들은 단순히 그런 인식에 머무르지 않고 자신이 더욱 위대한 무언가의 일부임을 강하고 확고하게 느낀다고 한다.

이제는 심리학자들이 파악한 양심의 두드러진 '끌어올림 효과'에서 드러난 것처럼, 정말 양심은 심리학과 영성이 연결되는 지점인 듯하다. 그런 지점에서의 경험을 종교와 영성에서는 단일성, 일체성, 함께 존재함 등으로 부르고, 심리학에서는 양심 또는 도덕관념이라고 부른다. 이름이 뭐가 됐든, 그것은 생물학적으로 우리가 존재하기 시작한 그 시점에 생겨났으며, 인간의 사고와 감정, 행동을 강력하게 통합한다. 또한 우리의 유전자, 두뇌, 어쩌면 영혼을 통해 그것은 우리의 심리적·사회적 삶을 보호하고 만들어 내고 유지하는 힘이었다. 그리고 수천 년 동안 우리에게 탁월한 전통을 허락하고, 우리가 인류에게 존경받는 사람이 되도록 우리를 타일러 주는 존재였다. 양심은 인류의 태동부터 존재했던 작고 고요한 목소리다.[80] 늘 그랬듯이 그 목소리는 지금도 우리에게 애써 말한다. 우리는 진화적·감정적·영적으로 하나이며, 평화와 행복으로 나아가려면 반드시 그 방식대로 행동해야 한다고 말이다.

양심, 오로지 양심만이 우리가 자신의 입장에서 벗어나 다른 사람의 입장에 서거나 절대자와 소통하도록 만들 수 있다. 양심은 우리가 서로에게 가지는 감정적인 유대에서 생겨난다. 그리고 그 양심의 가장 순수한 형태를 우리는 사랑이라고 부른다. 신비주의자들과 진화심리학자들은 여러 가지 사안에서 서로 이견을 보이지만, 놀랍게도 사람의 정상적인 본성은 증오가 아니라 사랑이라는 데 있어서는 한 치의 이견도 없이 동의한다. 이런 결론은 우리가 평소에 우리 자신에 대해 가졌던 냉소적인 견해와 확연히 구별된다.

또한 신학자들과 과학자들은 우리의 정상적인 호의적 본성과 모순되는 인간의 실수가 두 가지라는 데 동의한다. 첫 번째 실수는 다른 사람과 세계를 자신이 지배하고 싶어 하는 욕망이다. 이 욕망은 지배가 가치 있는 목표라는 착각을 불러일으키는데 이

이토록 친밀한 배신자

는 소시오패스의 머릿속에 가장 확고하게 자리 잡고 있는 착각이다. 비극적인 두 번째 실수는 도덕적 배제이다. 알다시피 다른 성별, 다른 인종, 외국인, '적', 그리고 어쩌면 심지어 소시오패스조차도 인간 이하의 존재로 취급하는 것은 위험하기 이를 데 없다. 그렇기 때문에 도덕적 무법자를 어떻게 할 것인가라는 질문은 신학에서도 심리학에서도 굉장히 어려운 질문이다. '잘 발달된 삶을 갖추지 못한' 사람들의 재앙과도 같은 도전에 우리는 어떻게 맞서야 할까? 지금까지 심리학은 이 질문에 어떠한 답도 내놓지 못했다. 세월이 흐르고 기술이 큰 발전을 이루게 되면서 이건 더욱 긴급한 문제가 되고 말았다. 세월이 흐르면서 악마도 함께 진화하는 중이기 때문이다.

정확히 자기가 원하는 대로 가차 없이 행동하는 사람이 더 운이 좋은 사람일까, 아니면 양심을 저버리지 않는 당신이 더 운이 좋은 사람일까? 나는 당신이 다시 한 번 제7감이 없는 자신을 상상해 보았으면 한다. 그러나 이번에는 오로지 양심만이 삶에 가져다줄 수 있는 것, 양심이 당신의 삶에 *가져다준* 것을 마음에 새긴 상태에서 거대한 영향력과 부, 죄의식이 없는 영원한 안락함을 한번 상상해 보라. 당신이 그 어떤 세속적인 재물보다도 더욱 사랑하는 사람, 필요하다면 불타는 건물 안으로 뛰어드는 일도 마다하지 않을 만큼 사랑하는 사람, 이를테면 부모, 형제, 자매, 친한 친구, 삶의 반려자, 아이들을 똑똑히 떠올려 보라. 그리고 그들의 슬픔에 찬 얼굴, 평화와 기쁨이 가득한 얼굴을 한번 그려 보라. 그리고 이제는 잠깐 동안 사랑도, 돕고 싶은 의욕도, 심지어 웃고 싶은 마음까지 그 어떤 것도 느낄 수도 볼 수도 없다고 상상해 보라.

양심이 없는 사람이라면, 죄의식 없이 어떤 일이라도 저지를 수 있는 사람이라면, 평생을 그런 공허함 속에서 살아가겠지만 당신은 그 위태로운 공허함을 너무 오래 상상하지는 마라. 이제 당신의 감정으로 다시 돌아오라. 마음속으로 당신이 사랑하는 사람의 얼굴을 보고 뺨을 만지고 웃음소리를 들어 보라.

양심은 우리의 삶에 바로 이런 의미 있는 나날을 선사한다. 양심이 없다면 우리는 감정적으로 공허하고 지루하며, 잘못 만들어 낸 자신의 지배 게임만 반복하면서 지내게 될 것이다.

양심은 늘 아주 평범하고 일상적이며 자연스러워서 우리 대부분은 의식조차 하지 못한다. 그러나 양심은 우리가 생각하는 것보다 훨씬 더 크다. 아주 오랫동안 심리학적으로도 영적으로도 늘 실패해 온 부도덕하고 이기적인 집단과 그만큼 오래된 도덕적인 정신의 연합이라고 하는 두 거대한 집단이 서로 대결하는 양상이 계속되어 왔는데, 양심은 그 둘 중에서 한쪽을 차지한다. 심리학자이자 시민의 한 사람으로서, 나는 양심 있는 사람들, 사랑하고 헌신하는 사람들, 관대하고 친절한 영혼들을 지지한다. 간단히 말해서 나는 남들을 해치는 행동은 틀렸고 친절함은 옳다고 느끼는 사람들, 매일매일의 삶에서 조용히 자신의 도덕심에 따라 행동하는 사람들에게서 가장 큰 감동을 느낀다. 그들이야말로 진정한 엘리트이다. 그들 중에는 젊은 사람도 있고 나이 든 사람도 있다.

이토록 친밀한 배신자

수백 년 전에 죽은 사람도 있고 내일 태어날 아기도 있다. 그들의 출신은 모든 국가·문화·종교를 망라한다. 그들은 가장 깨어 있는 사람들이며, 가장 인간다운 사람들이다. 그리고 늘 그랬듯이, 그들은 우리의 희망이다.

1. K. Barry et al., "Conduct Disorder and Antisocial Personality in Adult Primary Care Patients," *Journal of Family Practice* 45 (1997): 151–158; R. Bland, S. Newman, and H. Orn, "Lifetime Prevalence of Psychiatric Disorders in Edmonton," *Acta Psychiatrica Scandinavica* 77 (1988): 24–32; J. Samuels et al., "DSM-III Personality Disorders in the Community," *American Journal of Psychiatry* 151 (1994): 1055–1062; and U.S. Department of Health and Human Services, *Substance Abuse and Mental Health Statistical Sourcebook* (Rockville, MD: Substance Abuse and Mental Health Services Administration, 1991).

2. 지난 200년 동안 서구 세계는 소시오패시를 다양한 개념으로 정립하면서 여러 가지 이름으로 불러 왔다. 그런 이름과 진단의 역사에 관한 상세한 논의는 다음을 참고하라. T. Millon, E. Simonsen, and M. Birket-Smith, "Historical Conceptions of Psychopathy in the United States and Europe," in *Psychopathy: Antisocial, Criminal, and Violent Behavior*, eds. T. Millon et al. (New York: Guilford Press, 1998).

3. American Psychiatric Association, *Diagnostic and Statistical Manual of Mental Disorders*, 4th ed. (Washington, D.C.: American Psychiatric Association, 1994). 반사회적 인격장애의 현행 진단 기준을 평가하는 데 사용되는 미국정신의학협회의 현장 시험에 관한 상세한 설명과 비판은 다음을 참고하라. W. Livesley, ed., *The DSM-IV Personality Disorders* (New York: Guilford Press, 1995).

4. 대표적인 예는 다음과 같다. R, Hare, "Psychopathy: A Clinical Construct Whose Time Has Come," *Criminal Justice and Behavior* 23 (1996): 25–54

5. 일반적으로 사용하고 있는 표현은 '감정의 얕은 깊이'지만, 소시오

패시의 경우에 보다 정확한 표현은 '감정의 결핍'일 것이다.

6. M. Stout, *The Myth of Sanity: Divided Consciousness and the Promise of Awareness* (New York: Viking Penguin, 2001).

7. R. Hare et al., "The Revised Psychopathy Checklist: Descriptive Statistics, Reliability, and Factor Structure," *Psychological Assessment* 2 (1990): 338-341.

8. R. Hare, *Without Conscience: The Disturbing World of the Psychopaths Among Us* (New York: Guilford Press, 1999), p. 207.

9. H. Cleckley, *The Mask of Sanity*, 5th ed. (St. Louis, MO: Mosby, 1976), p. 90.

10. 소시오패시와 관련된 문제에 대한 연구는 다음을 참조하라. D. Black and C. Larson, *Bad Boys, Bad Men: Confronting Antisocial Personality Disorder* (Oxford: Oxford University Press, 2000). 다음도 참조할 수 있다. D. Dutton, with S. Golant, *The Batterer: A Psychological Profile* (New York: Basic Books, 1995); G. Abel, J. Rouleau, and J. Cunningham-Rathner, "Sexually Aggressive Behavior," in *Forensic Psychiatry and Psychology*, eds. J. Curran, A. McGarry, and S. Shah (Philadelphia: F. A. Davis, 1986); L. Grossman and J. Cavenaugh, "Psychopathology and Denial in Alleged Sex Offenders," *Journal of Nervous and Mental Disease* 178 (1990): 739-744; J. Fox and J. Levin, *Overkill: Mass Murder and Serial Killing Exposed* (New York: Plenum Press, 1994); and R. Simon, *Bad Men Do What Good Men Dream* (Washington, D.C.: American Psychiatric Press, 1996).

11. Black Sabbath, "Luke's Wall/War Pigs," *Paranoid*. Warner Bros. Records, 1970.

12. Fitzgerald, *Tender Is the Night*.

13. G. Evans, *Mediaeval Commentaries on the Sentences of Peter Lombard* (Leiden, NY: E. J. Brill, 2002).

14. Augustine, *Confessions*, trans. H. Chadwick (Oxford, OH: Oxford Press, 1998), and R. Saarinen, *Weakness of the Will in Medieval*

345   인용 · 참고문헌

Thought from Augustine to Buridan (Leiden, NY: E. J. Brill, 1994).

15. T. McDermott, ed., *Summa Theologiae: A Concise Translation* (Allen, TX: Thomas More, 1997); B. Kent, "Transitory Vice: Thomas Aquinas on Incontinence," *The Journal of the History of Philosophy* 27 (1989): 199 – 223; and T. Potts, *Conscience in Medieval Philosophy* (Cambridge: Cambridge University Press, 1980).

16. S. Freud, *The Ego and the Id*, in *The Standard Edition of the Complete Psychological Works of Sigmund Freud*, ed. J. Strachey (New York: W. W. Norton, 1990), and S. Freud, *Civilisation and Its Discontents*, in ibid.

17. R. Hare, *Without Conscience*, p. 208.

18. J. Goodall, *Through a Window: My Thirty Years with the Chimpanzees of Gombe* (New York: Houghton Mifflin, 2000), pp. 210 – 211.

19. E. Staub, *The Roots of Evil: The Origins of Genocide and Other Group Violence* (Cambridge: Cambridge University Press, 1989). 또한 다음을 참조하라. E. Staub, "Ethnopolitical and Other Group Violence: Origins and Prevention," in *Ethnopolitical Warfare: Causes, Consequences, and Possible Solutions*, eds. D. Chirot and M. Seligman (Washington, D.C.: American Psychological Association, 2001), and N. Smith, "The Psycho-Cultural Roots of Genocide," *American Psychologist* 53 (1998): 743 – 753.

20. 해리 상태에 대한 설명과 사례는 M. Stout, *The Myth of Sanity*를 참조하라. 해리 현상이 전체 인구에 미치는 영향에 관한 논의는 L. deMause, *The Emotional Life of Nations* (New York: Karnac, 2002)를 참조하라.

21. S. Milgram, "Behavioral Study of Obedience," *Journal of Abnormal and Social Psychology* 67 (1963): 371 – 378. 또한 다음을 참조하라. S. Milgram, *Obedience to Authority: An Experimental View* (New York: Perennial, 1983), and T. Blass, ed., *Obedience to Authority: Current Perspectives on the Milgram Paradigm* (Mahwah, NJ: Lawrence Erlbaum

이토록 친밀한 배신자

Associates, 2000).

22. S. Marshall, *Men against Fire: The Problem of Battle Command in Future War* (Gloucester, MA: Peter Smith, 1978), p. 30.

23. D. Grossman, *On Killing: The Psychological Cost of Learning to Kill in War and Society* (Boston: Back Bay Books, 1996), p. xv.

24. P. Watson, *War on the Mind: The Military Uses and Abuses of Psychology* (New York: Basic Books, 1978), p. 250.

25. J. Stellman and S. Stellman, "Post Traumatic Stress Disorders among American Legionnaires in Relation to Combat Experience: Associated and Contributing Factors," *Environmental Research* 47 (1988): 175 - 210. 무작위로 선별된 6810명의 참전 군인들을 대상으로 하는 이 연구는 외상 후 스트레스장애(PTSD) 증상과 살인 과정 참여 사이의 관계를 검토했으며, 전투의 수준을 계량화 하는 첫 번째 연구였다.

26. 많은 사람들이 서로 다른 종류의 소시오패스를 구별하고자 노력해 왔다. 이러한 유형론 가운데 가장 흥미로운 것 중 하나가 시어도어 밀런의 이론이다. 밀런은 사이코패스의 하위 유형을 탐욕적인 유형, 부도덕한 유형, 불성실한 유형, 위험을 즐기는 유형, 용기 없는 유형, 격정적인 유형, 무례한 유형, 악의적인 유형, 폭군 같은 유형, 유해한 유형의 열 가지로 구별한다. 밀런은 "10이라는 숫자는 전혀 특별하지 않다. …… 더 적거나 더 많은 가짓수로 분류할 수도 있다."고 말한다. 밀런의 분류에 대해서는 다음을 참조하라. T. Millon and R. Davis, "Ten Subtypes of Psychopathy," in *Psychopathy: Antisocial, Criminal, and Violent Behavior*, eds. T. Millon et al.

27. R. Hare, K. Strachan, and A. Forth, "Psychopathy and Crime: A Review," in *Clinical Approaches to Mentally Disordered Offenders*, eds. K. Howells and C. Hollin (New York: Wiley, 1993), and S. Hart and R. Hare, "Psychopathy: Assessment and Association with Criminal Conduct," in *Handbook of Antisocial Behavior*, eds. D. Stoff, J. Breiling, and J. Maser (New York: Wiley, 1997).

28. L. Robins, *Deviant Children Grown Up: A Sociological and Psychiatric Study of Sociopathic Personality* (Huntington, NY: Krieger

Publishing, 1974).

29. B. Wolman, *Antisocial Behavior: Personality Disorders from Hostility to Homicide* (Amherst, NY: Prometheus Books, 1999), p. 136.

30. D. Cox, S. Stabb, and K. Bruckner, *Women's Anger: Clinical and Developmental Perspectives* (Philadelphia: Brunner-Routledge, 1999); L. Brown, *Raising Their Voices: The Politics of Girls' Anger* (Cambridge, MA: Harvard University Press, 1999), p. 166; L. Brown, "Educating the Resistance: Encouraging Girls' Strong Feelings and Critical Voices" (paper presented at the 20th Annual Conference of the Association of Moral Education, Calgary/Banff, Canada, 1994); C. Gilligan, "Women's Psychological Development: Implications for Psychotherapy," *Women and Therapy* 11 (1991): 5-31; and L. Brady, "Gender Differences in Emotional Development: A Review of Theories and Research," *Journal of Personality* 53 (1985): 102-149.

31. D. Kindlon and M. Thompson, *Raising Cain: Protecting the Emotional Life of Boys* (New York: Ballantine Books, 2000), p. 99.

32. R. Overy, *Interrogations: The Nazi Elite in Allied Hands, 1945* (New York: Viking Penguin, 2001), p. 373.

33. 보다 상세한 논의는 다음을 참조하라. L. Eaves, H. Eysenck, and N. Martin, *Genes, Culture and Personality* (New York: Academic Press, 1989).

34. 반사회성 척도를 활용한 쌍둥이에 관한 연구들을 살펴보고 싶다면 다음을 참조하라. H. Goldsmith and I. Gottesman, "Heritable Variability and Variable Heritability in Developmental Psychopathology," in *Frontiers in Developmental Psychopathology*, eds. M. Lenzenweger and J. Haugaard (Oxford: Oxford University Press, 1996).

35. M. Lyons et al., "Differential Heritability of Adult and Juvenile Antisocial Traits," *Archives of General Psychiatry* 52 (1995): 906-915.

36. T. Widiger et al., "A Description of the DSM-III-R and

DSM-IV Personality Disorders with the Five-factor Model of Personality," in *Personality Disorders and the Five-factor Model*, eds. P. Costa and T. Widiger (Washington, D.C.: American Psychological Association, 1994), and C. Cloninger, "A Systematic Method for Clinical Description and Classification of Personality Variants," *Archives of General Psychiatry* 44 (1987): 579 – 588.

37. L. Willerman, J. Loehlin, and J. Horn, "An Adoption and a Cross-Fostering Study of the Minnesota Multiphasic Personality Inventory (MMPI) Psychopathic Deviate Scale," *Behavior Genetics* 22 (1992): 515 – 529.

38. 반사회성을 비롯한 여러 특성들의 유전율 추정치가 어떻게 도출되었는지에 관해서는 다음을 참조하라. P. McGuffin and A. Thapar, "Genetics and Antisocial Personality Disorder," in *Psychopathy: Antisocial, Criminal, and Violent Behavior*, eds. T. Millon et al., and D. Falconer, *Introduction to Quantitative Genetics* (Edinburgh: Churchill Livingstone, 1989).

39. S. Williamson, T. Harpur, and R. Hare, "Abnormal Processing of Affective Words by Psychopaths," *Psychophysiology* 28 (1991): 260 – 273, and J. Johns and H. Quay, "The Effect of Social Reward on Verbal Conditioning in Psychopathic and Neurotic Military Offenders," *Journal of Consulting and Clinical Psychology* 26 (1962): 217 – 220.

40. J. Intrator et al., "A Brain Imaging (SPECT) Study of Semantic and Affective Processing in Psychopaths," *Biological Psychiatry* 42 (1997): 96 – 103.

41. R. Hare, *Without Conscience*.

42. J. Bowlby, *Attachment and Loss* (New York: Basic Books, 1969).

43. 애착이론에 관한 논의는 다음을 참조하라. D. Siegel, *The Developing Mind: How Relationships and the Brain Interact to Shape Who*

We Are (New York: Guilford Press, 1999).

44. 차우셰스쿠의 출산 정책들에 관한 논의는 다음을 참조하라. G. Kligman, *The Politics of Duplicity: Controlling Reproduction in Ceauçescu's Romania* (Berkeley: University of California Press, 1998).

45. P. Pluye et al., "Mental and Behavior Disorders in Children Placed in Long-Term Care Institutions in Hunedoara, Cluj and Timis, Romania," *Santé* 11 (2001): 5 – 12, and T. O'Connor and M. Rutter, "Attachment Disorder Behavior Following Early Severe Deprivation: Extension and Longitudinal Follow-up. English and Romanian Adoptees Team," *Journal of the American Academy of Child and Adolescent Psychiatry* 39 (2000): 703 – 712.

46. M. Lier, M. Gammeltoft, and I. Knudsen, "Early Mother-Child Relationship: The Copenhagen Model of Early Preventive Intervention Towards Mother-Infant Relationship Disturbances," *Arctic Medical Research* 54 (1995): 15 – 23.

47. J. Murphy, "Psychiatric Labeling in Cross-Cultural Perspective: Similar Kinds of Disturbed Behavior Appear to Be Labeled Abnormal in Diverse Cultures," *Science* 191 (1976): 1019 – 1028.

48. P. Cheung, "Adult Psychiatric Epidemiology in China in the 1980s," *Culture, Medicine, and Psychiatry* 15 (1991): 479 – 496; W. Compton et al., "New Methods in Cross-Cultural Psychiatry: Psychiatric Illness in Taiwan and the United States," *American Journal of Psychiatry* 148 (1991): 1697 – 1704; H.-G. Hwu, E.-K. Yeh, and L. Change, "Prevalence of Psychiatric Disorders in Taiwan Defined by the Chinese Diagnostic Interview Schedule," *Acta Psychiatrica Scandinavica* 79 (1989): 136 – 147; and T. Sato and M. Takeichi, "Lifetime Prevalence of Specific Psychiatric Disorders in a General Medicine Clinic," *General Hospital Psychiatry* 15 (1993): 224 – 233.

이토록 친밀한 배신자

49. L. Robins and D. Regier, eds., *Psychiatric Disorders in America: The Epidemiologic Catchment Area Study* (New York: Free Press, 1991), and R. Kessler et al., "Lifetime and 12-Month Prevalence of DSM-III-R Psychiatric Disorders in the United States," *Archives of General Psychiatry* 51 (1994): 8 - 19.

50. R. Hare, *Without Conscience*, p. 177.

51. D. Grossman, *On Killing*, p. 185.

52. T. Blass, ed., *Obedience to Authority: Current Perspectives on the Milgram Paradigm*.

53. A. Tennyson, "In Memorium, A.H.H.," in *Alfred, Lord Tennyson: Selected Poems*, ed. M. Baron (London: Phoenix Press, 2003). 테니슨이 이 시를 1850년 즉, 다윈의 『종의 기원』이 출간되기 9년 전에 썼다는 사실은 주목할 만하다.

54. F. de Waal, *Good Natured: The Origins of Right and Wrong in Humans and Other Animals* (Cambridge, MA: Harvard University Press, 2001), and F. de Waal and P. Tyack, eds, *Animal Social Complexity: Intelligence, Culture, and Individualized Societies* (Cambridge, MA: Harvard University Press, 2003).

55. G. Williams, *Adaptation and Natural Selection* (Princeton, NJ: Princeton University Press, 1966).

56. R. Dawkins, *The Selfish Gene* (Oxford: Oxford University Press, 1976).

57. W. Hamilton, "Selection of Selfish and Altruistic Behavior," in *Man and Beast: Comparative Social Behavior,* eds. J. Eisenberg and W. Dillon (Washington, D.C.: Smithsonian Institution Press, 1971).

58. S. Gould, *The Structure of Evolutionary Theory* (Cambridge, MA: Harvard University Press, 2002).

59. D. Wilson and E. Sober, "Reintroducing Group Selection to the Human Behavioral Sciences," *Behavioral and Brain Sciences* 17

(1994): 585 – 654.

60. J. Piaget, *The Moral Judgment of the Child* (New York: Collier Books, 1962).

61. L. Kohlberg, *The Philosophy of Moral Development* (New York: Harper & Row, 1981).

62. C. Gilligan, *In a Different Voice: Psychological Theory and Women's Development* (Cambridge, MA: Harvard University Press, 1982).

63. 대표적인 연구 사례는 다음과 같다. J. Walker, "Sex Differences in Moral Reasoning," in *Handbook of Moral Behavior and Development*, eds. W. Kurtines and J. Gewirtz (Hillsdale, NJ: Lawrence Erlbaum Associates, 1991).

64. J. Miller and D. Bersoff, "Development in the Context of Everyday Family Relationships: Culture, Interpersonal Morality, and Adaptation," in *Morality in Everyday Life: Developmental Perspectives*, eds. M. Killen and D. Hart (Cambridge: Cambridge University Press, 1995), and J. Miller, D. Bersoff, and R. Harwood, "Perceptions of Social Responsibilities in India and in the United States: Moral Imperatives or Personal Decisions?" *Journal of Personality and Social Psychology* 58 (1990): 33 – 47.

65. 모든 인간관계에 존재하는 이 특징에 관한 추가적인 정보와 이론들은 다음을 참조하라. J. Crocker and A. Miller, eds., *The Social Psychology of Good and Evil* (New York: Guilford Press, 2004).

66. T. Zerjal et al., "The Genetic Legacy of the Mongols," *American Journal of Human Genetics* 72 (2003): 717 – 721.

67. 대표적인 사례는 다음을 참고하라. J. Ogloff and S. Wong, "Electrodermal and Cardiovascular Evidence of a Coping Response in Psychopaths," *Criminal Justice and Behavior* 17 (1990): 231 – 245. 또한 다음을 참조하라. A. Raine and P. Venables, "Skin Conductance Responsivity in Psychopaths to Orienting, Defensive, and

Consonant Vowel Stimuli," *Journal of Psychophysiology* 2 (1988), 221 - 225.

68. D. Regier et al., "Comorbidity of Mental Disorders with Alcohol and Other Drug Abuse: Results from the Epidemiologic Catchment Area Study," *Journal of the American Medical Association* 264 (1990): 2511 - 2518.

69. R. Brooner, L. Greenfield, C. Schmidt, and G. Bigelow, "Antisocial Personality Disorder and HIV Infection Among Intravenous Drug Abusers," *American Journal of Psychiatry* 150 (1993): 53 - 58.

70. Guze, R. Woodruff, and P. Clayton, "Hysteria and Antisocial Behavior: Further Evidence of an Association," *American Journal of Psychiatry* 127 (1971): 957 - 960, and L. Robins, *Deviant Children Grown Up: A Sociological and Psychiatric Study of Sociopathic Personality*.

71. 이에 해당하는 하나의 사례는 다음을 참고하라. L. Heston and R. Heston, *Medical Casebook of Adolf Hitler: His Illnesses, Doctors, and Drugs* (New York: Cooper Square Press, 2000).

72. A. Colby and W. Damon, *Some Do Care: Contemporary Lives of Moral Commitment* (New York: Free Press, 1992), p. 262, and A. Colby and W. Damon, "The Development of Extraordinary Moral Commitment," in *Morality in Everyday Life: Development Perspectives*, eds. M. Killen and D. Hart, p. 364.

73. T. Millon and R. Davis, "Ten Subtypes of Psychopathy," in *Psychopathy: Antisocial, Criminal, and Violent Behavior*, eds. T. Millon et al., 밀런의 하위 유형은 26번 주석을 참고하라.

74. T. Hanh, *Peace Is Every Step: The Path of Mindfulness in Everyday Life* (New York: Bantam Books, 1992).

75. M. Buber, *Between Man and Man* (New York: Collier Books, 1965), p. 117.

76. D. Goleman (Narrator), *Destructive Emotions: A Scientific Dialogue with the Dalai Lama* (New York: Bantam Dell, 2003), p. 12.

77. Mind and Life Institute, *Investigating the Mind: Exchanges between Buddhism and the Biobehavioral Sciences on How the Mind Works,* sound recording (Berkeley, CA: Conference Recording Service, Inc., 2003).

78. M. Seligman's groundbreaking book on positive psychology, *Authentic Happiness: Using the New Positive Psychology to Realize Your Potential for Lasting Fulfillment* (New York: Free Press, 2002).

79. 이 우화는 다음의 자료에서 확인할 수 있다. A. Lenehan, ed., *The Best of Bits and Pieces* (Fairfield, NJ: Economics Press, 1994), p. 73.

80. '내면의 작고 고요한 목소리(kol demama dakah)'라는 히브리 문구가 '불, 지진, 다양한 공포를 겪은 다음, 하느님과 양심의 작고 고요한 목소리를 경험한' 예언자 엘리야의 이야기에서 유래한다는 사실을 개인적으로 알려준, 탁월한 국제관계 학자인 제임스 A. 네이선에게 감사한다.

이토록 친밀한 배신자

이토록 친밀한 배신자

2020년 6월 15일 1판 1쇄
2024년 10월 30일 1판 8쇄

지은이 마사 스타우트 **옮긴이** 이원천

편집 최일주·이혜정·김인혜 **디자인** 김민해

제작 박흥기 **마케팅** 양현범·김수진·강효원 **홍보** 조민희

인쇄 천일문화사 **제책** J&D바인텍

펴낸이 강맑실 **펴낸곳** (주)사계절출판사
등록 제406-2003-034호 **주소** (우) 10881 경기도 파주시 회동길 252
전화 031)955-8588, 8558 **전송** 마케팅부 031)955-8595 편집부 031)955-8596
홈페이지 www.sakyejul.net **전자우편** skj@sakyejul.com
블로그 blog.naver.com/skjmail **페이스북** facebook.com/sakyejul
트위터 twitter.com/sakyejul **인스타그램** instagram.com/sakyejul

값은 뒤표지에 적혀 있습니다. 잘못 만든 책은 구입하신 서점에서 바꾸어 드립니다.
사계절출판사는 성장의 의미를 생각합니다.
사계절출판사는 독자 여러분의 의견에 늘 귀 기울이고 있습니다.
이 책은 저작권법에 따라 보호받는 저작물이므로 무단전재와 무단복제를 금합니다.

ISBN 979-11-6094-661-1 03180